“一带一路”沿线国家出口比较优势分析与进口需求研究：东南亚十一国

李　敬　陈　容　李志军等著

主要作者

李　敬　重庆工商大学经济学院
陈　容　重庆社会科学院
李志军　《管理世界》经济研究院
覃乔亦　重庆电子工程职业学院
林　黎　重庆工商大学经济学院
刘　洋　中国银行重庆分行
周平录　对外经济贸易大学
陈晓易　对外经济贸易大学
王　静　中国社会科学院大学
单　珊　吉林大学创新发展研究院（北京）
贺　静　《管理世界》经济研究院
王冬晨　《管理世界》经济研究院
李逸飞　《管理世界》经济研究院
张世国　《管理世界》经济研究院
王　宇　《管理世界》经济研究院
禤俊名　《管理世界》经济研究院
徐　迅　《管理世界》经济研究院
张静蕾　《管理世界》经济研究院
梁　蕊　《管理世界》经济研究院

“一带一路”

沿线国家出口比较优势分析与进口需求研究

东南亚十一国

李敬　陈容　李志军 等／著

B&R

经济日报出版社

图书在版编目（CIP）数据

“一带一路”沿线国家出口比较优势分析与进口需求研究．东南亚十一国/李敬等著．--北京：经济日报出版社，2019.4

ISBN 978-7-5196-0525-4

Ⅰ.①一… Ⅱ.①李… Ⅲ.①进出口贸易-对比研究-东南亚 Ⅳ.①F746

中国版本图书馆CIP数据核字（2019）第072853号

“一带一路”沿线国家出口比较优势分析与进口需求研究：东南亚十一国

作　　者	李　敬　陈　容　李志军等
责任编辑	宫婷婷
责任校对	薛银涛
出版发行	经济日报出版社
地　　址	北京市西城区白纸坊东街2号A座综合楼710（邮政编码：100054）
电　　话	010-63567684（总编室）
	010-63538621　63567692（发行部）
网　　址	www.edpbook.com.cn
E-mail	edpbook@sina.com
经　　销	全国新华书店
印　　刷	北京建宏印刷有限公司
开　　本	710×1000 mm　1/16
印　　张	18.25
字　　数	330千字
版　　次	2019年5月第一版
印　　次	2019年5月第一次印刷
书　　号	ISBN 978-7-5196-0525-4
定　　价	78.00元

序　言

2013年国家主席习近平提出“一带一路”倡议，旨在借用古代丝绸之路的历史符号，高举和平发展的旗帜，积极发展与沿线国家的经济合作伙伴关系，共同打造政治互信、经济融合、文化包容的利益共同体、命运共同体和责任共同体。共建“一带一路”正在成为中国参与全球开放合作、改善全球经济治理体系、促进全球共同发展繁荣的中国方案。

五年来，中国政府坚持开放合作、和谐包容、市场运作、互利共赢原则，积极促进政策沟通、设施联通、贸易畅通、资金融通、民心相通，取得显著成绩。政策沟通深入有效，政治互信不断加强。截至2019年3月，中国已经与123个国家和29个国际组织签署了171份共建“一带一路”合作文件。“一带一路”国际合作高峰论坛、G20杭州峰会、博鳌亚洲论坛等已成为中国与“一带一路”国家高层交往的重要平台。设施联通发展迅猛。目前，中国港口已与世界200多个国家、600多个主要港口建立航线联系，海运互联互通指数保持全球第一。海运服务已覆盖“一带一路”沿线所有沿海国家。中国与“一带一路”国家的铁路联通水平表现突出，截至2018年底，中欧班列累计开行数量突破12000列，国内开行城市56个，到达欧洲15个国家49个城市。贸易畅通成效明显。五年来，中国与“一带一路”参与国贸易和投资合作不断扩大，形成了互利共赢的良好局面。2013年至2017年，中国与“一带一路”国家进出口总额达69756.23亿美元，与相关国家贸易增速高于中国对外整体增速，成为推动中国外贸加速回暖的重要力量。资金融通持续扩容。截至2018年底，亚投行成员已达93个，来自“一带一路”的小伙伴超过6成；中国出资400亿美元成立的丝路基金；24个国家设立中资银行分支机构102家；人民币跨境支付系统覆盖俄罗斯、新加坡、马来西亚等40个“一带一路”国家165家银行。民心相通增进友谊。五年来，中国与“一带一路”参与国家之间科教文卫等多层次、多领域人文交流合作务实推进，“一带一路”的民意基础进一步夯实。

在逆全球化浪潮滚滚而来、国际环境复杂多变的背景下，加快推进“一带一路”建设，对促进沿线各国的持续发展与加强区域合作具有十分重大的战略意义。“一带一路”沿线各国资源禀赋各异，潜藏着彼此合作的巨大潜力和空间。本丛书从出口产业比较优势、出口主导产业分布、出口比较优势变化、进口需求及其变化等维度，详细剖析“一带一路”沿线国家的产业情况，可为中国企业参与“一带一路”沿线国家产能合作提供支撑，也可为政府政策制订提供参考。

作者

2019 年 3 月于重庆

目　录

总体情况说明

1. 总体情况说明

东南亚 11 国主要包括：印度尼西亚共和国（以下简称印尼）、马来西亚联邦（以下简称马来西亚）、菲律宾共和国（以下简称菲律宾）、新加坡共和国（以下简称新加坡）、泰王国（以下简称泰国）、文莱达鲁萨兰国（以下简称文莱）、越南社会主义共和国（以下简称越南）、老挝人民民主共和国（以下简称老挝）、缅甸联邦共和国（以下简称缅甸）、柬埔寨王国（以下简称柬埔寨）、东帝汶民主共和国（以下简称东帝汶）。本研究主要从出口比较优势分析、出口主导产业以及进口需求方面对东南亚国家的进出口产业进行分析。

在出口比较优势产业方面，2016 年东南亚 11 国最具有比较优势的产品各不相同。印尼的棕榈果及棕榈仁、马来西亚的其他红柳木原木、菲律宾的废药、新加坡的工业用其他钻石、泰国的木薯淀粉、老挝的高锰酸钾都具有很强的比较优势。缅甸、柬埔寨的动物产品都具有很强的比较优势。相对 2005 年，2016 年比较优势有减弱趋势，且部分国家 2005 年与 2016 年具有比较优势的产品前后不一致。

在出口主导产业方面，2016 年，马来西亚、菲律宾、新加坡、泰国、越南都以机器设备和零部件作为出口主导产品，老挝、缅甸、文莱出口主导产品为矿产品，柬埔寨、东帝汶则以纺织原料及其纺织制品为出口主导产品，动、植物油和脂及其分解产品为印尼出口主导产品。 相对 2005 年，2016 年出口占比有所下滑。

进口需求方面，东南亚 11 个国家进口产品相似度很高。主要进口石油原油及制品、轻油及制品、集成电路、通讯设备等产品。

2. 相关数据说明

本研究数据是通过在联合国商品与贸易统计数据库中下载分析而得。由于联合国商品与贸易统计数据库中没有对外公布 2016 年越南、东帝汶的数据，因此越南、东帝汶只分析 2005 年比较优势产业情况；缅甸、老挝没有对外公布 2005 年的数据，则缅甸、老挝只分析 2016 年比较优势产业情况；文莱 2005 年、2016 年均没有对外公布数据，就分析进出口产业情况。2005年菲律宾出口的钴，未锻造制品等产品出口值很少，分别只有160485美元、116487美元，但比较优势指数分别达到了1347288.68、1117623.20，说明全球这些产品基本是菲律宾出口。

一、印尼出口比较优势分析与进口需求研究

（一）印尼出口比较优势[①]分析

表 ID-1 显示了 2005 年印尼出口比较优势指数排名前 100 的产品。比较优势反映了一个国家服务在世界服务中的竞争地位。若 RCA ＞ 2.5，则表明该国服务具有极强的竞争力。从 2005 年印尼出口产品前 100 的产品来看，所有产品的比较优势指数 RCA 都大于 2.5，即这 100 种产品相对于其他产品在国家贸易中更具竞争优势。2005 年 RCA 值排前十的出口产品是：雌激素和孕激素；锑未锻炼、锑锻造及其制品；酚醇；时钟箱和类似的箱子；未锻造的钼，包括简单烧结的棒材 / 棒材，垃圾 / 废料；锆未锻造，废物和废料，粉末；主要含铅的灰渣和残渣；手表零件；棉制经编织物；面料，经编；其比较优势指数分别是 129.38121902、129.38076917、129.38076325、129.38076320、129.38076296、129.38076287、129.38076284、129.38075885、129.38035245、129.37839357，可以看出，印尼前十位出口产品中，各产品的比较优势指数差距很小，在本国出口产品中不存在垄断竞争的产品。从产品整体种类看，印尼的化学工业及其相关工业的产品；贱金属及其制品；光学、照相、电影、计量、检验、医疗或外科用仪器及设备、精密仪器及设备、钟表、乐器、上述物品的零件、附件等产品有非常明显的比较优势。

① 显示性比较优势指数（Revealed Comparative Advantage Index，简称 RCA 指数）是由美国经济学家巴拉萨（Balassa）于 1965 年提出的衡量一国产品或产业在国际市场竞争力最具说服力的指标。它旨在定量描述一个国家内各个产业（产品组）相对出口的表现。通过 RCA 指数可以判定一国的哪些产业更具出口竞争力，从而揭示一国在国际贸易中的比较优势。计算公式如下：RCA=（X_{ij}/X_{tj}）/（X_i/X_t）。其中，X_{ij} 表示国家 j 出口产品 i 的出口值，X_{tj} 表示国家 j 的总出口值；X_i 表示世界出口产品 i 的出口值，X_t 表示世界总出口值。其中，若 RCA>1，具产品出口竞争力，且在国际贸易中具有比较优势；若 RCA<1，则相反。

表 ID-1　2005 年印尼比较优势指数排名前 100 产品

单位：万美元

排序	产品代码	产品名称	RCA 指数	出口值
1	293792	雌激素和孕激素	129.38121902	0.0001
2	811000	锑未锻炼、锑锻造及其制品	129.38076917	0.05
3	290730	酚醇	129.38076325	2.52
4	911280	时钟箱和类似的箱子	129.38076320	0.41
5	810291	未锻造的钼，包括简单烧结的棒材 / 棒材；垃圾 / 废料	129.38076296	9.36
6	810910	锆未锻造；废物和废料；粉末	129.38076287	2.08
7	262020	主要含铅的灰渣和残渣	129.38076284	0.79
8	910899	手表零件	129.38075885	0.16
9	600242	棉制经编织物	129.38035245	693.27
10	600249	面料，经编	129.37839357	169.27
11	854219	单片数字集成电路	129.35043688	19269.40
12	30310	冻太平洋鲑鱼	129.34362751	594.55
13	140210	木棉	129.34287177	152.93
14	480252	纸 / 纸板（不包括机械纤维），40 克 / 平方米 <= 重量 <=150 克 / 平方米	129.33847909	100910.13
15	140290	植物填料和填充物	129.33799623	5.75
16	481011	涂有高岭土等的纸 / 纸板，重量 <=150 克 / 平方米	129.32317287	52107.74
17	410520	制革后制备的绵羊或羔羊皮	129.26111260	867.93
18	140390	主要用于扫帚或刷子的植物材料	129.19276266	294.67
19	681220	石棉纱线	129.17803345	4.27
20	480253	纸张 / 纸板（不包括机械纤维），重量 >150 克 / 平方米	129.15645664	3023.37
21	600299	纬编针织或钩编织物，无纺布	128.98745782	246.39
22	480251	纸 / 纸板（不包括机械纤维），重量 <40 克 / 平方米	128.87366580	863.77
23	854230	其他单片集成电路	128.76992314	3807.55
24	600210	针织或钩编织物，宽度 <=30 厘米，>=5% 弹性纱线	128.69874399	1067.08
25	482311	自粘纸，条状或卷状	128.57647340	2625.47

续表

排序	产品代码	产品名称	RCA 指数	出口值
26	480710	复合纸 / 木板，用沥青等层压成卷 / 板	128.56880972	1965.73
27	854240	混合集成电路	128.17272214	10179.74
28	681210	石棉纤维等	128.08287939	64.48
29	293490	羟基固醇	128.01927576	3310.94
30	292410	无环酰胺及其衍生物；其盐	127.92223025	1098.48
31	480529	多层纸和纸板，卷筒纸或纸张，无纺布	127.92070942	1706.34
32	810191	未锻造的钨，包括简单烧结的棒材 / 棒材；垃圾 / 废料	127.74888541	0.47
33	10120	纯种繁育的活驴，纯种的杂交品种	127.61081010	149.29
34	530599	苎麻纤维	127.20198840	18.06
35	600230	棉针织或钩编织物，宽 >30 厘米，>=5% 弹性纱	126.99443264	1053.35
36	930590	产品编号 9301 至 9304 的零件和附件	126.84388571	0.69
37	481129	胶粘纸和纸板（不含自粘）	126.18045654	60.76
38	410729	其他爬行动物皮革	125.66602503	426.94
39	600243	人造纤维织物，经编织物	125.40484885	1009.86
40	854250	电子微组件	125.30280699	78.93
41	401021	末端传输 V 型橡胶带，60 厘米	124.65836762	2906.59
42	410619	山羊皮革	124.53155943	25.21
43	110321	小麦颗粒	124.18143151	369.17
44	480521	多层纸 / 纸板，每层漂白，卷 / 张	124.00968817	157.26
45	810193	钨丝	123.74051606	1.22
46	460110	编结材料及类似产品的编织材料	122.77103690	58.12
47	430212	未装配的鞣制或整皮的兔皮或野兔皮	122.70855456	6.98
48	441011	木制碎料板（不论是否用树脂或其他有机黏合剂黏合）	122.42803382	183.40
49	600220	棉针织或钩编织物，<30 厘米宽，无弹性	122.33848356	29.32
50	880520	飞行模拟器及其零件	121.69238114	7.29
51	410620	鞣制后制备的山羊或儿童皮革	120.97466566	622.80
52	200940	未发酵且不含酒精的菠萝汁	118.35799916	2427.59
53	410790	爬行动物皮革，内斯	117.35260623	130.69
54	481121	不干胶纸和纸板	117.19912701	58.22

续表

排序	产品代码	产品名称	RCA 指数	出口值
55	810710	未锻造镉；废料和废料粉末	114.90032687	0.21
56	846911	文字处理机器	110.63856227	6494.46
57	854212	带电子 IC 的单片数字 IC 卡（智能卡）	110.20487078	1584.78
58	293990	尼古丁、可卡因及其盐	108.42853268	7.32
59	590492	其他具有织物背衬涂层的地板覆盖物	108.16397772	0.03
60	600292	棉制纬编织物或钩编织物	101.89504690	659.28
61	21090	其他腌制猪肉，盐水腌制，干制或熏制	100.63084309	32.05
62	151311	初榨椰子油	100.15843439	34596.01
63	401029	硫化橡胶传动带 / 传动带	99.73438708	961.78
64	600293	人造纤维的纬编或钩编织物	97.88850232	286.48
65	481140	计量纸，蜡 / 石蜡 / 蜡 / 油漆，漂白剂，w>150 克 / 平方米	97.47593688	32.99
66	400920	硫化橡胶管，金属增强，无配件	95.18041902	183.81
67	151321	初榨棕榈仁油或巴巴苏棕榈果油	93.94425336	44895.50
68	230650	椰子或干椰肉油渣饼及固体残渣	93.27169670	2526.93
69	150510	原油羊毛脂	86.69154183	0.32
70	90820	铜	85.98003195	2547.35
71	293390	具有其他氮功能的化合物	84.46972142	39.09
72	392042	聚氯乙烯板 / 箔 / 条，柔性，不增强等	84.20983207	509.31
73	151110	初榨的棕榈油	82.32896804	159329.54
74	701092	玻璃杯的小瓶 / 瓶 / 烧瓶等	78.36266247	2457.24
75	480510	半化学瓦楞纸（瓦楞原纸），卷筒或片材	76.08899971	565.02
76	410519	羊皮或羊皮皮革（不包括进一步准备），无纺布	75.91679553	5.81
77	293910	鸦片及其衍生物的生物碱；其盐	75.40729234	0.17
78	410431	全谷物，牛皮和马皮分开，在鞣制后进行预处理	75.35932318	454.42
79	930100	除了税号 9307 以外的军用武器	74.61475914	12.35
80	400910	硫化橡胶管，不加强，无配件	73.29208262	21.66
81	120919	用于播种的甜菜种子（不包括甜菜）	71.87838647	4.32
82	481091	多层纸和纸板，涂层	71.51203795	1477.90
83	940150	藤条、柳条、竹子或类似材料的座椅	71.37301932	19100.83
84	611010	织或钩编的羊绒衫，套头衫等	71.13464146	533.10

续表

排序	产品代码	产品名称	RCA 指数	出口值
85	441300	强化木（成块、板、条或异型的）	69.56889951	27795.01
86	400122	技术分类天然橡胶（TSNR）〔初级形状（胶乳，烟胶片除外）或板，片，带〕	64.88387073	214740.08
87	620119	其他材料制男式大衣、斗篷及类似品（包括短大衣、短斗篷）	62.78432747	13081.67
88	30266	鲜鳗	61.52586037	1354.66
89	550951	非零售与人纤短纤混纺聚酯短纤纱（混纺指按重量计聚酯短纤含量在 85% 以下）	60.58031332	15853.34
90	441213	每层厚度 <=6 毫米的胶合板，>=1 层热带木外层	59.82893711	97442.46
91	71230	干果冻真菌干松露，内斯	58.85613588	22.84
92	293921	奎宁及其盐	57.82345702	1151.26
93	750110	镍锍	57.54571890	92541.82
94	381710	混合烷基苯，尼斯	56.43496849	1948.12
95	410410	整个牛皮革，表面积 <=26 平方米	54.68736973	7654.54
96	410900	专利皮革和专利层压皮革；金属化皮革	54.48915347	2.40
97	400940	硫化橡胶管，用其他材料加固，不含任何杂质	53.41948244	3.09
98	520613	非零售粗梳细支混纺棉单纱（细支指单纱细度在 192.31 分特 -232.56 分特之间，含棉量＜ 85%）	52.75607840	506.77
99	550921	非零售纯聚酯短纤单纱（纯指按重量计聚酯短纤含量在 85% 及以上）	50.57452599	12170.77
100	190530	甜饼干；华夫饼干和威化饼	50.29583806	6623.60

数据来源：由联合国商品贸易数据计算整理所得

表 ID-2 显示了 2016 年印尼 RCA 值前 100 的产品，其 RCA 值均大于 2.5，表明印尼前 100 出口产品在国际市场中有很强竞争力。2016 年印尼 RCA 值排前十的出口产品是：棕榈果及棕榈仁；其他煤；褐煤；合金生铁；精制的棕榈仁油或巴巴苏棕榈果油；未磨的肉豆蔻衣；其他石油等矿物油类的残渣；其他坚果；已磨的肉豆蔻衣；竹制或藤制的座具。其 RCA 值分别为 87.68、85.70、83.55、80.12、75.22、70.84、68.52、66.55、63.75、62.78。印尼 2016 年产品所属种类为植物产品；矿产品；贱金属及其制品等产品，其具有明显的比较优势。

表 ID-2　2016 年印尼比较优势指数排名前 100 产品

单位：万美元

排序	产品代码	产品名称	RCA 指数	出口值
1	120710	棕榈果及棕榈仁	87.68	9103.47
2	270119	其他煤	85.70	653225.14
3	270210	褐煤	83.55	161304.38
4	720150	合金生铁	80.12	52273.49
5	151329	精制的棕榈仁油或巴巴苏棕榈果油	75.22	160122.74
6	90821	未磨的肉豆蔻衣	70.84	1579.03
7	271390	其他石油等矿物油类的残渣	68.52	40829.92
8	80280	其他坚果	66.55	27778.58
9	90822	已磨的肉豆蔻衣	63.75	929.82
10	940151	竹制或藤制的座具	62.78	5641.52
11	80112	新鲜腰果	62.65	6182.48
12	230660	棕榈果或其他棕榈仁油渣饼及固体残渣	58.09	37038.05
13	151190	其他棕榈油及其分离品	57.23	1105984.71
14	292412	无环酰胺	53.84	40.66
15	180320	全脱脂或部分脱脂的可可膏	53.26	15523.70
16	920190	羽管键琴和其他键盘弦乐器	49.97	2315.60
17	151110	初榨的棕榈油	49.88	330557.51
18	551011	含 85% 人造短纤维的单纱	48.99	45195.90
19	30356	冻军曹鱼	48.71	84.26
20	400122	技术分类天然橡胶（TSNR）〔初级形状（胶乳，烟胶片除外）或板，片，带〕	47.70	324219.34
21	550951	非零售与人纤短纤混纺聚酯短纤纱（混纺指按重量计聚酯短纤含量在 85% 以下）	46.61	21229.23
22	90620	粉碎或磨碎的肉桂和肉桂树花	44.11	5257.22
23	441231	至少有一表层是热带木薄板制的竹胶合板（每层厚度≤6 毫米，热带木指本章子目注释所列木材）	44.06	98106.95
24	90811	Mace	43.49	4280.46
25	41000	其他编号未列名的食用动物产品	43.24	19257.23
26	382311	硬脂酸	42.23	35513.27
27	382319	其他工业用单羧脂肪酸、酸性油	41.40	142012.80
28	320190	其他植物鞣料浸膏，鞣酸及其盐、醚、酯和其他衍生物	39.66	4684.38

续表

排序	产品代码	产品名称	RCA 指数	出口值
29	481014	涂无机物的其他成张的书写、印刷的纸及纸板（一边≤435 毫米，另一边≤297 毫米，机械或化学－机械纤维≤10%）	39.64	7884.71
30	30239	其他新鲜或冷藏金枪鱼	39.18	2666.54
31	90812	豆蔻	38.79	2257.62
32	640319	其他运动鞋，鞋底由橡胶、塑料、皮革或合成材料制成皮革和皮革鞋帮	38.27	105571.07
33	30619	其他冻甲壳动物	37.83	4365.24
34	620119	其他材料制男式大衣、斗篷及类似品（包括短大衣、短斗篷）	37.67	12118.58
35	230650	椰子或干椰肉油渣饼及固体残渣	36.95	3866.39
36	460212	藤编制的篮筐及其他制品	36.70	4263.27
37	441294	其他芯块胶合板，板条心胶合板等	35.91	38820.50
38	710811	非货币用金粉	35.63	18647.72
39	151321	初榨棕榈仁油或巴巴苏棕榈果油	35.30	30930.37
40	670411	合成纺织材料制整头假发	33.31	13949.73
41	30326	冻鳗鱼	32.56	1530.58
42	550921	非零售纯聚酯短纤单纱（纯指按重量计聚酯短纤含量在85% 及以上）	32.53	25489.86
43	90411	干辣椒（未压碎或磨碎）	32.12	41658.07
44	750110	镍锍	31.84	58414.33
45	800110	未锻轧非合金锡	31.55	111987.21
46	293920	金鸡纳生物碱及其衍生物以及它们的盐	30.82	1319.32
47	940159	柳条及类似材料制的座具	30.65	1582.13
48	290544	山梨醇	29.94	4349.82
49	151311	初榨椰子油	29.93	39106.07
50	151319	椰子油及其分离品	29.87	42509.40
51	551312	与棉混纺未漂白的或漂白的轻质聚酯斜纹布（混纺为含聚酯短纤 85% 以下，轻质指每平方米重≤170 克）	29.14	1085.54
52	441299	其他木质多层板	29.12	64635.77
53	30432	鲜或冷的鲶鱼〔（鱼芒）鲶属、鲶属、胡鲶属、真鮰属〕的鱼片	28.86	895.53

续表

排序	产品代码	产品名称	RCA 指数	出口值
54	21093	干、熏、盐制爬行动物肉及食用杂碎	28.33	109.28
55	720260	镍铁	28.22	57129.86
56	460122	藤制的席子、席料及帘子	27.85	93.31
57	710110	天然珍珠	26.93	3083.34
58	440290	其他木炭（包括果壳炭及果核炭，不论是否结块）	26.90	18713.15
59	520623	非零售精梳细支混纺棉单纱（细支指单纱细度在 192.31 分特 -232.56 分特之间，含棉量＜ 85%）	26.38	3627.16
60	440929	沿其任何边缘、端部或面连续成形的木材	25.88	60601.69
61	480550	毡纸及纸板（成卷或成张的及未经涂布）	25.78	1207.26
62	631010	经分拣的碎织物等（包括废线，绳，索，缆及其制品）	25.27	6456.86
63	920110	竖式钢琴	25.26	9212.61
64	30484	冻剑鱼鱼片	24.41	1547.47
65	30324	冻鲶鱼〔（鱼芒）鲶属、鲶属、胡鲶属、真鮰属〕	23.18	543.82
66	840732	50 立方厘米＜排气量≤ 250 立方厘米往复式活塞引擎	22.71	13977.40
67	90720	丁香（茎）	22.65	292.82
68	520535	非零售粗梳特细支纯棉多股纱（特细支指单纱细度＜ 125 分特，含棉量≥ 85%）	22.41	91.36
69	121229	其他不可食用的鲜、冷、冻或干海藻及其他藻类	21.79	5381.24
70	551411	与棉混纺漂白或未漂白的聚酯短纤平布（混纺为含聚酯短纤 85% 以下，重质指每平方米重＞ 170 克）	21.68	1144.80
71	382370	工业用脂肪醇	21.27	51593.90
72	160510	制作或保藏的蟹	21.14	25707.03
73	521215	印花其他棉布（每平方米重≤ 200 克）	21.13	1381.29
74	380610	松香、树脂酸	21.01	10050.21
75	611219	其他纺织材料制运动套装	20.84	1738.90
76	140490	其他编号未列名植物产品	20.60	10368.75
77	841960	液化空气或其他气体用的机器	20.46	28187.92
78	292241	赖氨酸及其酯、盐	20.29	25288.68
79	80111	干燥的椰子	20.05	11657.51
80	460193	藤制的其他编结材料产品	19.60	50.55

续表

排序	产品代码	产品名称	RCA 指数	出口值
81	480990	其他大张（卷）的复写纸及类似拷贝纸或转印纸〔成卷（宽超过 36 厘米），成张（至少有一边超过 36 厘米）〕	19.20	8306.78
82	480256	40 克<每平方米重≤ 150 克未涂布纸，成张（书写印刷，长≤ 435 毫米，宽≤ 297 毫米含机械或半化学浆≤ 10%）	19.15	103807.19
83	292242	谷氨酸及其盐	18.99	18774.94
84	540774	印花的其他纯合纤长丝布（纯合纤布指按重量计其他合成纤维长丝含量≥ 85%）	18.86	2434.78
85	380510	松节油	18.82	2256.25
86	382460	子目号 290544 以外的山梨醇	18.79	1531.27
87	610190	其他纺织材料制男大衣、斗篷、防风衣等	18.70	3372.03
88	400130	巴拉塔胶等及类似的天然树胶（包括古塔波胶，糖胶树胶等，胶乳外的初级形状或板，片，带）	18.30	274.96
89	152000	粗甘油，甘油水及甘油碱液	18.00	5872.31
90	610290	其他纺织料针织或钩编女式防风衣（包括防寒短上衣 . 防风短上衣及类似品）	17.85	2207.86
91	121221	可食用的鲜、冷、冻或干海藻及其他藻类	17.81	7019.53
92	440831	饰面用红柳桉木制单板（深红色、浅红色红柳桉木巴栲红柳桉木，厚度≤ 6 毫米）	17.67	531.27
93	520621	非零售精梳粗支混纺棉单纱（粗支指单纱细度≥ 714.29 分特，含棉量< 85%）	17.65	802.50
94	540810	粘胶纤维高强力纱的机织物	17.41	693.99
95	920710	通过电产生或扩大声音的键盘乐器（手风琴除外）	17.32	15656.92
96	90619	肉桂和肉桂树花	17.24	1498.15
97	151790	其他混合制成的植物质、动物质油脂或制品	17.23	61852.60
98	520514	非零售粗梳较细支纯棉单纱	17.05	7343.48
99	420321	皮革或再生皮革制专供运动用手套（包括连指或露指的，野生动物皮革制作的除外）	16.80	7355.08
100	550932	非零售纯聚丙烯腈短纤多股纱线（包括缆线，纯指按重量计聚丙烯腈或其变性短纤含量≥ 85%）	16.64	10667.69

数据来源：由联合国商品贸易数据计算整理所得

从出口产品集中度分析，与 2005 年相比，印尼 2016 年在国际市场上具有很强竞争力的产品数量减少，竞争力相对下降，主要体现在：一是 2005 年有 669 种出口产品 RCA 值在 2.5 以上，均值为 24.02；2016 年有 532 种出口产品 RCA 值在 2.5 以上，均值为 11.74，具有很强比较优势的产品数量减少了 137 种，降幅 20.48%，RCA 均值下降了 12.28，降幅 51.12%；二是从 RCA 值排名前十的产品分析，RCA 均值从 2005 年的 129.38 下降到 2016 年的 74.47，降幅 42.44%；但出口额从 2005 年的 878 万美元增长到 2016 年的 1112788 万美元，增幅 126641.23%。

从产品整体结构分析，2005 年、2016 年 RCA 值前十位出口产品对应的产品种类变化较大，仅有贱金属及其制品；矿产品两大类结构相同。RCA 值前十位出口产品完全不一致，即 2005 年 RCA 指数前十的产品在 2016 年下降到十位以后，其中 2005 年 RCA 指标排名前三的雌激素和孕激素；锑未锻炼、锑锻造及其制品；酚醇未出现在 2016 年的出口产品目录中。

（二）印尼出口主导产业分析

1. 出口主导产业分析

出口主导产业是由产品出口值占国家总出口值的比例来衡量的，所占比例越大，表明其在出口中所占地位越重，同时表明，此国生产相应产品的能力越强或拥有相应丰富的资源。表 ID-3 及表 ID-4 为 2005 年及 2016 年印尼出口值排名前 100 产品详情表。

根据表 ID-3、ID-4 可知，2005 年印出口主导产品种类为矿产品；动、植物油和脂及其分解产品、精制的食用油脂、动、植物蜡；塑料及其制品、橡胶及其制品等产品。2016 年印尼出口主导产品种类为动、植物油和脂及其分解产品、精制的食用油脂、动、植物蜡；矿产品；天然或养殖珍珠、宝石或半宝石、贵金属、包贵金属及其制品等产品。对比 2005 年及 2016 年，印尼排名前十的产品种类变化不大，说明印尼主要的出口产品结构稳定。

从出口主导产品的集中度来看，印尼最主要的出口产品占据较强的主导地位，但出口值占比有所下滑。主要体现在：2005 年，排名前五的主导产品出口值为 259.34 亿美元，出口值占比为 30.28%；排名前十的主导产品出口值为 337.49 亿美元，出口值占比为 39.40%。2016 年，排名前五的主导产品出口值为 343.01 亿美元，比 2005 年增长 32.26%，出口值占比为 23.74%，比 2005 年下降 6.54%；排名前十的主导产品出口值为 501.86 亿美元，比 2005 年增长 48.70%，出口值占比为 34.74%，比 2005 年下降 4.66%。相比于 2005 年，2016 年印尼前五、前十主导产品的出口值都有一定增长，但最核心出口产品增速相对放缓；出口产品占比均下滑，其中 2005 年排名前三的出口产品中，排名第 1 的液化天然气从 2005 年的 85.99 亿美元下降到2016年的51.46亿美元，下降幅度为40.16%，其占比从2005年的10.04%下降到2016年3.56%；排名第2的石油原油从2005年的81.46亿美元下降到2016年的51.97亿美元，下降幅度为36.20%，其占比从2005年的9.51%下降到2016年3.60%；排名第3的烟煤从2005年的37.15亿美元增长到2016年的63.66亿美元，增幅为71.36%，其占比从2005年的4.34%下降到2016年4.41%；三种传统优势出口产品在占比及总额上有所下滑，但对出口还是有一定支撑作用。

从出口主导产品种类分析，2005年与2016年的出口主要集中在矿产品；动、植物油和脂及其分解产品上，但矿产品出口份额相对下降，动、植物油和脂及其分解产品相对上升。

表ID-3　2005年印尼出口值排名前100产品

单位：万美元、%

排序	产品代码	产品名称	占比	出口值
1	271111	液化天然气	10.039	859931.54
2	270900	石油原油	9.510	814584.43
3	270112	烟煤	4.337	371464.70
4	260300	铜矿砂及其精矿	3.865	331096.70
5	151190	其他棕榈油及其分离品	2.525	216298.85
6	400122	技术分类天然橡胶（TSNR）〔初级形状（胶乳，烟胶片除外）或板，片，带〕	2.507	214740.08
7	271000	汽油，包括航空汽油	2.223	190379.68
8	151110	初榨的棕榈油	1.860	159329.54
9	847160	计算机用终端（输入或输出部件，不论是否在同一机壳内有存储部件）	1.356	116154.88
10	480252	纸/纸板（不包括机械纤维），40克/平方米 <= 重量 <=150克/平方米	1.178	100910.13
11	441213	每层厚度 <=6 毫米的胶合板，>=1 层热带木外层	1.138	97442.46
12	750110	镍锍	1.080	92541.82
13	470329	漂白非针叶木碱木浆或硫酸盐木浆	1.034	88602.63
14	800110	未锻轧非合金锡	0.997	85404.23
15	940360	其他木家具	0.939	80402.69
16	30613	冻虾仁	0.939	80402.27
17	640319	其他运动鞋，鞋底由橡胶、塑料、皮革或合成材料制成皮革和皮革鞋帮	0.894	76582.58

续表

排序	产品代码	产品名称	占比	出口值
18	852540	静止图像摄像机和其他摄像机；数码相机	0.813	69675.28
19	847330	品目 8471 所列其他机器零附件	0.749	64160.51
20	270119	其他煤	0.723	61938.80
21	853400	印刷电路	0.709	60766.60
22	481011	涂有高岭土等的纸 / 纸板，重量 <=150 克 / 平方米	0.608	52107.74
23	90111	不烘焙或不含咖啡因的咖啡	0.581	49777.72
24	401110	汽车用新型橡胶充气轮胎	0.580	49653.27
25	740311	精炼铜的阴极型材（未锻轧的）	0.579	49617.20
26	180100	生或焙炒的整颗或破碎的可可豆	0.546	46782.74
27	151321	初榨棕榈仁油或巴巴苏棕榈果油	0.524	44895.50
28	400121	天然橡胶烟胶片	0.502	43006.77
29	291736	对苯二甲酸及其盐	0.433	37064.37
30	390760	初级形状的聚对苯二甲酸乙二酯	0.426	36491.00
31	847150	自动数据处理设备及其部件（不论是否在同一机壳内有一或两个存储，输入或输出部件）	0.419	35887.80
32	151311	初榨椰子油	0.404	34596.01
33	281410	氨	0.386	33021.85
34	852721	需外接电源汽车收录（放）音组合机	0.381	32636.08
35	440920	沿其边缘、末端或面部成形的非针叶树木材	0.375	32163.84
36	847310	打字机、文字处理机的零件、附件	0.375	32133.58
37	620520	棉制男式衬衫	0.359	30768.88
38	870899	其他零件和附件	0.355	30448.98
39	740811	最大截面尺寸＞ 6 毫米的精炼铜丝	0.337	28879.58
40	852990	其他电视接收机零件	0.336	28814.92
41	760110	未锻轧非合金铝	0.336	28778.30
42	852110	级磁带录像机	0.325	27861.10
43	441300	强化木（成块、板、条或异型的）	0.324	27795.01
44	441830	镶木地板	0.324	27714.23
45	852190	其他视频信号录制或重放设备（不论是否装有高频调谐放大器）	0.323	27627.36
46	847170	计算机的存储部件	0.320	27440.06
47	852812	彩色卫星电视接收机	0.317	27163.12

续表

排序	产品代码	产品名称	占比	出口值
48	621210	胸罩（不论是否针织或钩编）	0.313	26794.85
49	441890	其他建筑用木工制品（包括蜂窝结构的木镶板）	0.312	26721.25
50	271112	液化丙烷	0.308	26387.83
51	540233	非零售聚酯变形纱线	0.301	25805.97
52	850110	输出功率≤ 37.5 瓦电动机	0.286	24535.78
53	441219	其他胶合板，每层厚度 <=6 毫米	0.254	21743.13
54	710812	非货币用未锻造金	0.246	21112.76
55	940180	其他座具	0.244	20885.00
56	271113	液化丁烷	0.242	20705.50
57	870323	1.5 升＜排量≤ 3 升装点燃往复式活塞内燃发动机的其他载人车辆	0.231	19755.29
58	854219	单片集成电路	0.225	19269.40
59	940150	藤条、柳条、竹子或类似材料的座椅	0.223	19100.83
60	854430	用于汽车、飞机或轮船的点火接线装置和其他接线装置	0.219	18759.90
61	853690	其他≤ 1000 伏电路开关等电气装置	0.219	18742.75
62	240220	烟草制的卷烟	0.217	18577.88
63	610910	棉制针织或钩编 T 恤衫、汗衫等	0.211	18110.08
64	540710	高强力纱纺制机织物（由尼龙或其他聚酰胺高强力纱纺制的）	0.210	18015.07
65	940380	藤茎，柳条，竹子或类似材料的家具	0.206	17611.39
66	854011	彩色阴极射线电视显像管（包括视频监视器用阴极射线管）	0.205	17539.02
67	850431	额定容量≤ 1 千伏安的其他变压器	0.205	17534.12
68	620462	羊毛或动物细毛制女式或女童裤等（非针织或钩编）	0.202	17314.43
69	740319	其他未锻轧的精炼铜	0.198	16974.65
70	441820	木门及其框架和门槛	0.197	16901.41
71	640219	橡胶、塑料制底及面的其他运动鞋靴	0.196	16774.99
72	620342	棉质男式短裤	0.195	16718.79
73	611020	棉制针织或钩编套头衫等（包括开襟衫、背心及类似品）	0.191	16358.26
74	310210	尿素	0.190	16272.97

续表

排序	产品代码	产品名称	占比	出口值
75	940350	卧室用木家具	0.190	16245.82
76	550951	其他与人造纤维混纺的涤纶短纤纱	0.185	15853.34
77	840734	排气量≥ 1000 立方厘米往复式活塞发动机	0.173	14801.00
78	620469	其他材料制女式长、马、短裤	0.172	14774.19
79	850610	二氧化锰的原电池及原电池组	0.172	14766.97
80	620630	棉制女式衬衫	0.170	14558.22
81	180400	可可脂、可可油	0.169	14442.75
82	870870	道路车轮及其零件和附件	0.164	14044.53
83	260400	镍矿砂及其精矿	0.163	13997.50
84	151329	精制的棕榈仁油或巴巴苏棕榈果油	0.162	13879.09
85	340111	盥洗用皂及有机表面活性产品	0.162	13837.17
86	292241	赖氨酸及其酯、盐	0.159	13650.84
87	480100	成卷或成张的新闻纸（成条宽 >36 厘米，或一边 >36 厘米，一边 >15 厘米成张矩形）	0.157	13459.18
88	870840	铁路或电车道机车齿轮箱及其零件	0.154	13192.19
89	620119	其他材料制男式大衣、斗篷及类似品（包括短大衣、短斗篷）	0.153	13081.67
90	610990	其他针织或钩编 T 恤衫、汗衫等	0.152	13056.08
91	390410	初级形状的纯聚氯乙烯	0.152	12987.43
92	611030	化纤针织或钩编套头衫（包括开襟衫、背心及类似品）	0.152	12986.57
93	160414	制作或保藏的金枪鱼、鲣鱼及狐鲣（狐鲣属）	0.150	12863.57
94	843149	品目 8426、8429、8430 的其他零件	0.148	12709.71
95	720851	厚度 >10 毫米的其他热轧非卷材（宽≥ 600 毫米，未包、镀，涂层）	0.148	12636.44
96	871419	其他摩托车零件	0.145	12439.18
97	550410	人造粘胶短纤维，未经梳制、精梳或加工以供纺纱用	0.144	12334.30
98	550921	非零售纯聚酯短纤单纱（纯指按重量计聚酯短纤含量在 85% 及以上）	0.142	12170.77
99	551011	含 85% 人造短纤维的单纱	0.142	12141.11
100	852290	其他音频配件	0.141	12054.26

数据来源：由联合国商品贸易数据计算整理所得

表 ID-4　2016 年印尼出口值排名前 100 产品

单位：万美元、%

排序	产品代码	产品名称	占比	出口值
1	151190	其他棕榈油及其分离品	7.654	1105984.71
2	270119	其他煤	4.521	653225.14
3	270112	烟煤	4.406	636583.84
4	270900	石油原油	3.597	519671.72
5	271111	液化天然气	3.562	514643.71
6	711319	其他贵金属制首饰及其零件（不论是否包、镀其他贵金属）	2.775	400968.07
7	260300	铜矿砂及其精矿	2.410	348155.69
8	151110	初榨的棕榈油	2.288	330557.51
9	400122	技术分类天然橡胶（TSNR）〔初级形状（胶乳，烟胶片除外）或板，片，带〕	2.244	324219.34
10	271121	气态天然气	1.278	184591.46
11	270210	褐煤	1.116	161304.38
12	151329	精制的棕榈仁油或巴巴苏棕榈果油	1.108	160122.74
13	470329	漂白非针叶木碱木浆或硫酸盐木浆	1.080	156059.10
14	382319	其他工业用单羧脂肪酸、酸性油	0.983	142012.80
15	401110	汽车用新型橡胶充气轮胎	0.954	137838.42
16	30617	冻其他虾和对虾	0.872	126025.26
17	710812	非货币用未锻造金	0.822	118700.18
18	870322	1 升＜排量≤ 1.5 升带点燃往复式活塞内燃发动机其他车	0.785	113446.55
19	640411	纺织材料制鞋面的运动鞋靴（橡胶或塑料制外底，包括球类、体操、训练鞋及类似鞋）	0.781	112904.39
20	800110	未锻轧非合金锡	0.775	111987.21
21	640319	其他运动鞋，鞋底由橡胶、塑料、皮革或合成材料制成皮革和皮革鞋帮	0.731	105571.07
22	480256	40 克＜每平方米重≤ 150 克未涂布纸，成张（书写印刷，长≤ 435 毫米，宽≤ 297 毫米含机械或半化学浆≤ 10%）	0.718	103807.19
23	844331	其他具有打印、复印或传真中两种及以上功能的机器（具有打印和复印两种功能的机器除外，可与自动数据处理设备或网络连接）	0.711	102754.45

续表

排序	产品代码	产品名称	占比	出口值
24	90111	不烘焙或不含咖啡因的咖啡	0.693	100062.01
25	441231	至少有一表层是热带木薄板制的竹胶合板（每层厚度≤6毫米，热带木指本章子目注释所列木材）	0.679	98106.95
26	640399	其他皮革制面的其他鞋靴（橡胶、塑料、再生皮革制外底，运动用鞋靴除外）	0.635	91705.09
27	870333	排量>2.5升装有压燃往复式活塞内燃发动机	0.602	87039.38
28	854430	用于汽车、飞机或轮船的点火接线装置和其他接线装置	0.549	79345.21
29	740311	精炼铜的阴极型材（未锻轧的）	0.543	78459.47
30	940360	其他木家具	0.516	74510.54
31	240220	烟草制的卷烟	0.511	73827.89
32	870840	铁路或电车道机车齿轮箱及其零件	0.506	73048.78
33	711299	含其他贵金属或贵金属化合物废碎料（主要用于回收贵金属）	0.498	71994.78
34	180400	可可脂、可可油	0.483	69786.00
35	852871	电视接收机（在设计上不带有视频显示器或屏幕的）	0.473	68293.49
36	441299	其他木质多层板	0.447	64635.77
37	151790	其他混合制成的植物质、动物质油脂或制品	0.428	61852.60
38	440929	沿其任何边缘、端部或面连续成形的木材	0.419	60601.69
39	750110	镍锍	0.404	58414.33
40	640419	纺织材料制鞋面胶底的其他鞋靴（橡胶或塑料制外底，运动用鞋靴除外）	0.400	57780.25
41	720260	镍铁	0.395	57129.86
42	870323	1.5升<排量≤3升装点燃往复式活塞内燃发动机的其他载人车辆	0.366	52937.59
43	720150	合金生铁、镜铁	0.362	52273.49
44	730890	其他钢铁结构体及部件（包括结构体用的已加工钢板、型材、管子及类似品）	0.358	51713.51
45	382370	工业用脂肪醇	0.357	51593.90
46	480300	卫生纸、面巾纸、餐巾纸及类似纸	0.348	50352.05
47	551011	含85%人造短纤维的单纱	0.313	45195.90
48	480257	其他40克<每平方米≤150克未涂中厚纸（书写印刷用，含机械或化学－机械法制纤维≤10%）	0.302	43623.97

续表

排序	产品代码	产品名称	占比	出口值
49	151319	椰子油及其分离品	0.294	42509.40
50	90411	干辣椒（未压碎或磨碎）	0.288	41658.07
51	291590	其他饱和无环一元羧酸及其酸酐	0.283	40955.87
52	271390	其他石油等矿物油类的残渣	0.283	40829.92
53	210111	咖啡浓缩精汁	0.281	40664.26
54	871120	排量≤ 250 毫升装往复式活塞内燃发动机摩托车及脚踏两用车	0.271	39217.48
55	151311	初榨椰子油	0.271	39106.07
56	441294	其他芯块胶合板，板条心胶合板等	0.269	38820.50
57	611020	棉制针织或钩编套头衫等（包括开襟衫、背心及类似品）	0.266	38378.88
58	852190	其他视频信号录制或重放设备（不论是否装有高频调谐放大器）	0.265	38260.41
59	230660	棕榈果或其他棕榈仁油渣饼及固体残渣	0.256	37038.05
60	210690	其他编号未列名的食品	0.250	36119.42
61	271019	石油和油脂	0.250	36079.47
62	620520	棉制男式衬衫	0.249	35946.35
63	382311	硬脂酸	0.246	35513.27
64	870899	其他零件和附件	0.240	34737.26
65	871410	摩托车其他零件、附件	0.230	33191.28
66	281410	氨	0.229	33067.30
67	620640	化学纤维制女式衬衫	0.216	31250.32
68	151620	氢化、酯化或反油酸化植物油、脂	0.216	31246.25
69	160521	制作或保藏的非密封包装小虾及对虾	0.214	30954.13
70	151321	初榨棕榈仁油或巴巴苏棕榈果油	0.214	30930.37
71	620462	羊毛或动物细毛制女式或女童裤等（非针织或钩编）	0.211	30485.29
72	621210	胸罩（不论是否针织或钩编）	0.209	30230.14
73	300490	其他已配定剂量的药品	0.203	29336.46
74	382600	生物柴油及其混合物	0.199	28724.65
75	640219	橡胶、塑料制底及面的其他运动鞋靴	0.198	28632.26
76	940169	其他木框座椅	0.198	28631.06

续表

排序	产品代码	产品名称	占比	出口值
77	340111	盥洗用皂及有机表面活性产品	0.197	28436.33
78	950300	三轮车、踏板车、踏板汽车和类似的带轮玩具；玩偶车	0.195	28233.09
79	841960	液化空气或其他气体用的机器	0.195	28187.92
80	160414	制作或保藏的金枪鱼、鲣鱼及狐鲣（狐鲣属）	0.193	27897.25
81	80280	其他坚果	0.192	27778.58
82	30749	其他冻、干、盐制的墨鱼及鱿鱼	0.192	27741.76
83	390760	初级形状的聚对苯二甲酸乙二酯	0.192	27687.56
84	850440	静态转换器	0.191	27526.97
85	310210	尿素	0.187	27014.37
86	610990	其他针织或钩编 T 恤衫、汗衫等	0.185	26776.30
87	620342	棉质男式短裤	0.184	26517.03
88	740811	最大截面尺寸＞6 毫米的精炼铜丝	0.179	25890.28
89	160510	制作或保藏的蟹	0.178	25707.03
90	550921	非零售纯聚酯短纤单纱（纯指按重量计聚酯短纤含量在 85% 及以上）	0.176	25489.86
91	292241	赖氨酸及其酯、盐	0.175	25288.68
92	870870	道路车轮及其零件和附件	0.175	25212.84
93	870829	其他身体部分和附件（包括驾驶室）	0.174	25130.46
94	550410	人造粘胶短纤维，未经梳制、精梳或加工以供纺纱用	0.174	25112.28
95	480255	40 克＜每平方米重≤ 150 克未涂布中厚纸（书写印刷用，成卷，含机械或化学－机械法制纤维≤ 10%）	0.172	24855.80
96	852990	其他电视接收机零件	0.172	24817.39
97	847330	品目 8471 所列其他机器零附件	0.170	24518.36
98	190532	华夫饼干及圣餐饼	0.169	24435.79
99	890520	浮动或潜水式钻探或生产平台	0.166	23955.69
100	740819	其他精炼铜丝	0.164	23709.97

数据来源：由联合国商品贸易数据计算整理所得

2. 出口主导产业与比较优势产业的一致性分析

表 ID–5 为 2016 年印尼排名前十的比较优势产品及出口主导产品，分析表明其比较优势产品与出口主导产品种类上具有一定一致性，具体产品完全不相同。主要体现在 2016 年印尼比较优势指数排名前列的主要产品种类为动、植物油和脂及其分解产品、精制的食用油脂、动、植物蜡；矿产品 ；贱金属及其制品等，而出口主导产品种类为动、植物油和脂及其分解产品、精制的食用油脂、动、植物蜡；矿产品；天然或养殖珍珠、宝石或半宝石、贵金属、包贵金属及其制品等。

表 ID-5　2016 年印尼排名前十比较优势产品及出口主导产品

单位：%

排名	比较优势产品名称	RCA	排名	出口主导产品名称	占比
1	棕榈果及棕榈仁	87.68	1	其他棕榈油及其分离品	7.654
2	其他煤	85.70	2	其他煤	4.521
3	褐煤	83.55	3	烟煤	4.406
4	合金生铁、镜铁	80.12	4	石油原油	3.597
5	精制的棕榈仁油或巴巴苏棕榈果油	75.22	5	液化天然气	3.562
6	未磨的肉豆蔻衣	70.84	6	其他贵金属制首饰及其零件	2.775
7	其他石油等矿物油类的残渣	68.52	7	铜矿砂及其精矿	2.410
8	其他坚果	66.55	8	初榨的棕榈油	2.288
9	已磨的肉豆蔻衣	63.75	9	技术分类天然橡胶（TSNR）〔初级形状（胶乳，烟胶片除外）或板，片，带〕	2.244
10	竹制或藤制的坐具	62.78	10	气态天然气	1.278

数据来源：由联合国商品贸易数据计算整理所得

（三）印尼出口比较优势变化分析

1. 描述性分析

依据表 ID-1 及表 ID-2，对比分析 2005 年及 2016 年印度尼西亚比较优势指数排名前 100 产品，我们可以得出以下信息：

第一，印尼整体的比较优势有减弱趋势。2005 年印尼排名前 100 产品平均比较优势指数为 104.42，2016 年为 34.55。

第二，印尼具比较优势的产品种类有缩减态势。2005 年，比较优势指数大于 1 的产品共有 1064 类，大于 2.5 的产品共有 669 类；而 2016 年，比较优势指数大于 1 的产品有 916 类，大于 2.5 的产品共 532。相比 2005 年，2016 年比较优势指数大于 1 和大于 2.5 的产品都有缩减，分别缩减了 13.91%、20.48%。表明印尼在国际上具有比较优势产品的竞争力逐渐减弱。

第三，比较优势指数排名前十产品的结构变化很大。2005 年、2016 年比较优势排名前十的产品中没有相同的。2005 年排名前三的比较优势产品为雌激素和孕激素、锑未锻炼、锑锻造及其制品和酚醇，2016 年变化为棕榈果及棕榈仁、其他煤、褐煤。

2. 回归分析

将 2016 年印尼产品比较优势指数作为被解释变量，把 2005 年印尼产品比较优势指数作为解释变量，对其进行回归分析。若回归系数 >1，则表明印尼更加强化了具有比较优势的产业，弱化了不具有比较优势的产业；若 0< 回归系数 <1，则表明具有比较优势的产业弱化了；若回归系数 <0，则表明印尼比较优势的产业发生了质变。使用最小二乘法对其进行回归，得出结果如表 ID–6。

表 ID–6 回归结果

变量	Coef.	Std.Err.	t	P>|t|
2005 比较优势指数	0.450807	0.0099866	4.51	0.00
常数项	1.275751	0.0681619	18.72	0.00
R^2=0.0150F–statistics=20.38				

从表中可以看出，回归系数为 0.450807，介于 0 和 1 之间，因此说明相对于 2005 年，2016 年印尼具有比较优势的产业弱化了，这与我们上述分析一致。

（四）印尼进口需求及其变化分析

表 ID–7 为 2005 年印尼进口值排名前 100 产品，表中显示排名前十的进口产品是：汽油，包括航空汽油；石油原油；其他零件和附件；无线电广播、电视发送设备等包含接收装置或声音录制的传送设备；小麦或马斯林种子不含硬粒小麦；对二甲苯；未梳的棉花；其他矩形截面钢坯〔含碳量小于 0.25%（正方形截面除外）〕；非公路用货运自卸车；提炼豆油所得的油饼和其他固体残渣，进口占比 39.26%，进口产品有一定集中度，尤其前 2 位产品种类均为矿产品，集中度更高，为 173.78 亿美元，占进口额的 30.12。

从印尼前 100 进口产品种类来看，也具有一定集中度，主要种类为矿产品；车辆、航空器、船舶及有关运输设备；机器、机械器具、电气设备及其零件；植物产品；化学工业及其相关工业的产品等。

表 ID-7　2005 年印尼进口排名前 100 产品

单位：万美元、%

排名	产品代码	产品名称	进口值	占比
1	271000	汽油，包括航空汽油	1058084.64	18.337
2	270900	石油原油	679697.49	11.780
3	870899	其他零件和附件	88879.92	1.540
4	852520	无线电广播、电视发送设备等包含接收装置或声音录制的传送设备	88672.97	1.537
5	100190	小麦或马斯林种子不含硬粒小麦	79898.22	1.385
6	290243	对二甲苯	60653.31	1.051
7	520100	未梳的棉花	57600.36	0.998
8	720712	其他矩形截面钢坯〔含碳量小于 0.25%（正方形截面除外）〕	56109.78	0.972
9	870410	非公路用货运自卸车	48443.75	0.840
10	230400	提炼豆油所得的油饼和其他固体残渣	47416.57	0.822
11	880240	飞机和其他飞机的空载重量超过 15000 公斤	40472.77	0.701
12	840991	点燃式活塞内燃发动机用零件	34771.82	0.603
13	290121	乙烯	32386.00	0.561
14	840999	其他发动机的专用零件（指品目 8407 或 8408 所列的其他发动机）	31557.48	0.547
15	170199	其他精制糖	31149.49	0.540
16	120100	大豆种子	30800.89	0.534
17	843149	品目 8426、8429、8430 的其他零件	30530.18	0.529
18	290531	1，2- 乙二醇	28507.19	0.494
19	871419	其他摩托车零件	27642.63	0.479
20	870322	1 升＜排量≤ 1.5 升带点燃往复式活塞内燃发动机其他车	27086.49	0.469
21	870323	1.5 升＜排量≤ 3 升装点燃往复式活塞内燃发动机的其他载人车辆	26884.95	0.466
22	842952	挖掘机（上部结构可转 360 度的）	23681.90	0.410
23	170111	生蔗糖不含添加调味剂或着色物质	23535.17	0.408
24	310420	氯化钾	19980.44	0.346
25	230990	其他配制的动物饲料	18761.91	0.325
26	40210	脂肪含量≤ 1.5% 固状乳及奶油（指粉状、粒状或其他固体状态，浓缩，加糖或其他甜物质）	18515.82	0.321

续表

排名	产品代码	产品名称	进口值	占比
27	720839	厚度＜3毫米的其他热轧卷材（除热轧外未进一步加工宽≥600毫米，未包、镀、涂层）	18434.71	0.319
28	848340	传动装置及变速装置（指齿轮及齿轮传动装置，齿轮箱和扭矩变换器）	18320.66	0.318
29	760110	未锻轧非合金铝	18314.83	0.317
30	720711	宽度小于厚度两倍的矩形截面钢坯（含碳量小于0.25%）	18312.83	0.317
31	841199	其他涡轮喷气机、涡轮螺旋桨和燃气轮机	18111.36	0.314
32	470200	化学木浆，溶解级	17673.85	0.306
33	290220	苯	17167.83	0.298
34	760120	未锻轧铝合金	17141.93	0.297
35	390110	初级形状比重＜0.94的聚乙烯	17123.61	0.297
36	730429	其他钻探石油及天然气用的套管及导管（铸铁的除外）	15864.12	0.275
37	720449	其他以钢铁为主的废五金材料	15760.98	0.273
38	720918	厚度＜0.5毫米的非合金钢冷轧卷材（未进一步加工，宽≥600毫米，未包、镀、涂层）	15074.62	0.261
39	283620	碳酸钠（纯碱）	14807.50	0.257
40	720917	1毫米≥厚度≥0.5毫米冷轧卷材（宽≥600毫米）	14784.15	0.256
41	470710	回收（废碎）的未漂白牛皮、瓦楞纸或纸板	14580.69	0.253
42	330290	其他工业用混合香料及香料混合物	14491.54	0.251
43	340319	其他含有石油或矿物提取油类制剂	14317.95	0.248
44	842911	履带式推土机	14282.78	0.248
45	390210	初级形状的聚丙烯	14266.71	0.247
46	730410	石油或天然气使用无缝铁管管道	14155.66	0.245
47	470321	漂白针叶木碱木浆或硫酸盐木浆（包括半漂白的，溶解级的除外）	14088.17	0.244
48	890190	其他货物和其他船只运输货物和货物的船舶	13796.87	0.239
49	260111	未烧结的铁矿石和精矿（焙烧黄铁矿除外）	13699.01	0.237
50	842240	其他包装或打包机器（包括热缩包装机器）	13512.43	0.234
51	281820	氧化铝，但人造刚玉除外	13494.08	0.234
52	240120	部分或全部去梗的烟草	13316.18	0.231
53	841330	内燃机活塞用燃料、润滑或冷却介质泵	13063.38	0.226
54	40229	脂肪量＞1.5%的加糖固状乳及奶油（指粉状、粒状或其他固体状态，浓缩，加糖或其他甜物质）	12981.84	0.225

续表

排名	产品代码	产品名称	进口值	占比
55	110100	小麦或混合麦的细粉	12800.88	0.222
56	870423	柴油型的其他货车（装有压燃式活塞内燃发动机，超重型指车辆总重量＞ 20 吨）	12649.70	0.219
57	210690	其他编号未列名的食品	12620.60	0.219
58	470730	回收（废碎）的机械木浆制的纸或纸板（例如，废报纸，杂志及类似印刷品）	12307.40	0.213
59	390810	初级形状的聚酰胺 -6，6 等	12197.59	0.211
60	848310	传动轴及曲柄（包括凸轮轴及曲柄轴）	12170.25	0.211
61	293371	6- 己内酰胺	11915.00	0.206
62	730890	其他钢铁结构体及部件（包括结构体用的已加工钢板、型材、管子及类似品）	11523.17	0.200
63	848180	其他阀门（用于管道、锅炉、罐、桶或类似品的）	11299.19	0.196
64	390230	初级形状的丙烯共聚物	11230.34	0.195
65	720429	其他合金钢废碎料	11158.88	0.193
66	720827	厚度小于 3 毫米热轧卷材	11156.70	0.193
67	10290	非改良种用其他牛	10773.13	0.187
68	850213	输出功率＞375 千伏安柴油发电机组（包括半柴油发电机组）	10457.49	0.181
69	841391	泵用零件	10027.05	0.174
70	722830	其他合金钢热加工条、杆（除热轧，热拉拔或热挤压外未经进一步加工的）	9925.86	0.172
71	870421	柴油型其他小型货车（装有压燃式活塞内燃发动机，小型指车辆总重量≤ 5 吨）	9835.96	0.170
72	843143	其他凿井机用零件（子目 843041，843049 所列机械的）	9802.84	0.170
73	382490	其他编号未列名的化工产品	9742.55	0.169
74	721012	镀（涂）锡的非合金钢薄宽平板轧材	9290.17	0.161
75	720916	3 毫米 > 厚 >1 毫米冷轧卷材（宽≥ 600 毫米）	9151.94	0.159
76	847160	计算机用终端（输入或输出部件，不论是否在同一机壳内有存储部件）	8902.77	0.154
77	300490	其他已配定剂量的药品	8852.15	0.153
78	290122	丙烯	8803.34	0.153
79	840734	排气量≥ 1000 立方厘米往复式活塞发动机	8734.93	0.151
80	481011	涂有高岭土等的纸 / 纸板，重量 <=150 克 / 平方米	8629.95	0.150

续表

排名	产品代码	产品名称	进口值	占比
81	847780	未列名的橡胶或塑料加工机器	8626.17	0.149
82	390120	初级形状比重≥ 0.94 的聚乙烯	8604.85	0.149
83	843999	制造或整理纸及纸板的机器零件	8441.88	0.146
84	841480	其他空气泵、气体压缩机及通风罩	8390.77	0.145
85	401199	其他新型橡胶充气轮胎	8177.91	0.142
86	760612	合金铝制铝塑复合矩形板、片及带（包括正方形）厚度厚>0.2 毫米	8098.21	0.140
87	847810	其他的烟草加工及制作机器（本章其他编号未列名的）	8066.39	0.140
88	720851	厚度>10 毫米的其他热轧非卷材（宽≥ 600 毫米，未包、镀，涂层）	8050.47	0.140
89	730610	石油和天然气管线管，D ＜ 404.4 毫米	7962.39	0.138
90	842951	前铲装载机	7936.73	0.138
91	400219	其他初级形状羧基丁苯橡胶等（胶乳除外）	7829.06	0.136
92	310230	硝酸铵	7710.17	0.134
93	790111	含锌量≥ 99.995% 的未锻轧锌	7680.78	0.133
94	390760	初级形状的聚对苯二甲酸乙二酯	7558.41	0.131
95	731815	其他螺钉及螺栓（不论是否带有螺母或垫圈）	7314.43	0.127
96	847150	自动数据处理设备及其部件（不论是否在同一机壳内有一或两个存储，输入或输出部件）	7306.09	0.127
97	841510	独立窗式或壁式空气调节器	7184.19	0.125
98	840890	其他压缩点火内燃活塞发动机（柴油或半柴油机）	7146.67	0.124
99	853690	其他≤ 1000 伏电路开关等电气装置	7102.67	0.123
100	550330	未梳的聚丙烯腈短纤维（包括变性聚丙烯腈制短纤维）	6945.21	0.120

数据来源：由联合国商品贸易数据计算整理所得

表 ID-8 为 2016 年印尼进口值排名前 100 产品，从表中可以看出，排名前十的产品是：轻油及制品，不含生物柴油；石油原油；石油和油脂；其他通信设备零件；其他小麦及混合麦；未加香料或着色剂其他甘蔗原糖；提炼豆油所得的油饼和其他固体残渣；未梳的棉花；其他集成电路；其他大豆。其中轻油及制品，不含生物柴油进口值最高，为 67.73 亿美元，占比 4.99%；其次是石油原油、石油和油脂，进口值分别为 67.30 亿美元、31.68 亿美元，占比分别为 4.96%、2.34%。

从 2016 年印尼前 100 位进口产品种类分析，主要为矿产品；机器、机械器具、电气设备及其零件、录音机及放声机、电视图像、声音的录制和重放设备及其零件、附件；植物产品等。

从2016年印尼前100进口产品集中度分析，排名前100的产品占比达到46.66%，排名前十的进口值占比为20.98%，排名前五的进口值占比为16.12%，说明印尼进口产品集中度一般。

表 ID-8 2016年印尼进口排名前100产品

单位：万美元、%

排名	产品代码	产品名称	进口值	占比
1	271012	轻油及制品，不含生物柴油	677320.21	4.993
2	270900	石油原油	673049.34	4.962
3	271019	石油和油脂	316757.27	2.335
4	851770	其他通信设备零件	287181.80	2.117
5	100199	其他小麦及混合麦	232264.12	1.712
6	170114	未加香料或着色剂其他甘蔗原糖	199429.45	1.470
7	230400	提炼豆油所得的油饼和其他固体残渣	157386.19	1.160
8	520100	未梳的棉花	108720.03	0.801
9	854239	其他集成电路	98539.49	0.726
10	120190	其他大豆	95904.11	0.707
11	271113	液化丁烷	91252.41	0.673
12	710812	非货币用未锻造金	82850.47	0.611
13	870899	其他零件和附件	81296.58	0.599
14	847130	便携式自动数据处理设备（重量≤10千克，至少由一个中央处理器、键盘和显示器组成）	77835.69	0.574
15	390210	初级形状的聚丙烯	75809.89	0.559
16	271112	液化丙烷	75250.99	0.555
17	852990	其他电视接收机零件	74322.62	0.548
18	310420	氯化钾	70014.18	0.516
19	290121	乙烯	67304.37	0.496
20	740311	精炼铜的阴极型材（未锻轧的）	62245.27	0.459
21	851712	蜂窝网络或其他无线网络的电话机	61604.16	0.454
22	390110	初级形状比重＜0.94的聚乙烯	61157.97	0.451
23	880330	飞机及直升机用其他零件	60310.55	0.445

续表

排名	产品代码	产品名称	进口值	占比
24	10229	非改良种用家牛	59914.94	0.442
25	853690	其他≤ 1000 伏电路开关等电气装置	55766.52	0.411
26	870840	铁路或电车道机车齿轮箱及其零件	54582.77	0.402
27	844391	印刷机械零件及附件	50629.56	0.373
28	870332	1.5 升<排量≤ 2.5 升装有压燃往复式活塞内燃发动机	50071.09	0.369
29	230990	其他配制的动物饲料	46384.12	0.342
30	720712	其他矩形截面钢坯〔含碳量小于 0.25%（正方形截面除外）〕	45962.56	0.339
31	300490	其他已配定剂量的药品	45935.60	0.339
32	720711	宽度小于厚度两倍的矩形截面钢坯（含碳量小于 0.25%）	44299.95	0.327
33	390230	初级形状的丙烯共聚物	44105.81	0.325
34	890190	其他货物和其他船只运输货物和货物的船舶	43809.31	0.323
35	70320	新鲜或冷藏大蒜	43608.79	0.321
36	847330	品目 8471 所列其他机器零附件	43328.84	0.319
37	848180	其他阀门（用于管道、锅炉、罐、桶或类似品的）	43091.91	0.318
38	870323	1.5 升<排量≤ 3 升装点燃往复式活塞内燃发动机的其他载人车辆	42932.53	0.316
39	851762	交换机和路由器	42753.65	0.315
40	470200	化学木浆，溶解级	42268.99	0.312
41	290243	对二甲苯	42154.87	0.311
42	390120	初级形状比重≥ 0.94 的聚乙烯	42079.82	0.310
43	20230	冻藏的去骨牛肉	41840.89	0.308
44	843149	品目 8426、8429、8430 的其他零件	41832.79	0.308
45	210690	其他编号未列名的食品	41502.36	0.306
46	392690	其他塑料制品	40934.31	0.302
47	100630	精米	40268.39	0.297
48	240120	部分或全部去梗的烟草	39847.67	0.294
49	470321	漂白针叶木碱木浆或硫酸盐木浆（包括半漂白的，溶解级的除外）	37166.16	0.274
50	330290	其他工业用混合香料及香料混合物	35250.20	0.260
51	854231	用作处理器及控制器的集成电路	34800.35	0.257
52	760120	未锻轧铝合金	34172.83	0.252

续表

排名	产品代码	产品名称	进口值	占比
53	999999	未按种类指定的商品	33668.97	0.248
54	840610	船舶动力用汽轮机	33136.36	0.244
55	720719	其他含碳量小于 0.25% 的钢坯	32737.95	0.241
56	40210	脂肪含量≤ 1.5% 固状乳及奶油（指粉状、粒状或其他固体状态，浓缩，加糖或其他甜物质）	32672.23	0.241
57	271320	石油沥青	32504.77	0.240
58	840991	点燃式活塞内燃发动机用零件	32160.54	0.237
59	841510	独立窗式或壁式空气调节器	31589.14	0.233
60	847170	计算机的存储部件	30900.21	0.228
61	853400	印刷电路	30647.59	0.226
62	890120	油轮	30552.95	0.225
63	720720	含碳量不小于 0.25% 的钢坯	30412.75	0.224
64	843143	其他凿井机用零件（子目 843041，843049 所列机械的）	30197.84	0.223
65	840820	压缩点火内燃活塞发动机（柴油或半柴油机）	29231.71	0.215
66	722790	不规则盘卷的其他合金钢热轧条杆	28490.52	0.210
67	853890	品目 8535、8536、8537 装置的零件（专用于或主要用于）	28406.21	0.209
68	871410	摩托车其他零件、附件	28393.82	0.209
69	870829	其他身体部分和附件（包括驾驶室）	27631.63	0.204
70	270112	烟煤	27564.14	0.203
71	842952	挖掘机（上部结构可转 360 度的）	27484.87	0.203
72	600622	棉制其他染色针织或钩编织物	27234.33	0.201
73	901890	其他医疗、外科或兽医用仪器器具	26990.12	0.199
74	853710	其他电力控制或分配的装置（电压不超过 1000 伏的线路）	26797.82	0.198
75	80810	新鲜苹果	26352.97	0.194
76	731815	其他螺钉及螺栓（不论是否带有螺母或垫圈）	26227.63	0.193
77	260111	未烧结的铁矿石和精矿（焙烧黄铁矿除外）	26012.65	0.192
78	850440	静态转换器	25872.37	0.191
79	870850	驱动桥及其零件（装有差速器的，不论是否装有其他传动件）	25499.25	0.188
80	721049	镀锌的其他形铁或非合金钢宽板材（电镀锌的除外，宽≥ 600 毫米）	25153.59	0.185
81	540761	聚酯非变形长丝布，含量≥ 85%	24852.82	0.183

续表

排名	产品代码	产品名称	进口值	占比
82	470710	回收（废碎）的未漂白牛皮、瓦楞纸或纸板	24003.90	0.177
83	840999	其他发动机的专用零件（指品目 8407 或 8408 所列的其他发动机）	23895.79	0.176
84	930190	其他军用武器	23721.02	0.175
85	841199	其他涡轮喷气机、涡轮螺旋桨和燃气轮机	23629.17	0.174
86	871000	坦克及其他机动装甲战斗车辆及零件	23485.50	0.173
87	847982	混合、搅拌、轧碎、研磨机器（包括筛选、均化、乳化机器）	23443.58	0.173
88	841430	用于制冷设备的压缩机	23425.02	0.173
89	720839	厚度＜3 毫米的其他热轧卷材（除热轧外未进一步加工宽≥600 毫米，未包、镀、涂层）	23224.04	0.171
90	903180	其他测量、检验仪器、器具及机器	23060.41	0.170
91	100590	其他玉米	22830.26	0.168
92	390760	初级形状的聚对苯二甲酸乙二酯	22800.75	0.168
93	841330	内燃机活塞用燃料、润滑或冷却介质泵	22710.66	0.167
94	110814	木薯淀粉	22663.69	0.167
95	550200	人造纤维长丝丝束	22003.91	0.162
96	760612	合金铝制铝塑复合矩形板、片及带（包括正方形）厚度厚>0.2 毫米	21755.09	0.160
97	382490	其他编号未列名的化工产品	21357.49	0.157
98	760110	未锻轧非合金铝	21170.74	0.156
99	400219	其他初级形状羧基丁苯橡胶等（胶乳除外）	21009.10	0.155
100	722830	其他合金钢热加工条、杆（除热轧，热拉拔或热挤压外未经进一步加工的）	20522.82	0.151

数据来源：由联合国商品贸易数据计算整理所得

对比 2005 年及 2016 年印尼排名前十的进口产品发现，有 3 种进口产品均在 2005 年、2016 年的前十位，有 5 个种类相同。其中，2016 年进口占比排名第 1 的轻油及制品为新进口产品，进口值为 67.73 亿美元，进口占比 4.99%；排名第 2 的石油原油进口值 67.30 亿美元，与 2005 年基本持平，进口占比从 11.78% 下降到 2016 年 4.96%；排名第 3 的石油和油脂为新进口产品，2016 年进口值 31.68 亿美元，占比为 2.34%。表明 2005 年和 2016 年印尼对进口产品种类需求较稳定，核心进口产品占比逐年下降。

从进口产品集中度来看，印尼2005年进口产品排名前五的进口值占比、排名前十进口值占比分别为34.58%、39.26%，与2016年值对应占比16.12%、20.98%相比，分别下降18.46%、18.28%，表明进口产品集中度呈快速下降趋势。从印尼进口前100产品种类来看，2005年与2016年，印尼进口产品种类变动较小，具有一致性。主要进口产品包括 矿产品；机器、机械器具、电气设备及其零件、录音机及放声机、电视图像、声音的录制和重放设备及其零件、附件；植物产品等。

二、马来西亚出口比较优势分析与进口需求研究

（一）马来西亚出口比较优势分析

表MY-1显示了2005年马来西亚相对优势前100出口产品RCA指标均大于2.5，其中最高RCA72.40，最低RCA7.99，均高于2.5的水平，表明在国际市场中有很强竞争力。2005年RCA值排前十的出口产品是：其他红柳桉木原木；袖珍磁带播放器；带自动唱片更换机构的转盘（唱片机）；红柳桉木板材；白柳桉、其他柳桉木和阿兰木板材；用于在缩微胶卷或缩微胶片或其他缩微胶片上记录文件的相机；精制的棕榈仁油或巴巴苏棕榈果油；钍矿砂及其精矿；其他棕榈油及其分离品；自动打字机。其比较优势指数分别是：72.40、66.35、64.05、58.74、54.98、48.24、47.22、47.14、42.00、39.93。从产品整体种类来看，2005年马来西亚的木及木制品、木炭、软木及软木制品、稻草、秸秆、针茅或其他编结材料制品、篮筐及柳条编结品；机器、机械器具、电气设备及其零件、录音机及放声机、电视图像、声音的录制和重放设备及其零件、附件；光学、照相、电影、计量、检验、医疗或外科用仪器及设备、精密仪器及设备、钟表、乐器、上述物品的零件、附件等产品具有比较优势。

表MY-1　2005年马来西亚比较优势指数排名前100产品

单位：万美元

排序	产品代码	产品名称	RCA指数	出口值
1	440341	其他红柳桉木原木（指深红色红柳桉木，浅红色红柳桉及巴栲红色红柳桉木）	72.40	6694.76
2	851992	袖珍磁带播放器	66.35	26143.21
3	851931	带自动唱片更换机构的转盘（唱片机）	64.05	4072.73

续表

排序	产品代码	产品名称	RCA 指数	出口值
4	440725	红柳桉木板材（指深红色、浅红色及巴梼红柳桉木，经纵锯、纵切、刨切或旋切的，厚度超过 6 毫米）	58.74	23463.11
5	440726	白柳桉、其他柳桉木和阿兰木板材（经纵锯、纵切、刨切或旋切的，厚度超过 6 毫米）	54.98	4460.51
6	900620	用于在缩微胶卷或缩微胶片或其他缩微胶片上记录文件的相机	48.24	3131.76
7	151329	精制的棕榈仁油或巴巴苏棕榈果油	47.22	26798.59
8	261220	钍矿砂及其精矿	47.14	8.53
9	151190	其他棕榈油及其分离品	42.00	372784.96
10	846912	自动打字机	39.93	776.81
11	240290	烟草代用品制的卷烟、雪茄烟	39.79	5852.48
12	401519	硫化橡胶制其他手套（硬化橡胶的除外）	36.63	100251.61
13	852739	其他无线电广播接收机	33.41	47825.31
14	230660	棕榈果或其他棕榈仁油渣饼及固体残渣	32.90	8421.59
15	382311	硬脂酸	30.32	18690.10
16	370220	即时打印胶卷，未曝光	29.42	960.93
17	290517	十二醇、十六醇及十八醇	29.36	10905.92
18	400700	硫化橡胶线及绳	29.33	15165.35
19	851921	没有扬声器的唱片播放器	28.44	1545.88
20	382312	油酸	27.89	3561.40
21	382319	其他工业用单羧脂肪酸、酸性油	27.16	43629.60
22	271099	其他废油	26.71	9728.03
23	400122	技术分类天然橡胶（TSNR）〔初级形状（胶乳，烟胶片除外）或板，片，带〕	25.80	141183.03
24	151620	氢化、酯化或反油酸化植物油、脂	25.79	95733.58
25	853720	其他电力控制或分配的装置（电压超过 1000 伏的线路）	25.30	165939.04
26	441214	其他胶合板，每层 <=6 毫米厚度，>=1 毫米非针叶木外层	24.65	99215.48
27	690710	未上釉的小陶瓷砖，瓦，块及类似品（小指最大表面积可置入边长＜ 7 厘米的方格为限）	23.38	2309.41
28	152000	粗甘油，甘油水及甘油碱液	22.90	3813.63
29	10592	活纯种鸡，185 克 <=2000 克活鸡	22.87	8207.01
30	440349	其他本章子目注释所列热带原木（用油漆，着色剂，杂酚油或其他防腐剂处理的除外）	22.16	16610.32

续表

排序	产品代码	产品名称	RCA 指数	出口值
31	441223	其他胶合板，贴面板和类似的层压木，其中 >=1 层的非针叶木外层和 >=1 层刨花板		
32	401511	硫化橡胶制外科用手套（硬化橡胶的除外）	21.76	18672.56
33	852039	磁性开放式磁盘录音机－声音播放器、装有声音重放装置的磁带录音机	21.57	3055.12
34	900659	其他相机	21.15	15872.20
35	903083	用于测量记录设备的电感或电容的电量	20.81	34313.79
36	151319	椰子油及其分离品	20.27	8757.17
37	852732	结合录音或重放设备，需要外部电源	19.82	10447.59
38	740620	片状的铜粉末	19.14	4071.31
39	540751	未漂白或漂白的其他机织物（涤纶长丝含量≥ 85%）	18.88	8722.86
40	290545	丙三醇（甘油）	18.79	11515.35
41	731990	未列名钢铁制针及类似品	18.65	1490.27
42	854260	混合集成电路	17.91	461133.01
43	151110	初榨的棕榈油	17.71	56665.18
44	10599	超过 185 克的其他家禽	17.66	2417.32
45	852020	电话应答机	17.54	2210.72
46	900930	热敏复印设备	17.07	834.28
47	911180	非金属制的表壳	16.01	906.45
48	292424	炔己蚁胺	15.72	2.70
49	540243	其他聚酯单纱，非供零售用，细度 <50 分特	15.09	18888.76
50	600121	棉制针织或钩编的毛圈绒头织物	15.05	3893.73
51	440399	其他未列名原木（用油漆，着色剂，杂酚油或其他防腐剂处理的除外）	14.39	40637.92
52	852033	其他装有声音重放装置的盒式磁带录音机	13.91	5943.88
53	900630	特种用途的照相机	13.72	3651.86
54	291090	灭草环	13.60	3715.51
55	441213	每层厚度 <=6 毫米的胶合板，>=1 毫米层热带木外层	13.49	36328.25
56	440729	其他未列名热带木板材（经纵锯、纵切、刨切或旋切的，厚度超过 6 毫米）	13.15	20943.07
57	382370	工业用脂肪醇	13.10	25018.84

续表

排序	产品代码	产品名称	RCA 指数	出口值
58	840910	航空器发动机用零件（指专用于或主要用于品目 8407 或 8408 所列航空器发动机的零件）	13.07	20751.71
59	60390	其他干或染色等加工的插花及花蕾（制花束或装饰用的，鲜的除外）	13.03	2292.06
60	851910	硬币或光盘操作的唱片播放器	12.78	529.31
61	852719	不需外接电源无线电收音机	12.66	22328.20
62	400251	丁腈橡胶胶乳	12.45	3282.07
63	854129	耗散功率≥ 1 瓦的晶体管（不含光敏晶体管）	12.09	157154.57
64	854320	信号发生器	12.01	18439.21
65	851721	传真机	11.75	36469.94
66	180320	全脱脂或部分脱脂的可可膏	11.70	1746.09
67	871493	非机动脚踏车等的自由轮链轮	11.68	3837.49
68	440839	其他饰面用单板（本章子目注释一所列其他热带木，厚度不超过 6 毫米）	11.42	5963.85
69	271111	液化天然气	11.34	563624.88
70	852320	空白磁盘，适用于品目 8471 的机器	11.28	53739.80
71	853230	其他可变或可调（微调）电容器	11.25	5177.32
72	790310	锌末（包括锌合金）	10.78	2359.67
73	853210	固定电容器，电力电容器（用于 50/60 赫兹电路，额定无功功率不低于 0.5 千瓦）	10.73	8788.39
74	800120	未加工的锡合金	10.70	2927.15
75	291570	棕榈酸及其盐和酯、硬脂酸盐、酯	10.69	6164.28
76	401590	其他硫化橡胶制衣着用品及附件（硬化橡胶的除外）	10.69	3552.18
77	540242	部分取向聚酯单纱，未加捻或捻度 <=50 转 / 米，不用于零售	10.49	10529.98
78	291611	丙烯酸及其盐	10.47	8823.06
79	854210	电子集成电路卡（智能卡）	10.45	87518.31
80	521122	漂白 3 或 4 线斜纹混合人造纤维，<85% 棉，重量 >200 克 / 平方米	10.40	216.26
81	853290	电子电容器零件	9.89	11460.14
82	611610	塑料或橡胶浸渍的手套	9.85	9004.70
83	711590	其他贵重金属或贵金属包裹品	9.76	21890.97
84	710900	以贱金属或银为底的包金材料	9.42	422.64

续表

排序	产品代码	产品名称	RCA 指数	出口值
85	681250	石棉服装，服装配件，鞋类和帽子	9.04	325.23
86	950730	钓线轮	8.98	5455.20
87	291521	乙酸	8.96	17186.99
88	900991	自动送纸器	8.92	3634.16
89	854011	彩色阴极射线电视显像管（包括视频监视器用阴极射线管）	8.84	71953.16
90	151321	初榨棕榈仁油或巴巴苏棕榈果油	8.75	6913.57
91	340120	其他形状的肥皂	8.63	16097.20
92	900653	其他照相机（使用胶片宽度为 35 毫米）	8.45	12179.50
93	871496	脚踏车等的曲柄链轮及其零件	8.44	3952.78
94	441129	其他木材纤维板，0.5 克 / 立方厘米 < 密度 <=0.8 克 / 立方厘米	8.44	11126.64
95	180400	可可脂、可可油	8.44	30995.14
96	847920	提取加工动物或植物油脂的机器	8.42	5816.32
97	847130	便携式自动数据处理设备（重量≤ 10 千克，至少由一个中央处理器、键盘和显示器组成）	8.42	617105.82
98	854290	其他集成电路及微电子组件零件	8.16	112004.20
99	681270	压缩石棉纤维连接，片材或卷筒	7.99	313.42

数据来源：由联合国商品贸易数据计算整理所得

表 MY-2 显示了 2016 年马来西亚比较优势前 100 出口产品，其中最高 RCA75.91，最低 RCA9.47，均高于 2.5 的水平，表明在国际市场中有很强竞争力。其中 RCA 值排前十的产品是：其他红柳桉木原木；白柳桉、其他柳桉木和阿兰木板材；红柳桉木板材；盐腌及盐渍的鱼类；以贱金属，银或金为底的包铂材料；非合金生铁；硫化橡胶制其他手套（硬化橡胶的除外）；片状的铜粉末；其他天然或合成宝石或半宝石粉末；铊废碎料。其比较优势指数分别是：75.91、68.18、64.79、59.30、58.42、57.29、47.16、46.71、46.38、44.20。从产品整体种类来看，2016 年马来西亚的木及木制品、木炭、软木及软木制品、稻草、秸秆、针茅或其他编结材料制品、篮筐及柳条编结品；活动物、动物产品；天然或养殖珍珠、宝石或半宝石、贵金属、包贵金属及其制品、仿首饰、硬币等具有明显的比较优势。

表 MY-2　2016 年马来西亚比较优势指数排名前 100 产品

单位：万美元

排序	产品代码	产品名称	RCA 指数	出口值
1	440341	其他红柳桉木原木（指深红色红柳桉木，浅红色红柳桉及巴栲红色红柳桉木）	75.91	3961.97
2	440726	白柳桉、其他柳桉木和阿兰木板材（经纵锯、纵切、刨切或旋切的，厚度超过 6 毫米）	68.18	2341.19
3	440725	红柳桉木板材（指深红色、浅红色及巴栲红柳桉木，经纵锯、纵切、刨切或旋切的，厚度超过 6 毫米）	64.79	11587.75
4	30564	盐腌及盐渍的罗非鱼（口孵非鲫属）、鲶鱼〔（鱼芒）鲶属、鲶属、胡鲶属、真鮰属〕、鲤科鱼（鲤属、鲫属、草鱼、鲢属、鲮属、青鱼、卡特拉鲃、野鲮属、哈氏纹唇鱼、何氏细须鲃、鲂属）、其他鳗鱼（鳗鲡属）、尼罗河鲈鱼（尼罗尖吻鲈）及黑鱼（鳢属），食用杂碎除外	59.30	56.23
5	711100	以贱金属，银或金为底的包铂材料	58.42	16614.28
6	720120	非合金生铁，按重量计含磷量在 0.5% 以上	57.29	2392.90
7	401519	硫化橡胶制其他手套（硬化橡胶的除外）	47.16	285562.46
8	740620	片状的铜粉末	46.71	14127.17
9	710590	其他天然或合成宝石或半宝石粉末	46.38	2063.64
10	811252	铊废碎料	44.20	24.32
11	293040	甲硫氨酸（蛋氨酸）	43.02	22099.22
12	151620	氢化、酯化或反油酸化植物油、脂	40.10	173487.89
13	382474	含甲烷、乙烷或丙烷的氢氯氟烃混合物	39.37	2205.74
14	271129	其他气态石油气、烃类气	34.19	29366.90
15	382312	油酸	31.72	8980.85
16	600129	其他材料制针织或钩编毛圈绒头布	30.90	2818.07
17	271500	天然沥青等为基本成分的沥青混合物	30.82	57953.96
18	151321	初榨棕榈仁油或巴巴苏棕榈果油	30.10	34578.25
19	370390	其他未曝光的非彩色感光布、感光纸及纸板	28.82	3118.32
20	911180	非金属制的表壳	27.99	3883.24
21	843621	家禽孵卵器及育雏器	27.75	7550.04
22	382311	硬脂酸	27.32	30124.85
23	441193	0.5 克 / 立方厘米＜密度≤ 0.8 克 / 立方厘米的其他纤维板（辐射松制的除外）	27.08	12809.53
24	151110	初榨的棕榈油	26.89	233567.50

续表

排序	产品代码	产品名称	RCA 指数	出口值
25	441231	至少有一表层是热带木薄板制的竹胶合板（每层厚度≤ 6 毫米，热带木指本章子目注释所列木材）	26.70	77945.01
26	240290	烟草代用品制的卷烟、雪茄烟	26.64	2774.61
27	151190	其他棕榈油及其分离品	26.56	672861.14
28	400280	天然橡胶与合成橡胶的混合物	25.83	48942.18
29	701911	长度不超过 50 毫米的短切玻璃纤维	24.99	39735.25
30	230660	棕榈果或其他棕榈仁油渣饼及固体残渣	24.17	20204.98
31	847920	提取加工动物或植物油脂的机器	23.20	20277.24
32	290517	十二醇、十六醇及十八醇	22.68	13965.16
33	580300	纺织材料制纱罗（品目 5806 的狭幅织物除外）	22.30	1580.62
34	401511	硫化橡胶制外科用手套（硬化橡胶的除外）	22.17	34527.02
35	291570	棕榈酸及其盐和酯、硬脂酸盐、酯	21.24	22312.66
36	382370	工业用脂肪醇	20.53	65295.78
37	440729	其他未列名热带木板材（经纵锯、纵切、刨切或旋切的，厚度超过 6 毫米）	20.24	17315.29
38	290545	丙三醇（甘油）	20.12	20921.81
39	441879	已装拼的木制其他地板	20.01	8048.95
40	853390	各种电阻器零件（包括变阻器及电位器）	19.99	14034.38
41	400700	硫化橡胶线及绳	19.90	12545.08
42	845620	用超声波处理各种材料的加工机床	19.73	2020.40
43	852359	其他半导体媒体	19.54	25625.75
44	711419	其他贵金属制金银器及零件（不论是否包，镀贵金属）	18.90	17395.39
45	790310	锌末（包括锌合金）	17.74	3381.50
46	382319	其他工业用单羧脂肪酸、酸性油	17.26	77591.22
47	151329	精制的棕榈仁油或巴巴苏棕榈果油	16.93	47252.40
48	284690	其他稀土金属、钪的其他化合物	16.73	15960.70
49	440349	其他本章子目注释所列热带原木（用油漆，着色剂，杂酚油或其他防腐剂处理的除外）	16.56	12045.78
50	380850	零售包装含第 38 章子目注释一所列物质的货品	16.41	6842.47
51	854290	其他集成电路及微电子组件零件	15.98	246491.80
52	600121	棉制针织或钩编的毛圈绒头织物	15.98	5373.99

续表

排序	产品代码	产品名称	RCA 指数	出口值
53	550120	聚酯长丝丝束	15.79	1470.37
54	903020	示波器	15.43	11412.99
55	847030	其他计算机器	15.31	373.17
56	852792	带时钟的收音机	15.27	9035.38
57	854060	其他阴极射线管	15.18	725.44
58	440839	其他饰面用单板（本章子目注释一所列其他热带木，厚度不超过 6 毫米）	15.17	3064.00
59	340120	其他形状的肥皂	14.90	31957.08
60	854190	品目 8541 所列货品零件	14.50	150698.35
61	844240	铸字、排字、制版机器的零件	14.29	5496.07
62	903090	品目 9030 所属货品的零件及附件	13.92	106750.43
63	290514	其他丁醇	13.74	6102.53
64	851950	电话应答机	13.72	159.57
65	850790	蓄电池零件	12.90	50798.82
66	210112	以咖啡为基本成分的制品	12.76	26958.00
67	844820	纤维挤压机及辅助机器的其他零件（包括附件，品目 8444 的机器用）	12.50	7531.51
68	401410	硫化橡胶制避孕套	12.44	9362.81
69	283650	碳酸钙	12.34	8816.40
70	903084	其他电量的测量或检验仪器及装置	12.32	14984.72
71	700239	未加工的其他玻璃管	12.21	2947.46
72	871494	非机动脚踏车等的制动器及其零件（包括倒轮制动鼓及鼓闸）	11.90	15180.90
73	720310	直接从铁矿还原的铁制品（铁团、铁粒及类似形状）	11.79	11002.46
74	10599	超过 185 克的其他家禽	11.66	3405.14
75	611490	其他纺织材料制其他服装	11.62	24698.41
76	291590	其他饱和无环一元羧酸及其酸酐	11.48	37063.92
77	852329	磁盘	11.39	69694.89
78	950730	钓线轮	11.37	10310.02
79	850680	其他原电池及原电池组	11.37	9864.78
80	854320	信号发生器	11.31	18787.01
81	440799	其他木厚板材（经纵锯、纵切、刨切或旋切的，厚度超过 6 毫米）	11.29	49740.46

续表

排序	产品代码	产品名称	RCA 指数	出口值
82	400251	丁腈橡胶胶乳	11.21	10166.61
83	152200	油鞣回收脂	11.13	1318.43
84	847180	其他自动数据处理设备的部件	11.09	258869.68
85	290513	正丁醇	10.97	7260.75
86	910199	贵金属机械怀表及其他机械表（指表壳用贵金属或包贵金属制成的）	10.76	2584.47
87	60314	鲜的菊花（制花束或装饰用的）	10.70	9095.27
88	871496	脚踏车等的曲柄链轮及其零件	10.67	11274.28
89	850811	电动的真空吸尘器（功率不超过 1500 瓦，且带有容积不超过 20 升的集尘袋或其他集尘容器）	10.30	78643.15
90	10594	超过 185 克其他鸡	10.29	13549.65
91	800110	未锻轧非合金锡	10.11	47061.13
92	180320	全脱脂或部分脱脂的可可膏	10.10	3857.14
93	180500	未加糖或其他甜物质的可可粉	9.99	29785.03
94	903040	其他无线电通讯专用仪器及装置	9.93	47624.69
95	740819	其他精炼铜丝	9.93	30853.61
96	903082	检测半导体晶片或器件的仪器	9.72	44376.66
97	140490	其他编号未列名植物产品	9.67	6378.57
98	281530	过氧化钠及过氧化钾	9.58	160.16
99	730422	不锈钢制钻管（钻探石油及天然气用）	9.51	901.87
100	21093	干、熏、盐制爬行动物肉及食用杂碎	9.47	47.86

数据来源：由联合国商品贸易数据计算整理所得

从出口产品集中度分析，与 2005 年相比，马来西亚 2016 年在国际市场上具有很强竞争力的产品数量增加，领域扩大，综合竞争能力有所增强。具体表现为：一是 2005 年有 332 种出口产品 RCA 指数在 2.5 以上，2016 年增长到 419 种产品，增加了 87 种，增幅 26.20%；二是从 RCA 值排名前十的产品分析：产品 RCA 均值从 2005 年的 54.10 增长到 2016 年的 56.84，增幅 5.04%。

从产品整体结构来看，排名前十的产品对应的种类变化较大，除木及木制品；木炭、软木及软木制品、稻草、秸秆、针茅或其他编结材料制品、篮筐及柳条编结品外，其余类别均不相同。相对 2005 年，2016 年的活动物、动物产品；天然或养殖珍珠、宝石或半宝石、贵金属、包贵金属及其制品、仿首饰、硬币；贱金属及其制品、塑料及其制品、橡胶及其制品等产品的比较优势增加。

从排名前十的具体产品分析，2005 年与 2016 年排名前十的产品前后变化较大，仅有 3 种出口产品在 2015 年、2016 年的前十的 RCA 排名中，其中：其他红柳桉木原木稳居第 1 位，RCA 值从 72.40 增长到 75.91，白柳桉、其他柳桉木和阿兰木板材从第 5 位上升到第 2 位，RCA 值从 54.98 增长到到 68.18，红柳桉木板材从第 4 位上升到第 3 位，RCA 值从 58.74 增长到 64.79，三种产品的比较优势进一步加大。

（二）马来西亚出口主导产业分析

1. 出口主导产业分析

表 MY-3 及表 MY-4 分别表示 2005 年与 2016 年马来西亚出口值排名前 100 主导产品。

表 MY-3　2005 年马来西亚出口值排名前 100 产品

单位：万美元、%

排序	产品代码	产品名称	占比	出口值
1	854221	单片数字集成电路（IC）	6.39	904533.31
2	847330	品目 8471 所列其他机器零附件	6.07	859003.36
3	270900	石油原油	5.69	805995.46
4	847130	便携式自动数据处理设备（重量≤ 10 千克，至少由一个中央处理器、键盘和显示器组成）	4.36	617105.82
5	271111	液化天然气	3.98	563624.88
6	854260	混合集成电路	3.26	461133.01
7	151190	其他棕榈油及其分离品	2.63	372784.96
8	854229	其他单片集成电路（IC）	2.58	364714.78
9	852520	无线电广播、电视发送设备等包含接收装置或声音录制的传送设备	2.31	326787.75
10	271019	石油和油脂	1.79	253656.20
11	847160	计算机用终端（输入或输出部件，不论是否在同一机壳内有存储部件）	1.73	245615.03
12	847170	计算机的存储部件	1.47	207741.39
13	999999	未按种类指定的商品	1.36	192830.94
14	847180	其他自动数据处理设备的部件	1.34	190110.85
15	853710	其他电力控制或分配的装置（电压不超过 1000 伏的线路）	1.32	187188.79
16	852812	彩色卫星电视接收机	1.19	167915.59

续表

排序	产品代码	产品名称	占比	出口值
17	853720	其他电力控制或分配的装置（电压超过 1000 伏的线路）	1.17	165939.04
18	854129	耗散功率≥ 1 瓦的晶体管（不含光敏晶体管）	1.11	157154.57
19	853400	印刷电路	1.09	154927.94
20	400122	技术分类天然橡胶（TSNR）〔初级形状（胶乳，烟胶片除外）或板，片，带〕	1.00	141183.03
21	271011	车用汽油、航空汽油	0.97	137785.29
22	852990	其他电视接收机零件	0.95	133979.60
23	854290	其他集成电路及微电子组件零件	0.79	112004.20
24	401519	硫化橡胶制其他手套（硬化橡胶的除外）	0.71	100251.61
25	441214	其他胶合板，每层 <=6 毫米厚度，>=1 毫米非针叶木外层	0.70	99215.48
26	151620	氢化、酯化或反油酸化植物油、脂	0.68	95733.58
27	711319	其他贵金属制首饰及其零件（不论是否包、镀其他贵金属）	0.66	93008.66
28	854210	电子集成电路卡（智能卡）	0.62	87518.31
29	854140	光敏半导体器件、发光二极管	0.60	84381.75
30	852190	其他视频信号录制或重放设备（不论是否装有高频调谐放大器）	0.58	82274.29
31	847190	未列名的磁性或光学阅读器	0.53	75589.76
32	854011	彩色阴极射线电视显像管（包括视频监视器用阴极射线管）	0.51	71953.16
33	940360	其他木家具	0.48	68563.50
34	852540	静止图像摄像机和其他摄像机；数码相机	0.41	58390.61
35	841510	独立窗式或壁式空气调节器	0.41	57801.02
36	847141	其他数据处理设备（同一机壳内至少有一个 CPU 和一个输入输出部件；包括组合式）	0.40	56706.92
37	151110	初榨的棕榈油	0.40	56665.18
38	852721	需外接电源汽车收录（放）音组合机	0.38	54014.38
39	852320	空白磁盘，适用于品目 8471 的机器	0.38	53739.80
40	852739	其他无线电广播接收机	0.34	47825.31
41	854110	二极管（光敏、发光二极管除外）	0.32	45741.32
42	851719	可视电话，其他电话	0.32	45291.25
43	730511	纵向埋弧焊接石油、天然气粗钢管（粗钢管指外径超过 406.4 毫米）	0.32	44915.01
44	382319	其他工业用单羧脂肪酸、酸性油	0.31	43629.60

续表

排序	产品代码	产品名称	占比	出口值
45	390110	初级形状比重＜ 0.94 的聚乙烯	0.29	41395.08
46	440399	其他未列名原木（用油漆，着色剂，杂酚油或其他防腐剂处理的除外）	0.29	40637.92
47	854270	用于光通信系统的激光转发器、其他电子微组件	0.29	40485.74
48	841480	其他空气泵、气体压缩机及通风罩	0.27	38688.18
49	381800	其他经掺杂用于工业的晶体切片	0.27	37718.44
50	851721	传真机	0.26	36469.94
51	441213	每层厚度 <=6 毫米的胶合板，>=1 毫米层热带木外层	0.26	36328.25
52	852290	其他音频配件	0.25	35877.54
53	903083	用于测量记录设备的电感或电容的电量	0.24	34313.79
54	440799	其他木厚板材（经纵锯、纵切、刨切或旋切的，厚度超过 6 毫米）	0.24	34226.44
55	852731	其他与录音或重放设备相结合	0.23	32869.36
56	852390	其他准备用于录音或其他现象的空白媒体	0.22	31167.13
57	290243	对二甲苯	0.22	31066.89
58	180400	可可脂、可可油	0.22	30995.14
59	890520	浮动或潜水式钻探或生产平台	0.22	30635.04
60	271129	其他气态石油气、烃类气	0.21	30104.03
61	850910	家用吸尘器，包括干湿吸尘器	0.21	30023.74
62	853690	其他≤ 1000 伏电路开关等电气装置	0.20	28743.99
63	903040	其他无线电通讯专用仪器及装置	0.20	28725.33
64	390330	其他丙烯腈－丁二烯－苯乙烯共聚物	0.20	28502.69
65	392690	其他塑料制品	0.20	28313.74
66	851711	无绳电话机	0.20	27668.84
67	30613	冻虾仁	0.19	27602.63
68	382490	其他编号未列名的化工产品	0.19	27047.55
69	851650	微波炉	0.19	26882.28
70	151329	精制的棕榈仁油或巴巴苏棕榈果油	0.19	26798.59
71	851750	光线路终端装置	0.18	26161.86
72	851992	袖珍磁带播放器	0.18	26143.21

续表

排序	产品代码	产品名称	占比	出口值
73	382370	工业用脂肪醇	0.18	25018.84
74	271113	液化丁烷	0.18	24803.70
75	800110	未锻轧非合金锡	0.17	24701.42
76	940169	其他木框座椅	0.17	24258.10
77	903190	品目 9031 的仪器及器具的其他零件	0.17	24220.83
78	271119	其他液化石油气、烃类气	0.17	24192.73
79	854190	品目 8541 所列货品零件	0.17	24192.25
80	851790	其他发送或接收声音、图像或其他数据用的设备	0.17	23656.22
81	903090	品目 9030 所属货品的零件及附件	0.17	23573.37
82	440725	红柳桉木板材（指深红色、浅红色及巴梣红柳桉木，经纵锯、纵切、刨切或旋切的，厚度超过 6 毫米）	0.17	23463.11
83	854389	具有独立功能的电机和设备	0.16	23288.57
84	880330	飞机及直升机用其他零件	0.16	23228.59
85	271112	液化丙烷	0.16	23177.23
86	851829	其他扬声器	0.16	22692.53
87	392329	其他塑料制的袋及包	0.16	22387.42
88	852719	不需外接电源无线电收音机	0.16	22328.20
89	847990	其他机械零件	0.16	22295.44
90	852713	不需外接电源收录（放）音组合机	0.16	22023.29
91	711590	其他贵重金属或贵金属包裹品	0.15	21890.97
92	851999	光盘播放器、没有录音机的其他声音重放装置	0.15	21013.71
93	940350	卧室用木家具	0.15	21011.26
94	440729	其他未列名热带木板材（经纵锯、纵切、刨切或旋切的，厚度超过 6 毫米）	0.15	20943.07
95	840910	航空器发动机用零件（指专用于或主要用于品目 8407 或 8408 所列航空器发动机的零件）	0.15	20751.71
96	850440	静态转换器	0.14	20412.39
97	291612	丙烯酸酯类化合物	0.14	20316.26
98	901839	导管、插管及类似品	0.14	20042.06
99	890590	其他不以航行为主要功能的船舶（包括灯船、消防船、起重船）	0.14	19896.45
100	853224	多层瓷介电容器	0.14	19240.96

数据来源：由联合国商品贸易数据计算整理所得

根据表 MY-3、表 MY-4，2005 年马来西亚出口主导产品种类为机器、机械器具、电气设备及其零件、录音机及放声机、电视图像、声音的录制和重放设备及其零件、附件；矿产品；动、植物油和脂及其分解产品、精制的食用油脂、动、植物蜡 等产品。2016 年马来西亚出口主导产品种类为机器、机械器具、电气设备及其零件、录音机及放声机、电视图像、声音的录制和重放设备及其零件、附件；矿产品；动、植物油和脂及其分解产品、精制的食用油脂、动、植物蜡等产品。对比 2005 年及 2016 年，马来西亚出口排名前十的产品种类发生变化不大，说明马来西亚主要出口产品结构稳定。

表 MY-4 2016 年马来西亚出口值排名前 100 产品

单位：万美元、%

排序	产品代码	产品名称	占比	出口值
1	854231	用作处理器及控制器的集成电路	8.552	1619817.24
2	271019	石油和油脂	4.483	849163.64
3	271111	液化天然气	4.074	771631.46
4	151190	其他棕榈油及其分离品	3.552	672861.14
5	854239	其他集成电路	3.377	639564.08
6	270900	石油原油	2.985	565336.92
7	854140	光敏半导体器件、发光二极管	2.316	438671.62
8	847170	计算机的存储部件	1.642	310980.07
9	847330	品目 8471 所列其他机器零附件	1.581	299373.43
10	401519	硫化橡胶制其他手套（硬化橡胶的除外）	1.508	285562.46
11	271012	轻油及制品，不含生物柴油	1.376	260586.00
12	847180	其他自动数据处理设备的部件	1.367	258869.68
13	854290	其他集成电路及微电子组件零件	1.301	246491.80
14	851762	交换机和路由器	1.275	241411.68
15	151110	初榨的棕榈油	1.233	233567.50
16	844399	其他印刷（打印）机、复印机及传真机的零件和附件	0.938	177624.79
17	852872	其他颜色的电视接收机	0.920	174341.96
18	151620	氢化、酯化或反油酸化植物油、脂	0.916	173487.89
19	854190	品目 8541 所列货品零件	0.796	150698.35
20	711319	其他贵金属制首饰及其零件（不论是否包、镀其他贵金属）	0.712	134870.45

续表

排序	产品代码	产品名称	占比	出口值
21	854232	用作存储器的集成电路	0.694	131400.86
22	880330	飞机及直升机用其他零件	0.672	127218.04
23	853710	其他电力控制或分配的装置（电压不超过1000伏的线路）	0.661	125113.84
24	853400	印刷电路	0.614	116256.82
25	854129	耗散功率≥ 1 瓦的晶体管（不含光敏晶体管）	0.564	106895.00
26	903090	品目 9030 所属货品的零件及附件	0.564	106750.43
27	760110	未锻轧非合金铝	0.545	103285.86
28	852351	固态非易失性存储器件（闪速存储器）	0.545	103202.65
29	841510	独立窗式或壁式空气调节器	0.508	96254.98
30	852990	其他电视接收机零件	0.444	84143.53
31	853690	其他≤ 1000 伏电路开关等电气装置	0.433	81924.62
32	260111	未烧结的铁矿石和精矿（焙烧黄铁矿除外）	0.429	81310.47
33	400122	技术分类天然橡胶（TSNR）〔初级形状（胶乳，烟胶片除外）或板，片，带〕	0.424	80338.38
34	850811	电动的真空吸尘器（功率不超过 1500 瓦，且带有容积不超过 20 升的集尘袋或其他集尘容器）	0.415	78643.15
35	441231	至少有一表层是热带木薄板制的竹胶合板（每层厚度≤ 6 毫米，热带木指本章子目注释所列木材）	0.412	77945.01
36	382319	其他工业用单羧脂肪酸、酸性油	0.410	77591.22
37	843143	其他凿井机用零件（子目 843041，843049 所列机械的）	0.379	71776.74
38	852329	磁盘	0.368	69694.89
39	901890	其他医疗、外科或兽医用仪器器具	0.350	66362.37
40	940350	卧室用木家具	0.348	65911.00
41	382370	工业用脂肪醇	0.345	65295.78
42	382490	其他编号未列名的化工产品	0.343	65023.37
43	210690	其他编号未列名的食品	0.335	63450.07
44	847141	其他数据处理设备（同一机壳内至少有一个 CPU 和一个输入输出部件；包括组合式）	0.333	63035.99
45	851712	蜂窝网络或其他无线网络的电话机	0.320	60619.91
46	760120	未锻轧铝合金	0.319	60447.10
47	940360	其他木家具	0.317	60031.41
48	851770	其他通信设备零件	0.314	59498.69

续表

排序	产品代码	产品名称	占比	出口值
49	999999	未按种类指定的商品	0.307	58203.06
50	271500	天然沥青等为基本成分的沥青混合物	0.306	57953.96
51	392690	其他塑料制品	0.297	56276.09
52	854370	其他未列名的具有独立功能的电气设备及装置	0.286	54252.06
53	711291	包金的废碎料（但含有其他贵金属的除外）	0.280	53101.98
54	392010	其他非泡沫乙烯聚合物板，片，膜，箔及扁条	0.276	52360.96
55	850790	蓄电池零件	0.268	50798.82
56	180400	可可脂、可可油	0.264	50044.15
57	270750	其他芳烃混合物	0.263	49739.25
58	440799	其他木厚板材（经纵锯、纵切、刨切或旋切的，厚度超过 6 毫米）	0.263	49740.46
59	750210	未锻轧非合金镍	0.261	49354.52
60	400280	天然橡胶与合成橡胶的混合物	0.258	48942.18
61	730890	其他钢铁结构体及部件（包括结构体用的已加工钢板、型材、管子及类似品）	0.258	48847.76
62	901839	导管、插管及类似品	0.253	47975.46
63	903040	其他无线电通讯专用仪器及装置	0.251	47624.69
64	903289	其他自动调节或控制仪器及装置	0.250	47403.08
65	151329	精制的棕榈仁油或巴巴苏棕榈果油	0.249	47252.40
66	800110	未锻轧非合金锡	0.248	47061.13
67	848690	其他品目 8486 项下商品用零件和附件	0.243	46112.39
68	854110	二极管（光敏、发光二极管除外）	0.243	46000.89
69	390190	其他初级形状的乙烯聚合物	0.240	45383.89
70	903082	检测半导体晶片或器件的仪器	0.234	44376.66
71	852691	其他：无线电导航设备	0.225	42612.24
72	761699	其他铝制品	0.224	42475.15
73	854121	耗散功率＜ 1 瓦的晶体管（不含光敏晶体管）	0.220	41714.08
74	390120	初级形状比重≥ 0.94 的聚乙烯	0.220	41682.60
75	853224	多层瓷介电容器	0.217	41040.11
76	701911	长度不超过 50 毫米的短切玻璃纤维	0.210	39735.25
77	190590	其他面包，糕点，饼干及烘焙糕饼	0.209	39599.14

续表

排序	产品代码	产品名称	占比	出口值
78	847990	其他机械零件	0.208	39434.80
79	190190	麦精、粮食粉等制食品及乳制食品	0.208	39399.20
80	390210	初级形状的聚丙烯	0.207	39165.41
81	851650	微波炉	0.197	37386.34
82	290511	甲醇	0.197	37239.22
83	852560	无线电广播、电视用卫星地面站设备（装有接收装置的发送设备）	0.196	37188.14
84	291590	其他饱和无环一元羧酸及其酸酐	0.196	37063.92
85	392321	乙烯聚合物制袋及包	0.189	35813.30
86	851822	多喇叭音箱	0.186	35263.21
87	151321	初榨棕榈仁油或巴巴苏棕榈果油	0.183	34578.25
88	401511	硫化橡胶制外科用手套（硬化橡胶的除外）	0.182	34527.02
89	850440	静态转换器	0.180	34165.73
90	740311	精炼铜的阴极型材（未锻轧的）	0.174	33007.24
91	847130	便携式自动数据处理设备（重量≤ 10 千克，至少由一个中央处理器、键盘和显示器组成）	0.170	32125.00
92	340120	其他形状的肥皂	0.169	31957.08
93	847150	自动数据处理设备及其部件（不论是否在同一机壳内有一或两个存储，输入或输出部件）	0.167	31593.84
94	740819	其他精炼铜丝	0.163	30853.61
95	382311	硬脂酸	0.159	30124.85
96	180500	未加糖或其他甜物质的可可粉	0.157	29785.03
97	151790	其他混合制成的植物质、动物质油脂或制品	0.157	29670.47
98	732690	其他钢铁制品	0.157	29670.47
99	271129	其他气态石油气、烃类气	0.155	29366.90
100	844332	其他数字式印刷设备（可与自动数据处理设备或网络连接）	0.154	29154.78

数据来源：由联合国商品贸易数据计算整理所得

从出口主导产品的集中度来看，2005年，排名前五的主导产品出口值为375.03亿美元，占前100产品出口值的26.49%；排名前十的主导产品出口值为552.93亿美元，占前100产品出口值的51.81%。2016年，排名前五的主导产品出口值为455.30亿美元，占前100名产品出口值的24.04%，比2005年增长21.40%；排名前十的主导产品出口值为645.30亿美元，占前100产品出口值的49.56%，比2005年增长16.71%。相比于2005年，2016年马来西亚前五、前十主导产品的出口值都有较快增长，但核心出口产品占比略有下滑，总体产品集中度有一定下降趋势。其中2016年排名前三的出口产品中，排名第1的用作处理器及控制器的集成电路为新出口产品，2016年出口值达到161.98亿美元。排名第2的石油和油脂，出口值从2005年的25.37亿美元增长到2016年的84.92亿美元，增幅为234.73%。出口值占比从2005年的1.79%上升至2016年的4.48%，增幅为150.28%。排名第3的液化天然气出口值从56.36亿美元增加到2016年的77.16亿美元，增长率达到36.91%，出口值占比从2005年的1.79%上升至2016年的4.07%，增长幅度为2.26%。用作处理器及控制器的集成电路、石油和油脂、液化天然气三种出口产品占总出口产品的17.11%，是马来西亚最主要的出口产品，占据主导地位。

从主导产品种类来看，2005年与2016年，马来西亚出口主导产业具有较强一致性。主要出口种类为机器、机械器具、电气设备及其零件、录音机及放声机、电视图像、声音的录制和重放设备及其零件、附件；矿产品；动、植物油和脂及其分解产品、精制的食用油脂、动、植物蜡等产品。

2. 出口主导产业与比较优势产业的一致性分析

2016年马来西亚前十位比较优势产品与出口主导产品不具有一致性。表MY-5为2016年马来西亚排名前十的比较优势产品及出口主导产品，表中显示马来西亚比较优势指数排名前列的主要产品种类为木及木制品、木炭、软木及软木制品、稻草、秸秆、针茅或其他编结材料制品、篮筐及柳条编结品；活动物、动物产品；天然或养殖珍珠、宝石或半宝石、贵金属、包贵金属及其制品、仿首饰、硬币等产品。而出口主导产品主要种类是：机器、机械器具、电气设备及其零件、录音机及放声机、电视图像、声音的录制和重放设备及其零件、附件；矿产品；动、植物油和脂及其分解产品、精制的食用油脂、动、植物蜡等产品。2016年马来西亚比较优势指数与出口主导产品前十名的产品各不相同，说明2016年马来西亚比较优势产业与出口主导产业不具有一致性。

表 MY-5　2016 年马来西亚排名前十比较优势产品及出口主导产品

单位：%

排名	比较优势产品名称	RCA	排名	出口主导产品名称	占比
1	其他红柳桉木原木（指深红色红柳桉木，浅红色红柳桉及巴栲红色红柳桉木）	75.91	1	用作处理器及控制器的集成电路	8.552
2	白柳桉、其他柳桉木和阿兰木板材（经纵锯、纵切、刨切或旋切的，厚度超过 6 毫米）	68.18	2	石油和油脂	4.483
3	红柳桉木板材（指深红色、浅红色及巴栲红柳桉木，经纵锯、纵切、刨切或旋切的，厚度超过 6 毫米）	64.79	3	液化天然气	4.074
4	盐腌及盐渍的罗非鱼（口孵非鲫属）、鲶鱼〔（鱼芒）鲶属、鲶属、胡鲶属、真鮰属〕、鲤科鱼（鲤属、鲫属、草鱼、鲢属、鲮属、青鱼、卡特拉鲃、野鲮属、哈氏纹唇鱼、何氏细须鲃、鲂属）、其他鳗鱼（鳗鲡属）、尼罗河鲈鱼（尼罗尖吻鲈）及黑鱼（鳢属），食用杂碎除外	59.30	4	其他棕榈油及其分离品	3.552
5	以贱金属，银或金为底的包铂材料	58.42	5	其他集成电路	3.377
6	非合金生铁，按重量计含磷量在 0.5% 以上	57.29	6	石油原油	2.985
7	硫化橡胶制其他手套（硬化橡胶的除外）	47.16	7	光敏半导体器件、发光二极管	2.316
8	片状的铜粉末	46.71	8	计算机的存储部件	1.642
9	其他天然或合成宝石或半宝石粉末	46.38	9	品目 8471 所列其他机器零附件	1.581
10	铊废碎料	44.20	10	硫化橡胶制其他手套（硬化橡胶的除外）	1.508

数据来源：由联合国商品贸易数据计算整理所得

（三）马来西亚出口比较优势变化分析

1. 描述性分析

依据表 MY-1 及表 MY-2，对比分析 2005 年及 2016 年马来西亚比较优势指数排名前 100 产品，我们可以得出以下信息：

第一，马来西亚整体的比较优势有增强趋势。2005 年马来西亚排名前 100 产品平均比较优势指数为 20.13，2016 年为 21.68。

第二，马来西亚具比较优势的产品目录呈现增加态势。2005 年，比较优势指数大于 1 的产品共有 705 类，大于 2.5 的产品共有 332 类；而 2016 年，比较优势指数大于 1 的产品有 892 类，大于 2.5 的产品共有 419 类。表明马来西亚在国际上具有比较优势产品目录在增加。

第三，比较优势指数排名前十产品的结构变化较大。分析 2005 年与 2016 年比较优势排名前十产品，仅有 3 种出口产品在 2005 年、2016 年的前十位 RCA 名录，其中：其他红柳桉木原木稳居第 1 位，比较优势指数从 72.40 增长到 75.91，白柳桉、其他柳桉木和阿兰木板材从 2005 年第 5 位上升到 2016 年的第 2 位，比较优势指数从 54.98 增长到 68.18，红柳桉木板材从 2005 年的第 4 位上升到第 2016 年的第 3 位，比较优势指数从 58.74 增长到 64.79。2016 年 RCA 新进前十位的 7 种产品为：盐腌及盐渍的罗非鱼、鲶鱼、鲤科鱼、其他鳗鱼、尼罗河鲈鱼及黑鱼；以贱金属、银或金为底的包铂材料；非合金生铁；硫化橡胶制其他手套；片状的铜粉末；其他天然或合成宝石或半宝石粉末；铊废碎料。

2. 回归分析

将 2016 年马来西亚产品比较优势指数作为被解释变量，把 2005 年马来西亚产品比较优势指数作为解释变量，对其进行回归分析。若回归系数 >1，则表明马来西亚更加强化了具有比较优势的产业，弱化了不具有比较优势的产业；若 0< 回归系数 <1，则表明具有比较优势的产业弱化了；若回归系数 <0，则表明马来西亚比较优势的产业发生了质变。使用最小二乘法对其进行回归，得出结果如表 MY-6 所示。

表 MY-6　回归结果

变量	Coef.	Std.Err.	t	P>|t|
2005 比较优势指数	0.516238	0.0920423	5.61	0.00
常数项	0.5612481	0.0669656	8.38	0.00
R^2=0.2312F–statistics=31.46				

从表中可以看出，回归系数为 0.516238，介于 0 和 1 之间，因此说明相对于 2005 年，2016 年马来西亚具有比较优势的产业弱化了。

（四）马来西亚进口需求及其变化分析

表 MY–7 表示 2005 年马来西亚进口额排名前 100 产品。从表中可以看出，排名前十的进口产品是其他集成电路及微电子组件零件；品目 8471 所列其他机器零附件；混合集成电路；其他单片集成电路（IC）；石油原油；车用汽油、航空汽油；石油和油脂；未按种类指定的商品；印刷电路；单片数字集成电路（IC）。排名前十的进口产品额为430.20亿元，占比为37.64%；其中其他集成电路及微电子组件零件进口值最高，为104.87亿美元，占比达到9.18%；其次是品目8471所列其他机器零附件、混合集成电路，进口值分别为67.25亿美元、62.90亿美元，占比分别为5.89%、5.50%。

从马来西亚前100进口产品种类来看，主要为机器、机械器具、电气设备及其零件、录音机及放声机、电视图像、声音的录制和重放设备及其零件、附件；矿产品；特殊交易品及未分类商品等。

从马来西亚进口前100产品的集中度来看，具有较强集中度，进口产品排名前五的值占比为28.67%，排名前十的值占马来西亚进口总值的37.64%，进口需求呈现一定集中度。

表 MY-7　2005年马来西亚进口排名前100产品

单位：万美元、%

排名	产品代码	产品名称	进口值	占比
1	854290	其他集成电路及微电子组件零件	1048660.84	9.175
2	847330	品目8471所列其他机器零附件	672546.82	5.885
3	854260	混合集成电路	628988.55	5.503
4	854229	其他单片集成电路（IC）	586012.88	5.127
5	270900	石油原油	340553.98	2.980
6	271011	车用汽油、航空汽油	244920.39	2.143
7	271019	石油和油脂	221797.20	1.941
8	999999	未按种类指定的商品	205368.01	1.797
9	853400	印刷电路	188550.20	1.650
10	854221	单片数字集成电路（IC）	164604.31	1.440
11	710813	非货币用半制成金（包括镀铂的金）	128529.38	1.125
12	852520	无线电广播、电视发送设备等包含接收装置或声音录制的传送设备	121328.17	1.062
13	852990	其他电视接收机零件	121178.12	1.060
14	853120	有液晶装置或发光管的显示板	95903.17	0.839
15	847170	计算机的存储部件	91260.61	0.799
16	847130	便携式自动数据处理设备（重量≤10千克，至少由一个中央处理器、键盘和显示器组成）	90943.15	0.796

续表

排名	产品代码	产品名称	进口值	占比
17	870899	其他零件和附件	78262.43	0.685
18	870323	1.5 升＜排量≤ 3 升装点燃往复式活塞内燃发动机的其他载人车辆	75241.38	0.658
19	853690	其他≤ 1000 伏电路开关等电气装置	73872.03	0.646
20	854110	二极管（光敏、发光二极管除外）	67298.01	0.589
21	740311	精炼铜的阴极型材（未锻轧的）	66443.18	0.581
22	847989	其他机械和机械设备	63106.08	0.552
23	730511	纵向埋弧焊接石油、天然气粗钢管（粗钢管指外径超过 406.4 毫米）	57160.15	0.500
24	890120	油轮	55691.11	0.487
25	880240	飞机和其他飞机的空载重量超过 15000 公斤	51015.27	0.446
26	392690	其他塑料制品	50976.46	0.446
27	854011	彩色阴极射线电视显像管（包括视频监视器用阴极射线管）	48880.63	0.428
28	854129	耗散功率≥ 1 瓦的晶体管（不含光敏晶体管）	47391.02	0.415
29	852290	其他音频配件	46325.83	0.405
30	854270	用于光通信系统的激光转发器、其他电子微组件	42948.86	0.376
31	853710	其他电力控制或分配的装置（电压不超过 1000 伏的线路）	42779.47	0.374
32	270119	其他煤	41341.41	0.362
33	850110	输出功率≤ 37.5 瓦电动机	40828.69	0.357
34	880330	飞机及直升机用其他零件	40803.87	0.357
35	903190	品目 9031 的仪器及器具的其他零件	40045.47	0.350
36	720449	其他以钢铁为主的废五金材料	39572.93	0.346
37	850440	静态转换器	37817.14	0.331
38	180100	生或焙炒的整颗或破碎的可可豆	37738.26	0.330
39	300490	其他已配定剂量的药品	33830.86	0.296
40	732690	其他钢铁制品	31681.62	0.277
41	847990	其他机械零件	31031.92	0.272
42	854190	品目 8541 所列货品零件	30777.28	0.269
43	840734	排气量≥ 1000 立方厘米往复式活塞发动机	30117.49	0.264
44	870322	1 升＜排量≤ 1.5 升带点燃往复式活塞内燃发动机其他车	29936.74	0.262
45	100190	小麦或马斯林种子不含硬粒小麦	29926.92	0.262

续表

排名	产品代码	产品名称	进口值	占比
46	170111	生蔗糖不含添加调味剂或着色物质	29549.30	0.259
47	400110	天然胶乳（不论是否预硫化）	29302.34	0.256
48	903090	品目 9030 所属货品的零件及附件	28362.37	0.248
49	760120	未锻轧铝合金	28028.62	0.245
50	870421	柴油型其他小型货车（装有压燃式活塞内燃发动机，小型指车辆总重量≤ 5 吨）	27831.43	0.244
51	854210	电子集成电路卡（智能卡）	27286.48	0.239
52	847190	未列名的磁性或光学阅读器	27064.51	0.237
53	854140	光敏半导体器件、发光二极管	25875.08	0.226
54	720918	厚度＜ 0.5 毫米的非合金钢冷轧卷材（未进一步加工，宽≥ 600 毫米，未包、镀、涂层）	25822.22	0.226
55	310420	氯化钾	25601.43	0.224
56	841191	涡轮喷气或涡轮螺桨发动机用零件	25082.24	0.219
57	390110	初级形状比重＜ 0.94 的聚乙烯	24864.32	0.218
58	290243	对二甲苯	24405.57	0.214
59	854160	已装配的压电晶体	23918.34	0.209
60	853229	其他固定电容器	23908.05	0.209
61	100510	种用玉米	23127.89	0.202
62	903180	其他测量、检验仪器、器具及机器	21900.41	0.192
63	841199	其他涡轮喷气机、涡轮螺旋桨和燃气轮机	21803.26	0.191
64	852540	静止图像摄像机和其他摄像机；数码相机	21698.01	0.190
65	900691	照相机的其他零件、附件	21628.69	0.189
66	851790	其他发送或接收声音、图像或其他数据用的设备	21071.47	0.184
67	850590	电磁铁，电磁或永久磁铁夹、夹具或类似的固定装置	20998.10	0.184
68	847160	计算机用终端（输入或输出部件，不论是否在同一机壳内有存储部件）	20889.95	0.183
69	230400	提炼豆油所得的油饼和其他固体残渣	20875.60	0.183
70	721030	电镀锌的铁或非合金钢宽板材（宽≥ 600 毫米）	20606.49	0.180
71	854150	其他半导体器件	20150.96	0.176
72	390740	初级形状的聚碳酸酯	19861.21	0.174
73	390120	初级形状比重≥ 0.94 的聚乙烯	19844.02	0.174

续表

排名	产品代码	产品名称	进口值	占比
74	850780	其他蓄电池	19622.03	0.172
75	851829	其他扬声器	19479.55	0.170
76	730410	石油或天然气使用无缝铁管管道	19270.38	0.169
77	870321	排量≤ 1 升的带点燃往复式活塞内燃发动机的其他车辆	18574.41	0.163
78	841490	压缩机进、排气阀片零件	18492.82	0.162
79	720110	非合金生铁，按重量计含磷量在 0.5% 及以下	18448.88	0.161
80	210690	其他编号未列名的食品	18398.66	0.161
81	800110	未锻轧非合金锡	18397.16	0.161
82	901380	其他装置，仪器及器具	17867.21	0.156
83	120100	大豆种子	17654.01	0.154
84	100630	精米	17620.89	0.154
85	853650	电压≤ 1000 伏的其他开关	17296.49	0.151
86	841480	其他空气泵、气体压缩机及通风罩	17136.53	0.150
87	20230	冻藏的去骨牛肉	17048.38	0.149
88	720839	厚度＜ 3 毫米的其他热轧卷材（除热轧外未进一步加工宽≥ 600 毫米，未包、镀、涂层）	16793.10	0.147
89	390730	初级形状的环氧树脂	16725.64	0.146
90	701120	玻璃阴极射线管	16179.14	0.142
91	853210	固定电容器，电力电容器（用于 50/60 赫兹电路，额定无功功率不低于 0.5 千瓦）	16168.96	0.141
92	760110	未锻轧非合金铝	16004.98	0.140
93	290250	苯乙烯	15791.69	0.138
94	151110	初榨的棕榈油	15253.88	0.133
95	190190	麦精、粮食粉等制食品及乳制食品	15123.06	0.132
96	271121	气态天然气	15115.68	0.132
97	850450	其他电感器	14863.86	0.130
98	390319	其他初级形状的聚苯乙烯	14827.93	0.130
99	890590	其他不以航行为主要功能的船舶（包括灯船、消防船、起重船）	14715.93	0.129
100	850140	单相交流电动机	13994.59	0.122

数据来源：由联合国商品贸易数据计算整理所得

表 MY-8 为 2016 年马来西亚进口排名前 100 的产品。从表看出，排名前十的进口产品是：用作处理器及控制器的集成电路；其他集成电路及微电子组件零件；石油和油脂；轻油及制品、不含生物柴油；其他集成电路；石油原油；品目 8471 所列其他机器零附件；用作存储器的集成电路；印刷电路；蜂窝网络或其他无线网络的电话机。其中有用作处理器及控制器的集成电路进口值最高，为 99.53 亿美元，占比达到 5.91%；其次是其他集成电路及微电子组件零件、石油和油脂，进口值分别为 88.29 亿美元、70.59 亿美元，占比分别为 5.24%、4.19%。从马来西亚进口前 100 产品种类来看，主要为机器、机械器具、电气设备及其零件、录音机及放声机、电视图像、声音的录制和重放设备及其零件、附件；矿产品等产品。

从马来西亚进口前 100 产品的集中度来看，进口产品排名前五的值占马来西亚进口总值的 20.53%，排名前十的值占 26.72%。因此，马来西亚进口需求集中在部分产品上，进口产品相对集中。

表 MY-8　2016 年马来西亚进口排名前 100 产品

单位：万美元、%

排名	产品代码	产品名称	进口值	占比
1	854231	用作处理器及控制器的集成电路	995349.98	5.911
2	854290	其他集成电路及微电子组件零件	882827.28	5.243
3	271019	石油和油脂	705925.68	4.193
4	271012	轻油及制品，不含生物柴油	481482.5	2.86
5	854239	其他集成电路	390891.84	2.322
6	270900	石油原油	281923.98	1.674
7	847330	品目 8471 所列其他机器零附件	216173.96	1.284
8	854232	用作存储器的集成电路	200849.05	1.193
9	853400	印刷电路	177724.54	1.056
10	851712	蜂窝网络或其他无线网络的电话机	165404.95	0.982
11	740311	精炼铜的阴极型材（未锻轧的）	162878.22	0.967
12	880330	飞机及直升机用其他零件	147980.14	0.879
13	270119	其他煤	141231.07	0.839
14	880240	飞机和其他飞机的空载重量超过 15000 公斤	127739.86	0.759
15	854190	品目 8541 所列货品零件	125461.79	0.745
16	710812	非货币用未锻造金	124058.68	0.737

续表

排名	产品代码	产品名称	进口值	占比
17	870323	1.5 升＜排量≤ 3 升装点燃往复式活塞内燃发动机的其他载人车辆	118513.82	0.704
18	851762	交换机和路由器	111282.38	0.661
19	852990	其他电视接收机零件	99111.42	0.589
20	710813	非货币用半制成金（包括镀铂的金）	97815.83	0.581
21	854140	光敏半导体器件、发光二极管	87825.71	0.522
22	853690	其他≤ 1000 伏电路开关等电气装置	87668.61	0.521
23	847130	便携式自动数据处理设备（重量≤ 10 千克，至少由一个中央处理器、键盘和显示器组成）	85994.09	0.511
24	847170	计算机的存储部件	85777.63	0.509
25	300490	其他已配定剂量的药品	80398.31	0.477
26	870829	其他身体部分和附件（包括驾驶室）	79819.45	0.474
27	170114	未加香料或着色剂其他甘蔗原糖	79206.7	0.47
28	890790	其他浮动结构体	77343.22	0.459
29	903090	品目 9030 所属货品的零件及附件	74795.37	0.444
30	999999	未按种类指定的商品	70133.5	0.417
31	260111	未烧结的铁矿石和精矿（焙烧黄铁矿除外）	67275.03	0.4
32	180100	生或焙炒的整颗或破碎的可可豆	65392.25	0.388
33	760110	未锻轧非合金铝	64663.32	0.384
34	210690	其他编号未列名的食品	63894.26	0.379
35	390120	初级形状比重≥ 0.94 的聚乙烯	62271.88	0.37
36	870421	柴油型其他小型货车（装有压燃式活塞内燃发动机，小型指车辆总重量≤ 5 吨）	60478.55	0.359
37	392690	其他塑料制品	57292.3	0.34
38	850440	静态转换器	56846.76	0.338
39	381800	其他经掺杂用于工业的晶体切片	56298.15	0.334
40	901380	其他装置，仪器及器具	55677.63	0.331
41	750210	未锻轧非合金镍	54681.88	0.325
42	400110	天然胶乳（不论是否预硫化）	53662.71	0.319
43	390210	初级形状的聚丙烯	53430.63	0.317
44	390110	初级形状比重＜ 0.94 的聚乙烯	53287.83	0.316

续表

排名	产品代码	产品名称	进口值	占比
45	870899	其他零件和附件	53096.5	0.315
46	844399	其他印刷（打印）机、复印机及传真机的零件和附件	52462.93	0.312
47	854129	耗散功率≥1瓦的晶体管（不含光敏晶体管）	51965.87	0.309
48	853710	其他电力控制或分配的装置（电压不超过1000伏的线路）	51542.35	0.306
49	711590	其他贵重金属或贵金属包裹品	46237.41	0.275
50	230400	提炼豆油所得的油饼和其他固体残渣	45753.3	0.272
51	382319	其他工业用单羧脂肪酸、酸性油	45077.64	0.268
52	20230	冻藏的去骨牛肉	44066.23	0.262
53	400251	丁腈橡胶胶乳	43687.18	0.259
54	847989	其他机械和机械设备	43296.82	0.257
55	848180	其他阀门（用于管道、锅炉、罐、桶或类似品的）	43146.35	0.256
56	851770	其他通信设备零件	42651.63	0.253
57	100590	其他玉米	42270.83	0.251
58	310420	氯化钾	38490.69	0.229
59	281820	氧化铝，但人造刚玉除外	38304.94	0.227
60	761699	其他铝制品	38182.85	0.227
61	271111	液化天然气	37669.79	0.224
62	100630	精米	37579.98	0.223
63	722830	其他合金钢热加工条、杆（除热轧，热拉拔或热挤压外未经进一步加工的）	37038.57	0.22
64	870324	排气量＞4升带点燃往复式活塞内燃发动机其他车	36992.11	0.22
65	854150	其他半导体器件	36740.66	0.218
66	850300	其他电动机、发电机（组）零件	36554.08	0.217
67	847990	其他机械零件	35985.94	0.214
68	720839	厚度＜3毫米的其他热轧卷材（除热轧外未进一步加工宽≥600毫米，未包、镀、涂层）	35969.36	0.214
69	732690	其他钢铁制品	34830.13	0.207
70	903180	其他测量、检验仪器、器具及机器	34545.16	0.205
71	400122	技术分类天然橡胶（TSNR）〔初级形状（胶乳，烟胶片除外）或板，片，带〕	33276.23	0.198
72	854110	二极管（光敏、发光二极管除外）	32028.98	0.19

续表

排名	产品代码	产品名称	进口值	占比
73	848690	其他品目 8486 项下商品用零件和附件	31952.81	0.19
74	730890	其他钢铁结构体及部件（包括结构体用的已加工钢板、型材、管子及类似品）	31892.09	0.189
75	841199	其他涡轮喷气机、涡轮螺旋桨和燃气轮机	31249.71	0.186
76	760612	合金铝制铝塑复合矩形板、片及带（包括正方形）厚度厚 >0.2 毫米	30586.32	0.182
77	853650	电压≤ 1000 伏的其他开关	29872.09	0.177
78	853224	多层瓷介电容器	29855.12	0.177
79	260900	锡矿砂及其精矿	29555.65	0.176
80	901890	其他医疗、外科或兽医用仪器器具	29475.01	0.175
81	100510	种用玉米	28843.28	0.171
82	40210	脂肪含量≤ 1.5% 固状乳及奶油（指粉状、粒状或其他固体状态，浓缩，加糖或其他甜物质）	28350.44	0.168
83	840681	功率超过 40 兆瓦的其他汽轮机	27351.84	0.162
84	382490	其他编号未列名的化工产品	27344.17	0.162
85	290919	其他无环醚及其卤化等衍生物	27276.89	0.162
86	401110	汽车用新型橡胶充气轮胎	27153.03	0.161
87	390190	其他初级形状的乙烯聚合物	26745.47	0.159
88	853120	有液晶装置或发光管的显示板	26252.68	0.156
89	843143	其他凿井机用零件（子目 843041，843049 所列机械的）	25660.46	0.152
90	390720	初级形状的其他聚醚	25047.1	0.149
91	100199	其他小麦及混合麦	24558.81	0.146
92	400129	其他初级形状的天然橡胶（胶乳除外的初级形状或板，片，带状）	24005.7	0.143
93	330499	其他美容品或化妆品	23995.06	0.143
94	721391	圆截面直径 <14 毫米的其他热轧盘条（不带有轧制过程中产生的变形）	23885.33	0.142
95	841950	热交换装置	23648.59	0.14
96	850110	输出功率≤ 37.5 瓦电动机	23645.15	0.14
97	70320	新鲜或冷藏大蒜	23510.77	0.14
98	841989	其他利用温度变化处理材料的机器	23258.92	0.138

续表

排名	产品代码	产品名称	进口值	占比
99	190190	麦精、粮食粉等制食品及乳制食品	23216.83	0.138
100	847150	自动数据处理设备及其部件（不论是否在同一机壳内有一或两个存储，输入或输出部件）	23174.47	0.138

数据来源：由联合国商品贸易数据计算整理所得

对比2005年及2016年马来西亚排名前十的进口产品发现，部分产品有变化且需求量发生转变。对比2005年及2016年马来西亚排名前十的主要进口产品中，有5种进口产品均排在前十位。其中其他集成电路及微电子组件零件；石油原油；品目8471所列其他机器零附件分别从2005年的第1、第5、第2位下降到2016年的第2、第6、第7位。用作处理器及控制器的集成电路；轻油及制品；其他集成电路；用作存储器的集成电路；蜂窝网络或其他无线网络的电话机5种进口产品进入2016年的前十位。用作处理器及控制器的集成电路成为2016年进口第一大产品，进口占比达到5.91%。

从进口产品集中度来看，马来西亚进口产品有一定集中度，但是呈下降趋势。2005年进口产品排名前五的占比、排名前十的占比分别为28.67%、37.64%；2016年进口产品排名前五的占比、排名前十的占比分别为20.53%、26.72%。相比2005年，2016年进口产品排名前五、前十的产品占比分别下降8.14%、10.92%。

从马来西亚进口前100产品种类看，2005年与2016年马来西亚进口需求具有一致性，主要产品为机器、机械器具、电气设备及其零件、录音机及放声机，电视图像、声音的录制和重放设备及其零件、附件；矿产品；特殊交易品及未分类商品等。

三、菲律宾出口比较优势分析与进口需求研究

（一）菲律宾出口比较优势分析

表 PH-1 显示了 2005 年菲律宾 RCA 值前 100 的产品。2005 年菲律宾 RCA 值前 100 位出口产品在国际市场中有很强竞争力，排名前 100 的 RCA 值均大于 2.5，其中最高 RCA 值为 1386120.87，最低 RCA 值为 13.15，平均 RCA 值为 45076，均远高于国际贸易服务竞争力很强的基准值 2.5 的水平。2005 年 RCA 值排前十的出口产品是：电子微组件；钴、未锻造、中间产品、废料；生苎麻及其他纤维；线绳缆；不含镓、铪、铟、铌、铼、铊，废物，粉末；有机光导体（OPC）、照相复制设备的零件和附件；雌激素和孕激素；单片数字集成电路；羊毛针织和钩编羊毛织物；编结材料及类似产品的编织材料。其比较优势指数分别为：1386120.87、1347288.68、1117623.20、321720.07、139571.79、131205.95、40296.65、4698.56、3331.69、2448.82。其中 RCA 值排名第二、第三名的分别为钴、未锻造、中间产品、废料和生苎麻及其他纤维，RCA 指数分别为 1347288.68、1117623.20，出口值分别只有 16.05 万美元、11.65 万美元，占菲律宾当年的出口占比非常少，但 RCA 值却很高，说明当年全球这些产品几乎都只是菲律宾出口。从产品整体的种类来看，菲律宾的机器、机械器具、电气设备及其零件；贱金属及其制品；纺织原料及纺织制品等产品具有明显的比较优势。

表 PH-1　菲律宾 2005 年比较优势指数排名前 100 产品

单位：万美元

排名	产品代码	产品名称	RCA 指数	出口值
1	854250	电子微组件	1386120.87	420499.51
2	810510	钴、未锻造、中间产品、废料	1347288.68	16.05
3	530591	生苎麻及其他纤维	1117623.20	11.65

续表

排名	产品代码	产品名称	RCA 指数	出口值
4	560730	线绳缆	321720.07	1024.16
5	811291	不含镓，铪，铟，铌，铼，铊；废物；粉末	139571.79	6767.00
6	900990	有机光导体（OPC）、照相复制设备的零件和附件	131205.95	5498.09
7	293792	雌激素和孕激素	40296.65	0.02
8	854219	单片数字集成电路	4698.56	337099.73
9	600291	羊毛针织和钩编羊毛织物	3331.69	121.81
10	460110	编结材料及类似产品的编织材料	2448.82	558.34
11	10119	活马、其他驴子	1642.40	238.22
12	481121	不干胶纸和纸板	1505.19	360.10
13	410900	专利皮革和专利层压皮革；金属化皮革	817.79	17.32
14	401024	Endls 橡胶同步带，150 厘米	727.98	0.24
15	950800	游乐场设备；流动（马戏团、动物园及剧团）	524.97	177.87
16	200940	未发酵且不含酒精的菠萝汁	520.31	5139.62
17	410710	铬鞣猪皮、其他猪皮	458.37	78.88
18	530521	原料蕉麻纤维	393.45	1189.58
19	600293	人造纤维的纬编或钩编织物	340.57	480.02
20	480523	多层纸 /p 板 2 外层漂白，卷或片	336.09	24.07
21	701094	小于或等于 0.15 升的玻璃瓶 / 瓶 / 烧瓶	320.35	299.67
22	290550	无环醇的卤化或亚硝化衍生物	293.15	2.39
23	151311	初榨椰子油	290.20	48275.43
24	850890	带有独立电动机的手动工具部件	253.27	10.37
25	480510	半化学瓦楞纸（瓦楞原纸），卷筒或片材	246.96	883.22
26	230650	椰子或干椰肉油渣饼及固体残渣	215.06	2806.12
27	80111	椰子树	199.17	12713.63
28	411100	复合皮革与皮革基础，平板等	198.54	31.25
29	410129	牛科动物的生皮和皮肤，新鲜的或湿盐渍的	198.10	198.31
30	701110	玻璃灯泡	187.48	22396.40
31	930590	产品编号 9301 至 9304 的零件和附件	178.17	0.46
32	854240	混合集成电路	167.74	6415.99
33	480260	纸 / 纸板（>机械纤维的 >10%），未涂布，卷 / 纸，无纺布	150.81	2.26
34	400910	硫化橡胶管，不加强，无配件	140.98	20.07
35	151319	椰子油及其分离品	138.63	17446.24
36	611010	织或钩编的羊绒衫，套头衫等	133.64	482.34
37	900659	其他相机	133.18	29108.60
38	741022	有衬背的铜合金箔（厚度≤ 0.15 毫米）	119.81	2817.46
39	530599	苎麻纤维	119.24	8.15

续表

排名	产品代码	产品名称	RCA 指数	出口值
40	200930	单一柑橘类水果汁（不包括橙或葡萄柚）	113.59	54.07
41	701093	小于或等于 0.15 升但不大于 0.33 升的玻璃瓶 / 瓶 / 烧瓶	113.21	145.80
42	854129	耗散功率≥ 1 瓦的晶体管（不含光敏晶体管）	106.71	404009.31
43	711290	贵金属 / 预处理化合物 / 废料	105.61	48.00
44	230890	其他蔬菜材料、废物、残渣等动物喂食	99.32	115.03
45	481140	计量纸，蜡 / 石蜡 / 蜡 / 油漆，漂白剂	80.87	13.18
46	854150	其他半导体器件	80.07	125615.07
47	854121	耗散功率＜ 1 瓦的晶体管（不含光敏晶体管）	77.56	121182.52
48	470692	其他纤维状纤维素化学浆	70.77	5238.81
49	960190	其他动物质雕刻料及其制品	65.65	1877.65
50	400930	硫化橡胶管，用文字加强，无配件	62.22	28.70
51	401029	硫化橡胶传动带 / 传动带，	57.85	268.68
52	950661	草地网球	57.26	2710.20
53	910219	其他电子手表	55.00	11642.21
54	853120	有液晶装置或发光管的显示板	50.69	205397.85
55	400950	配有硫化橡胶的管子，管子和软管	49.55	149.82
56	283090	其他硫化物、多硫化物	48.61	1879.58
57	40229	脂肪量＞ 1.5% 的加糖固状乳及奶油（指粉状、粒状或其他固体状态，浓缩，加糖或其他甜物质）	45.99	7390.23
58	600292	棉制纬编织物或钩编织物	45.46	141.65
59	660310	雨伞和太阳伞，手杖，座位，鞭子，骑马作物等的把手和旋钮	45.40	138.86
60	900911	静电复印设备，直接操作	43.71	7757.94
61	200820	非用醋制作的菠萝	43.21	10952.51
62	520631	非零售粗梳粗支混纺棉多股纱或缆线（粗支指单纱细度≥ 714.29 分特，含棉量＜ 85%）	42.91	248.31
63	720430	镀锡钢铁废碎料	42.77	9279.08
64	670411	合成纺织材料制整头假发	40.60	1919.89
65	480529	多层纸和纸板，卷筒纸或纸张，无纺布	31.61	203.06
66	720450	供再熔的碎料钢铁锭	31.30	767.22
67	410790	爬行动物皮革，内斯	31.20	16.74
68	10600	其他活体动物	31.16	163.93
69	820580	砧；便携式锻件；带框架的手或踏板操作的砂轮	29.53	223.50
70	940150	藤条、柳条、竹子或类似材料的座椅	28.88	3722.33
71	420321	皮革或再生皮革制专供运动用手套（包括连指或露指的，野生动物皮革制作的除外）	27.94	3735.13
72	290517	十二醇、十六醇及十八醇	26.98	2919.80
73	902910	产量计数器、步数计及类似仪表	26.18	7341.55

续表

排名	产品代码	产品名称	RCA 指数	出口值
74	482359	纸张和纸板书写，印刷等，切割成形	22.00	14.79
75	30232	鲜或冷黄鳍金枪鱼	21.21	1141.44
76	853329	其他额定功率＞ 20 瓦固定电阻器	20.88	7207.62
77	530519	加工为纺织的椰子纤维	20.46	143.01
78	460210	编藤条	19.98	8807.42
79	121220	海缠结	18.70	2862.91
80	80300	新鲜香蕉或干香蕉，包括日本香蕉	18.49	36259.05
81	130239	其他植物胶液及增稠剂	18.03	4340.77
82	401210	用于汽车的翻新轮胎	17.74	6.73
83	880390	其他未列名的航空器、航天器零件	17.46	28124.68
84	380210	活性炭	17.40	3918.16
85	480580	纸和纸板，卷或片，重量 > = 225 克 / 平方米	17.34	4.86
86	854290	其他集成电路及微电子组件零件	17.07	68193.21
87	620930	合成纤维制婴儿服装及衣着附件	16.98	1774.45
88	631090	其他碎织物等（包括废线，绳，索，缆及其制品）	16.72	1366.19
89	900150	其他材料的眼镜镜片	15.86	14476.66
90	200892	水果混合物（用其他方法准备或保存）	15.69	3052.55
91	611130	合纤针织或钩编婴儿服装及衣着附件	15.49	3010.81
92	310540	磷酸二氢铵	15.22	3805.16
93	260400	镍矿砂及其精矿	15.12	6876.54
94	711790	未列名材料制仿首饰	14.56	6056.82
95	611691	毛制其他针织或钩编手套	14.36	255.14
96	293910	鸦片及其衍生物的生物碱；其盐	14.09	0.02
97	600230	棉针织或钩编织物，宽 > 30 厘米，> = 5% 弹性纱	13.97	55.80
98	160510	制作或保藏的蟹	13.74	2997.21
99	610520	化纤制针织或钩编男衬衫	13.28	3318.17
100	80450	新鲜或干燥的番石榴，杧果和山竹果	13.15	3307.71

数据来源：由联合国商品贸易数据计算整理所得

2016 年菲律宾 RCA 值前 100 出口产品在国际市场中有很强竞争力。表 PH-2 显示了 2016 年菲律宾 RCA 前 100 的产品，RCA 均大于 2.5，RCA 均值为 269.55，远远大于国际贸易服务竞争力很强的基准值 2.5 的水平。2016 年菲律宾比较优势排名前十的产品是：废药；硫化橡胶输送带或皮带，仅用塑料加固；其他合成纤维短丝＜ 85% 为主或仅与羊毛织物混纺布；原料蕉麻纤维；磷酸酯及其盐、它们的卤化，磺化，硝化或亚硝化衍生物；钾的硅酸盐；新鲜或冰鲜的太平洋，大西洋和多瑙河三文鱼、鲑鱼；缝纫，织补或刺绣针，铁或钢；棉制野营用品（不包括帐篷）；猪脂肪不含瘦肉和家禽脂肪（未提炼）。RCA 值分别为 269.5515828、269.5513512、269.5513458、269.5513441、269.5513424、269.551341、269.5513402、269.5513395、269.551337、269.5513366。其中 RCA 值排名第一的产品为废药，RCA 指数为 269.5515828，出口值为 60 美元。排名第二、第三名的分别是硫化橡胶输送带或皮带、仅用塑料加固和其他合成纤维短丝＜ 85% 为主或仅与羊毛织物混纺布，RCA 指数分别为 269.5513512、269.5513458，出口值分别为 795 美元、1525 美元。菲律宾出口的废药；硫化橡胶输送带或皮带、仅用塑料加固和其他合成纤维短丝＜ 85% 为主或仅与羊毛织物混纺布等产品出口值分别均不高，占菲律宾当年的出口占比非常少，说明当年全球这些产品几乎都只是菲律宾出口。整体来看，2016 年，菲律宾在化学工业及其相关工业的产品；塑料及其制品、橡胶及其制品；纺织原料及纺织制品等方面具有显著的比较优势。

表 PH-2　菲律宾 2016 年比较优势指数排名前 100 产品

单位：美元

排名	产品代码	产品名称	指数	出口值
1	300680	废药	269.5515828	60
2	401013	硫化橡胶输送带或皮带，仅用塑料加固	269.5513512	795
3	551592	其他合成纤维短丝＜ 85% 为主或仅与羊毛织物混纺布	269.5513458	1525
4	530521	原料蕉麻纤维	269.5513441	800
5	291900	磷酸酯及其盐；它们的卤化，磺化，硝化或亚硝化衍生物	269.5513424	1566
6	283920	钾的硅酸盐	269.551341	1094
7	30212	新鲜或冰鲜的太平洋，大西洋和多瑙河三文鱼、鲑鱼	269.5513402	2080
8	731910	缝纫，织补或刺绣针，铁或钢	269.5513395	1205
9	630691	棉制野营用品（不包括帐篷）	269.551337	3440
10	20900	猪脂肪不含瘦肉和家禽脂肪（未提炼）	269.5513366	842
11	930610	用于铆接或类似工具的弹药筒或用于俘获螺栓的人道杀手及其零件	269.551336	2161
12	291522	醋酸钠	269.5513356	5313
13	730620	其他用于石油或天然气钻探的铸铁和钢管	269.5513354	3445
14	481610	碳纤维或类似复印纸（不包括税号 4809）	269.5513335	24375
15	842520	矿井进口卷绕装置（2000 年 ~ 2006 年）	269.5513335	14611

续表

排名	产品代码	产品名称	指数	出口值
16	810195	其他钨棒和棒；钨的型材，板材，片材，带材和箔片	269.5513334	33044
17	481630	复印纸模板（不包括标题号 4809）	269.5513333	24637
18	370295	电影胶卷，宽度 > 35 毫米	269.5513333	39655
19	151540	桐油及其成分	269.5513332	15790
20	741700	用于家庭用途的烹饪或加热装置，非电力及其零件，由铜制成	269.5513332	41275
21	441213	只有薄钢板系统胶合板至少表面层热带木质层厚不超过 6 毫米	269.5513331	31950
22	540243	其他聚酯单纱，非供零售用，细度 <50 分特	269.5513331	53875
23	900810	幻灯片放映机	269.5513331	20272
24	730410	石油或天然气使用无缝铁管管道	269.551333	68200
25	630252	亚麻绣花及其他桌布	269.551333	68531
26	530410	剑麻和其他纺织纤维龙舌兰属，生的	269.551333	47561
27	330111	佛手柑精油（含混凝土和绝对精油）	269.551333	43448
28	680222	石灰质的纪念碑或建筑用的石头，简单地切割或锯开，表面平整或均匀	269.551333	28390
29	851993	其他声音重放装置，卡式	269.551333	98506
30	150200	生牛肉，绵羊或山羊脂肪	269.5513329	95461
31	841822	家用冰箱，吸收式，电器	269.5513329	60421
32	30374	冷冻鲭鱼	269.5513329	112250
33	681110	瓦楞石棉水泥板，纤维素纤维水泥板等	269.5513329	46575
34	30710	牡蛎及其他养殖	269.5513329	148652
35	441129	其他木材纤维板，0.5 克 / 立方厘米 < 密度 <= 0.8 克 / 立方厘米	269.5513329	167866
36	844330	柔版印刷机械	269.5513328	250000
37	540610	合成长丝纱线（不包括缝纫线），零售	269.5513328	193947
38	251311	浮石，原油或不规则的碎片	269.5513328	117838
39	681130	材料管材和管件等，纤维素水泥	269.5513328	325746
40	481430	壁纸等，用编织材料覆盖的纸张	269.5513328	158649
41	110230	米粉	269.5513328	175584

续表

排名	产品代码	产品名称	指数	出口值
42	560420	毡和非织造布用于缠绕，绳索，绳索和电缆及其制品的特殊纱线。	269.5513328	447997
43	880190	气球和飞船；其他无动力飞机	269.5513328	293499
44	440724	桃花心木等，厚度 > 6 毫米	269.5513328	541083
45	852010	听写机器无法在没有外部电源的情况下工作	269.5513328	66855
46	530519	加工为纺织的椰子纤维	269.5513328	887121
47	230220	米糠、麸及其他残渣	269.5513328	26632
48	610321	羊毛或动物细毛制针织或钩编男式或男式套装	269.5513328	253758
49	382420	环烷酸盐、其他环烷酸	269.5513328	535214
50	521022	3 或 4 条漂白斜纹织物与人造纤维混合，按重量计含棉量< 85%，每平方米重 <200 克	269.5513328	475338
51	283610	商业碳酸铵和其他碳酸铵	269.5513328	890102
52	903130	轮廓投影仪	269.5513328	1372129
53	851722	电传	269.5513328	1996211
54	780300	铅棒，棒，型材和线材	269.5513328	2150428
55	681120	石棉水泥，纤维素纤维水泥等的其他片材，面板，瓷砖及类似制品	269.5513328	2789572
56	660310	雨伞和太阳伞，手杖，座位，鞭子，骑马作物等的把手和旋钮	269.5513328	1987477
57	460191	编结材料的编织品及类似产品	269.5513328	3226236
58	270760	酚类	269.5513328	7381795
59	850530	电磁升降头	269.5513328	3788061
60	530590	生苎麻及其他纤维	269.5513328	19152598
61	681390	其他石棉摩擦材料和物品	269.5513328	20083420
62	440200	木炭	269.5513328	21754334
63	911420	钟表珠宝轴承	269.5513328	3419801
64	854270	用于光通信系统的激光转发器、其他电子微组件	269.5513328	1.08E+09
65	848510	船舶或船用螺旋桨及其桨叶	269.5513328	10551371
66	900840	照相放大器和减速器，除了电影摄影	269.5513328	4.2E+08
67	530511	生椰纤维	269.5513328	12821016
68	854210	电子集成电路卡（智能卡）	269.5513328	79512390
69	847220	寻址机和地址牌压花机	269.5513328	2963045

续表

排名	产品代码	产品名称	指数	出口值
70	283020	硫化锌	269.5513328	15746717
71	848590	未列出的机械零件，无电气产品特性（2000年～2006年）	269.5513328	4173271
72	940150	藤条、柳条、竹子或类似材料的座椅	269.5513328	2409350
73	611110	羊毛制针织或钩布婴儿服装和附件	269.5513328	1970556
74	30266	鲜鳗	269.5513328	3600
75	121110	甘草根	269.5513328	90000
76	740110	铜锍	269.5513328	73800
77	851921	没有扬声器的唱片播放器	269.5513328	18000
78	870831	汽车的悬挂刹车片	269.5513328	3675896
79	630292	其他卫生用品和亚麻厨房用品	269.5513328	57086
80	900620	用于在缩微胶卷或缩微胶片或其他缩微胶片上记录文件的相机	269.5513328	1489232
81	900991	自动送纸器	269.5513328	1259310
82	481410	杂粮纸	269.5513328	854019
83	140200	蔬菜馅或填充材料	269.5513328	270114
84	850910	家用吸尘器，包括干湿吸尘器	269.5513327	104329
85	283800	厉吡；氰酸盐和硫氰酸盐	269.5513327	435978
86	740120	铜矿（腻子铜）	269.5513327	42246
87	845240	缝纫机及其零件的家具，基地和盖子	269.5513327	183794
88	610421	针织或钩编的羊毛或动物细毛发的女性或女童套装	269.5513327	128581
89	681270	压缩石棉纤维连接，片材或卷筒	269.5513327	19728
90	681290	其他石棉制造产品	269.5513327	221160
91	740722	铜－镍基合金（白铜）或铜－镍－锌基（镍银）的铜棒，棒和型材	269.5513327	81558
92	701200	用于真空瓶或其他真空容器的玻璃内腔	269.5513327	87326
93	430213	羊肉的全皮	269.5513327	42690
94	480230	碳化原纸	269.5513327	99451
95	340410	化学改性褐煤的人造蜡	269.5513327	57349
96	811230	锗及其制品，包括废物，废料和粉末	269.5513326	34902
97	640191	防水鞋覆盖膝盖	269.5513326	67453

续表

排名	产品代码	产品名称	指数	出口值
98	845699	电化学，电子束，离子束或等离子电弧加工的化学机械工具	269.5513326	72931
99	441830	镶木地板	269.5513326	22890
100	790600	锌管 / 管及配件	269.5513326	12382

数据来源：由联合国商品贸易数据计算整理所得

2005 年至 2016 年，菲律宾出口比较优势有所变化。从比较优势指数来分析，相对于 2005 年，2016 年菲律宾前 100 产品的比较优势指数总体有所下降，比较优势均值从 45076 下降到 269，这表明菲律宾在国际上具比较优势的产品竞争力逐渐减弱，且各产品之间的比较优势差距逐年减少。

从比较优势指数排名前十的产品种类来看，2005 年与 2016 年排名前十的产品种类有一定变化，由此可见菲律产业也有一定变化。2005 年比较优势指数排名前十的产品种类为机器、机械器具、电气设备及其零件、录音机及放声机、电视图像、声音的录制和重放设备及其零件、附件；贱金属及其制品；纺织原料及纺织制品；光学、照相、电影、计量、检验、医疗或外科用仪器及设备、精密仪器及设备、钟表、乐器、上述物品的零件、附件；化学工业及其相关工业的产品；木及木制品、木炭、软木及软木制品、稻草、秸秆、针茅或其他编结材料制品、篮筐及柳条编结品六大类。2016 年比较优势指数排名前十的产品种类为化学工业及其相关工业的产品；塑料及其制品、橡胶及其制品；纺织原料及纺织制品；活动物、动物产品；贱金属及其制品五大类。

（二）菲律宾出口主导产业分析

1. 出口主导产业

出口主导产业是由产品出口额占国家总出口额的比例来衡量的，所占比例越大，表明其在出口中所占地位越重，同时表明，此国生产相应产品的能力越强或拥有相应丰富的资源。表 PH–3 及表 PH–4 分别表示 2005 年与 2016 年菲律宾出口值排名前 100 主导产品。

表 PH-3 2005 年菲律宾出口值排名前 100 产品

单位：万美元、%

排序	产品代码	产品名称	占比	出口值
1	854250	电子微组件	10.193	420499.51
2	854129	耗散功率≥ 1 瓦的晶体管（不含光敏晶体管）	9.793	404009.31
3	847330	品目 8471 所列其他机器零附件	8.575	353756.38
4	854219	单片数字集成电路	8.171	337099.73
5	847170	计算机的存储部件	6.395	263840.03
6	853120	有液晶装置或发光管的显示板	4.979	205397.85
7	854150	其他半导体器件	3.045	125615.07
8	854121	耗散功率＜ 1 瓦的晶体管（不含光敏晶体管）	2.937	121182.52
9	870899	其他零件和附件	1.919	79153.68
10	847160	计算机用终端（输入或输出部件，不论是否在同一机壳内有存储部件）	1.890	77953.69
11	854430	用于汽车、飞机或轮船的点火接线装置和其他接线装置	1.746	72024.54
12	854290	其他集成电路及微电子组件零件	1.653	68193.21
13	847130	便携式自动数据处理设备（重量≤ 10 千克，至少由一个中央处理器、键盘和显示器组成）	1.599	65983.81
14	271000	汽油，包括航空汽油	1.420	58575.04
15	151311	初榨椰子油	1.170	48275.43
16	853690	其他≤ 1000 伏电路开关等电气装置	1.078	44490.32
17	852990	其他电视接收机零件	1.067	44035.58
18	80300	香蕉，包括大蕉，新鲜或干燥	0.879	36259.05
19	740311	精炼铜的阴极型材（未锻轧的）	0.875	36112.46
20	870839	制动器和伺服制动器及零件	0.759	31292.98
21	900659	其他相机	0.706	29108.60
22	880390	其他未列名的航空器、航天器零件	0.682	28124.68
23	701110	玻璃灯泡	0.543	22396.40
24	853224	多层瓷介电容器	0.527	21737.67
25	620462	羊毛或动物细毛制女式或女童裤等（非针织或钩编）	0.511	21093.42
26	870840	铁路或电车道机车齿轮箱及其零件	0.509	20999.62
27	852520	无线电广播、电视发送设备等包含接收装置或声音录制的传送设备	0.486	20055.81
28	853400	印刷电路	0.486	20053.53

续表

排序	产品代码	产品名称	占比	出口值
29	151319	椰子油及其分离品	0.423	17446.24
30	870323	1.5 升＜排量≤ 3 升装点燃往复式活塞内燃发动机的其他载人车辆	0.410	16918.63
31	270900	石油原油	0.381	15721.42
32	620520	棉制男式衬衫	0.377	15572.70
33	900150	其他材料的眼镜镜片	0.351	14476.66
34	890190	其他货物和其他船只运输货物和货物的船舶	0.332	13706.72
35	621210	胸罩（不论是否针织或钩编）	0.312	12870.89
36	620342	棉质男式短裤	0.310	12804.87
37	80111	干燥的椰子	0.308	12713.63
38	910219	其他电子手表	0.282	11642.21
39	260112	已烧结铁矿砂及其精矿	0.273	11276.02
40	200820	非用醋制作的菠萝	0.265	10952.51
41	940360	其他木家具	0.263	10856.89
42	610510	棉制针织或钩编男衬衫	0.250	10326.52
43	240220	烟草制的卷烟	0.249	10273.22
44	620463	合纤制女式长、马、短裤	0.227	9376.04
45	720430	镀锡钢铁废碎料	0.225	9279.08
46	854420	同轴电缆及其他同轴电导体	0.219	9040.98
47	841590	空调的零件	0.214	8826.57
48	460210	编藤条	0.213	8807.42
49	441890	其他建筑用木工制品（包括蜂窝结构的木镶板）	0.205	8449.50
50	852721	需外接电源汽车收录（放）音组合机	0.197	8140.41
51	30613	冻虾仁	0.195	8034.29
52	610610	棉制针织或钩编女衬衫	0.191	7877.93
53	900911	静电复印设备，直接操作	0.188	7757.94
54	611030	化纤针织或钩编套头衫（包括开襟衫、背心及类似品）	0.179	7400.63
55	40229	脂肪量＞ 1.5% 的加糖固状乳及奶油（指粉状、粒状或其他固体状态，浓缩，加糖或其他甜物质）	0.179	7390.23

续表

排序	产品代码	产品名称	占比	出口值
56	902910	产量计数器、步数计及类似仪表	0.178	7341.55
57	401110	汽车用新型橡胶充气轮胎	0.175	7231.75
58	853329	其他额定功率＞ 20 瓦固定电阻器	0.175	7207.62
59	854110	二极管（光敏、发光二极管除外）	0.171	7070.36
60	260400	镍矿砂及其精矿	0.167	6876.54
61	854190	品目 8541 所列货品零件	0.166	6835.40
62	811291	不含镓，铪，铟，铌，铼，铊；废物；粉末	0.164	6767.00
63	940380	藤茎，柳条，竹子或类似材料的家具	0.161	6633.60
64	170111	生蔗糖不含添加调味剂或着色物质	0.161	6626.48
65	480100	成卷或成张的新闻纸（成条宽 >36 厘米，或一边 >36 厘米，一边 >15 厘米成张矩形）	0.160	6604.84
66	611020	棉制针织或钩编套头衫等（包括开襟衫、背心及类似品）	0.159	6564.76
67	160414	制作或保藏的金枪鱼、鲣鱼及狐鲣（狐鲣属）	0.159	6544.95
68	854240	混合集成电路	0.156	6415.99
69	847340	其他办公室用机器零附件	0.151	6215.54
70	711790	未列名材料制仿首饰	0.147	6056.82
71	900691	照相机的其他零件、附件	0.144	5933.40
72	850450	其他电感器	0.139	5737.70
73	841510	独立窗式或壁式空气调节器	0.139	5713.85
74	950510	圣诞节用品	0.135	5584.53
75	900990	有机光导体（OPC）、照相复制设备的零件和附件	0.133	5498.09
76	470692	其他纤维状纤维素化学浆	0.127	5238.81
77	620630	棉制女式衬衫	0.126	5203.27
78	200940	未发酵且不含酒精的菠萝汁	0.125	5139.62
79	620432	棉制女式上衣	0.122	5027.39
80	620433	合成纤维制女式上衣	0.118	4870.32
81	392020	非泡沫丙烯聚合物板，片，膜，箔及扁条	0.115	4735.54
82	853641	电压≤ 60 伏的继电器	0.114	4723.34
83	880330	飞机及直升机用其他零件	0.112	4604.37
84	871419	其他摩托车零件	0.110	4551.68

续表

排序	产品代码	产品名称	占比	出口值
85	710813	非货币用半制成金（包括镀铂的金）	0.108	4474.55
86	130239	其他植物胶液及增稠剂	0.105	4340.77
87	80430	菠萝，新鲜或干燥	0.105	4335.94
88	722530	宽度≥600毫米热轧其他合金钢卷材（除热轧外未经进一步加工）	0.104	4301.20
89	380210	活性炭	0.095	3918.16
90	851830	耳机、耳塞机	0.094	3885.92
91	610910	棉制针织或钩编T恤衫、汗衫等	0.094	3868.87
92	310540	磷酸二氢铵	0.092	3805.16
93	847990	其他机械零件	0.092	3790.64
94	200899	未列名制作或保藏的水果、坚果	0.091	3755.15
95	420321	皮革或再生皮革制专供运动用手套（包括连指或露指的，野生动物皮革制作的除外）	0.091	3735.13
96	940150	藤条、柳条、竹子或类似材料的座椅	0.090	3722.33
97	260300	铜矿砂及其精矿	0.089	3691.88
98	400129	其他初级形状的天然橡胶（胶乳除外的初级形状或板，片，带状）	0.088	3650.85
99	610620	化纤制针织或钩编女衬衫	0.086	3559.90
100	940180	其他坐具	0.086	3545.26

数据来源：由联合国商品贸易数据计算整理所得

根据表PH-3、表PH-4可知，2005年菲律宾出口主导产品种类为机器、机械器具、电气设备及其零件、录音机及放声机、电视图像、声音的录制和重放设备及其零件、附件；车辆、航空器、船舶及有关运输设备等产品。2016年，菲律宾出口主导产品种类为机器、机械器具、电气设备及其零件、录音机及放声机、电视图像、声音的录制和重放设备及其零件、附件 ；木及木制品、木炭、软木及软木制品、稻草、秸秆、针茅或其他编结材料制品、篮筐及柳条编结品；车辆、航空器、船舶及有关运输设备等产品。对比2005年及2016年，菲律宾出口排名前十的产品种类变化，不大说明菲律宾主要出口产品结构稳定。

表 PH-4　2016 年菲律宾出口值排名前 100 产品

单位：万美元、%

排序	产品代码	产品名称	占比	出口值
1	854221	单片数字集成电路（IC）	22.082	1243513.70
2	847170	计算机的存储部件	5.452	307023.47
3	441890	其他建筑用木工制品（包括蜂窝结构的木镶板）	4.261	239952.68
4	854430	用于汽车、飞机或轮船的点火接线装置和其他接线装置	3.553	200102.83
5	847160	计算机用终端（输入或输出部件，不论是否在同一机壳内有存储部件）	2.790	157133.98
6	847330	品目 8471 所列其他机器零附件	2.767	155813.33
7	854140	光敏半导体器件、发光二极管	2.343	131961.06
8	850440	静态转换器	2.053	115589.90
9	854270	用于光通信系统的激光转发器、其他电子微组件	1.919	108062.20
10	890190	其他货物和其他船只运输货物和货物的船舶	1.473	82950.86
11	151311	初榨椰子油	1.355	76297.66
12	880330	飞机及直升机用其他零件	1.273	71690.38
13	870899	其他零件和附件	1.246	70154.59
14	854229	其他单片集成电路（IC）	1.159	65254.74
15	852990	其他电视接收机零件	1.102	62050.54
16	854150	其他半导体器件	1.099	61907.84
17	80300	香蕉，包括大蕉，新鲜或干燥	1.099	61883.02
18	710813	非货币用半制成金（包括镀铂的金）	1.064	59928.74
19	260400	镍矿砂及其精矿	1.033	58193.91
20	260300	铜矿砂及其精矿	0.936	52702.04
21	853224	多层瓷介电容器	0.837	47115.78
22	903289	其他自动调节或控制仪器及装置	0.785	44213.41
23	900840	照相放大器和减速器，除了电影摄影	0.747	42048.99
24	852520	无线电广播、电视发送设备等包含接收装置或声音录制的传送设备	0.737	41513.89
25	151319	椰子油及其分离品	0.678	38181.36
26	441810	木制木窗，落地窗及其框架	0.648	36471.89
27	854290	其他集成电路及微电子组件零件	0.627	35282.35
28	200820	非用醋制作的菠萝	0.606	34147.27

续表

排序	产品代码	产品名称	占比	出口值
29	853400	印刷电路	0.604	34023.08
30	270119	其他煤	0.568	31964.83
31	853690	其他≤ 1000 伏电路开关等电气装置	0.484	27247.46
32	850590	他电磁夹具等零件	0.472	26569.22
33	850450	其他电感器	0.471	26529.66
34	900150	其他材料的眼镜镜片	0.470	26453.25
35	741011	无衬背的精炼铜箔（厚度≤ 0.15 毫米）	0.464	26120.86
36	750120	氧化镍烧结物、镍的其他中间产品	0.453	25537.11
37	854129	耗散功率≥ 1 瓦的晶体管（不含光敏晶体管）	0.449	25308.00
38	870840	铁路或电车道机车齿轮箱及其零件	0.448	25224.61
39	870829	其他身体部分和附件（包括驾驶室）	0.423	23793.30
40	80430	菠萝，新鲜或干燥	0.406	22841.23
41	80111	干燥的椰子	0.346	19468.25
42	290517	十二醇、十六醇及十八醇	0.345	19434.82
43	854260	混合集成电路	0.341	19207.82
44	130239	其他植物胶液及增稠剂	0.338	19017.19
45	160414	制作或保藏的金枪鱼、鲣鱼及狐鲣（狐鲣属）	0.318	17916.83
46	270900	石油原油	0.308	17359.15
47	740200	未精炼铜、电解精炼用铜阳极	0.302	16985.03
48	900219	其他物镜	0.299	16828.36
49	890120	油轮	0.290	16347.84
50	847340	其他办公室用机器零附件	0.284	15980.20
51	271011	车用汽油、航空汽油	0.272	15313.61
52	841590	空调的零件	0.271	15274.68
53	841981	加工热饮料，烹调，加热食品的机器	0.239	13469.26
54	847010	电子计算器及袖珍式数据录放机器	0.236	13277.64
55	420222	以塑料片或纺织材料作面的手提包（不论是否有背带，包括无把手的）	0.233	13144.80
56	901831	注射器	0.233	13137.48

续表

排序	产品代码	产品名称	占比	出口值
57	420221	以皮革，再生皮革，漆皮作面手提包（不论是否有背带，包括无把手的）	0.229	12911.06
58	761090	其他铝制结构体及其部件（包括结构体用的已加工铝板、型材、管子及类似品）	0.228	12833.81
59	847990	其他机械零件	0.226	12742.15
60	850710	启动活塞式发动机用铅酸蓄电池	0.221	12445.28
61	420292	塑料片或纺织材料作面的其他容器	0.220	12369.66
62	852290	其他音频配件	0.218	12280.21
63	851790	其他发送或接收声音、图像或其他数据用的设备	0.213	12014.56
64	853650	电压≤ 1000 伏的其他开关	0.205	11531.74
65	854449	其他电压不超过 1000 伏的电导体	0.204	11507.91
66	850490	静止式变流器及电感器零件	0.199	11196.80
67	260112	已烧结铁矿砂及其精矿	0.196	11044.52
68	392590	其他未列名的建筑用塑料制品	0.191	10774.16
69	283010	硫化钠	0.191	10750.68
70	740311	精炼铜的阴极型材（未锻轧的）	0.191	10731.03
71	853649	电压大于 60 伏的继电器（用于电压不超过 1000 伏的线路）	0.188	10606.06
72	380210	活性炭	0.188	10559.96
73	900659	其他相机	0.186	10467.53
74	392690	其他塑料制品	0.185	10418.72
75	853610	熔断器（电压不超过 1000 伏）	0.183	10311.78
76	854110	二极管（光敏、发光二极管除外）	0.171	9656.69
77	210690	其他编号未列名的食品	0.167	9379.26
78	854420	同轴电缆及其他同轴电导体	0.161	9047.74
79	200949	白利糖浓度超过 20 的菠萝汁	0.159	8970.13
80	240220	烟草制的卷烟	0.159	8931.79
81	170111	生蔗糖不含添加调味剂或着色物质	0.154	8695.79
82	190590	其他面包，糕点，饼干及烘焙糕饼	0.153	8643.90
83	330300	香水及花露水	0.153	8590.76
84	860900	集装箱（包括用于运输液体的容器）	0.151	8500.05
85	40229	脂肪量＞ 1.5% 的加糖固状乳及奶油（指粉状、粒状或其他固体状态，浓缩，加糖或其他甜物质）	0.149	8376.13

续表

排序	产品代码	产品名称	占比	出口值
86	903090	品目 9030 所属货品的零件及附件	0.148	8329.71
87	340290	非零售包装有机表面活性剂制品	0.147	8264.60
88	852830	彩色、单色视频投影仪	0.146	8203.71
89	470693	其他纤维状纤维素半化学浆	0.146	8197.12
90	848180	其他阀门（用于管道、锅炉、罐、桶或类似品的）	0.144	8105.54
91	848310	传动轴及曲柄（包括凸轮轴及曲柄轴）	0.144	8095.91
92	910219	其他电子手表	0.142	7986.05
93	854210	电子集成电路卡（智能卡）	0.141	7951.24
94	852721	需外接电源汽车收录（放）音组合机	0.135	7608.59
95	610620	化纤制针织或钩编女衬衫	0.134	7568.25
96	200899	未列名制作或保藏的水果、坚果	0.130	7343.71
97	340211	阴离子型有机表面活性剂	0.128	7230.05
98	847290	其他办公室用机器（包括硬币分类、计数、包装机和削笔机等）	0.128	7207.06
99	902490	各种材料的试验用机器零件、附件	0.122	6883.06
100	290122	丙烯	0.120	6774.72

数据来源：由联合国商品贸易数据计算整理所得

从出口主导产品的集中度来看，菲律宾最主要的出口产品占有较强的主导地位，但出口值占比有所下滑。主要体现在：2005 年，排名前五的主导产品出口值为 177.92 亿美元，出口值占比为 43.13%；排名前十的主导产品出口值为 238.85 亿美元，出口值占比为 57.90%。2016 年，排名前五的主导产品出口值为 214.77 亿美元，比 2005 年增长 20.71%，出口值占比为 38.14%，比 2005 年下降 4.99%；排名前十的主导产品出口值为 274.21 亿美元，比 2005 年增长 14.80%，出口值占比为 48.70%，比 2005 年下降 9.20%。相比于 2005 年，2016 年菲律宾前五、前十主导产品的出口值都有一定增长，但出口值占比均下滑，出口产品集中度呈下降趋势。其中 2016 年排名前三的具体出口产品中，排名第 1 的单片数字集成电路（IC）为新增的出口产品，出口值达到 124.35 亿美元，排名第 2 的计算机的存储部件出口值为 30.70 亿美元；排名第 3 的其他建筑用木工制品（包括蜂窝结构的木穰板）出口值为 24.00 亿美元。

从出口主导产品种类来看，2005 年与 2016 年，菲律宾出口主导产品变动幅度较小，具有一致性。主要出口机器、机械器具、电气设备及其零件、录音机及放声机、电视图像、声音的录制和重放设备及其零件、附件和车辆、航空器、船舶及有关运输设备。

2. 出口主导产业与比较优势产业的一致性分析

表 PH-5 为 2016 为菲律宾排名前十的比较优势产品及出口主导产品，分析表明 2016 年菲律宾前十位比较优势产品与出口主导产品不具有一致性。表 PH-5 为 2016 年菲律宾排名前十的比较优势产品及出口主导产品，表中显示其比较优势指数排名前列的产品主要是废药、硫化橡胶输送带或皮带，仅用塑料加固和其他合成纤维短丝＜ 85% 为主或仅与羊毛织物混纺布等产品；菲律宾主导产品排名前列的产品主要是单片数字集成电路（IC）、计算机的存储部件和其他建筑用木工制品（包括蜂窝结构的木镶板）等产品。从表 PH-5 分析得出，2016 年菲律宾比较优势指数排名前十的产品及出口占比同时名列前十的产品各不相同，不具一致性。

表 PH-5　2016 年菲律宾排名前十比较优势产品及出口主导排名前十产品

单位：%

排名	比较优势产品名称	RCA	排名	出口主导产品名称	占比
1	废药	269.5515828	1	单片数字集成电路（IC）	22.082
2	硫化橡胶输送带或皮带，仅用塑料加固	269.5513512	2	计算机的存储部件	5.452
3	其他合成纤维短丝＜ 85% 为主或仅与羊毛织物混纺布	269.5513458	3	其他建筑用木工制品（包括蜂窝结构的木镶板）	4.261
4	原料蕉麻纤维	269.5513441	4	用于汽车、飞机或轮船的点火接线装置和其他接线装置	3.553
5	磷酸酯及其盐；它们的卤化，磺化，硝化或亚硝化衍生物	269.5513424	5	计算机用终端（输入或输出部件，不论是否在同一机壳内有存储部件）	2.79
6	钾的硅酸盐	269.551341	6	品目 8471 所列其他机器零附件	2.767
7	新鲜或冰鲜的太平洋，大西洋和多瑙河三文鱼、鲑鱼	269.5513402	7	光敏半导体器件、发光二极管	2.343
8	缝纫，织补或刺绣针，铁或钢	269.5513395	8	静态转换器	2.053
9	棉制野营用品（不包括帐篷）	269.551337	9	用于光通信系统的激光转发器、其他电子微组件	1.919
10	猪脂肪不含瘦肉和家禽脂肪（未提炼）	269.5513366	10	其他货物和其他船只运输货物和货物的船舶	1.473

数据来源：由联合国商品贸易数据计算整理所得

（三）菲律宾出口比较优势变化分析

1. 描述性分析

依据表 PH-1 及表 PH-2，对比分析 2005 年及 2016 年菲律宾比较优势指数排名前 100 产品，我们可以得出以下信息：

第一，菲律宾整体的比较优势有减弱趋势。2005 年菲律宾排名前 100 产品平均比较优势指数为 45076，2016 年为 269.55。

第二，菲律宾具比较优势的产品目录呈现增加态势。2005 年，比较优势指数大于 1 的产品共有 511 类，大于 2.5 的产品共有 308 类；而 2016 年，比较优势指数大于 1 的产品有 722 类，大于 2.5 的产品共有 534 类。表明菲律宾在国际上具有比较优势产品目录在增加。

第三，比较优势指数排名前十产品的结构变化较大。分析 2005 年与 2016 年比较优势排名前十产品，排名前十的产品中没有一种是相同的。2005 年比较优势排名第一的为电子微组件，RCA 指数为 1386120.87，而 2016 年比较优势指数排名第一的为废药，RCA 指数为 269.5515828。

2. 回归分析

将 2016 年菲律宾产品比较优势指数作为被解释变量，把 2005 年菲律宾产品比较优势指数作为解释变量，对其进行回归分析。若回归系数 >1，则表明菲律宾更加强化了具有比较优势的产业，弱化了不具有比较优势的产业；若 0< 回归系数 <1，则表明具有比较优势的产业弱化了；若回归系数 <0，则表明菲律宾比较优势的产业发生了质变。使用最小二乘法对其进行回归，得出结果如表 PH-6 所示。

表 PH-6 回归结果

变量	Coef.	Std.Err.	t	P>|t|
2005 比较优势指数	-0.000182	2.19e-06	-8.30	0.00
常数项	20.72414	1.149261	18.03	0.00
R^2=0.0001	F-statistics=68.87			

从表中可以看出，回归系数为 -0.000182，小于 0，因此说明相对于 2005 年，2016 年菲律宾比较优势的产业发生了质变。

（四）菲律宾进口需求及其变化分析

表 PH-7 为 2005 年菲律宾进口值排名前 100 产品。从表中可以看出，排名前十的进口产品有其他集成电路及微电子组件零件；石油原油；品目 8471 所列其他机器零附件；汽油，包括航空汽油；单片数字集成电路；印刷电路；精米；铜矿砂及其精矿；宽度小于厚度两倍的矩形截面钢坯（含碳量小于 0.25%）；提炼豆油所得的油饼和其他固体残渣。其中其他集成电路及微电子组件零件进口值最高，为 143.53 亿美元，占比达到 29.00%；其次石油原油、品目 8471 所列其他机器零附件进口值分别为 38.94 亿美元、37.29 亿美元，占比分别为 7.87%、7.54%。

从菲律宾前 100 进口产品种类来看，主要为机器、机械器具、电气设备及其零件、录音机及放声机、电视图像、声音的录制和重放设备及其零件、附件；矿产品；植物产品等。

从菲律宾进口前 100 产品的集中度来看，进口产品排名前五的进口值占比为 52.09%，排名前十的进口值占比为 57.19%，因此可以看出菲律宾进口产品具有很强集中度。

表 PH-7　2005 年菲律宾进口排名前 100 产品

单位：万美元、%

排名	产品代码	产品名称	进口值	占比
1	854290	其他集成电路及微电子组件零件	1435301.89	29.003
2	270900	石油原油	389415.28	7.869
3	847330	品目 8471 所列其他机器零附件	372884.80	7.535
4	271000	汽油，包括航空汽油	206243.42	4.168
5	854219	单片数字集成电路	173946.60	3.515
6	853400	印刷电路	73830.61	1.492
7	100630	精米	54744.48	1.106
8	260300	铜矿砂及其精矿	46037.50	0.930
9	720711	宽度小于厚度两倍的矩形截面钢坯（含碳量小于 0.25%）	39184.19	0.792
10	230400	提炼豆油所得的油饼和其他固体残渣	38422.90	0.776
11	851790	其他发送或接收声音、图像或其他数据用的设备	38355.16	0.775
12	852990	其他电视接收机零件	38324.84	0.774
13	100190	小麦或马斯林种子不含硬粒小麦	37718.88	0.762
14	847989	其他机械和机械设备	33065.11	0.668

续表

排名	产品代码	产品名称	进口值	占比
15	847990	其他机械零件	32576.93	0.658
16	870899	其他零件和附件	31482.95	0.636
17	880240	飞机和其他飞机的空载重量超过 15000 公斤	30573.46	0.618
18	300490	其他已配定剂量的药品	28257.63	0.571
19	900691	照相机的其他零件、附件	26411.86	0.534
20	853690	其他≤ 1000 伏电路开关等电气装置	23232.96	0.469
21	871190	装有其他辅助发动机的脚踏车及边车	23003.75	0.465
22	852520	无线电广播、电视发送设备等包含接收装置或声音录制的传送设备	19750.92	0.399
23	240120	部分或全部去梗的烟草	19552.36	0.395
24	210690	其他编号未列名的食品	18778.80	0.379
25	40210	脂肪含量≤ 1.5% 固状乳及奶油（指粉状、粒状或其他固体状态，浓缩，加糖或其他甜物质）	18123.95	0.366
26	870323	1.5 升<排量≤ 3 升装点燃往复式活塞内燃发动机的其他载人车辆	17937.92	0.362
27	880330	飞机及直升机用其他零件	17036.98	0.344
28	271119	其他液化石油气、烃类气	15413.29	0.311
29	853224	多层瓷介电容器	14077.54	0.284
30	850490	静止式变流器及电感器零件	13661.29	0.276
31	721012	镀（涂）锡的非合金钢薄宽平板轧材	13644.41	0.276
32	720827	厚度小于 3 毫米热轧卷材	13189.85	0.267
33	600292	棉制纬编织物或钩编织物	12953.15	0.262
34	270119	其他煤	12219.23	0.247
35	854720	塑料制绝缘零件	12115.16	0.245
36	710813	非货币用半制成金（包括镀铂的金）	11778.01	0.238
37	854190	品目 8541 所列货品零件	11477.81	0.232
38	20230	冻藏的去骨牛肉	11295.96	0.228
39	870390	其他型载人车辆	11231.83	0.227
40	903141	制造半导体器件的检测仪和器具	10770.71	0.218
41	271113	液化丁烷	10644.49	0.215
42	721391	圆截面直径 <14 毫米的其他热轧盘条（不带有轧制过程中产生的变形）	10631.54	0.215

续表

排名	产品代码	产品名称	进口值	占比
43	310210	尿素	10479.76	0.212
44	260111	未烧结的铁矿石和精矿（焙烧黄铁矿除外）	10381.82	0.210
45	190110	供婴幼儿食用的零售包装配方奶粉	10147.99	0.205
46	440799	其他木厚板材（经纵锯、纵切、刨切或旋切的，厚度超过 6 毫米）	9923.84	0.201
47	854110	二极管（光敏、发光二极管除外）	9921.07	0.200
48	852290	其他音频配件	9470.21	0.191
49	270112	烟煤	9084.00	0.184
50	151190	其他棕榈油及其分离品	8943.00	0.181
51	390210	初级形状的聚丙烯	8711.21	0.176
52	853229	其他固定电容器	8556.92	0.173
53	390730	初级形状的环氧树脂	8472.64	0.171
54	600293	人造纤维的纬编或钩编织物	8171.70	0.165
55	854129	耗散功率≥ 1 瓦的晶体管（不含光敏晶体管）	8129.77	0.164
56	391990	其他自粘塑料板、片、膜等材料	8068.65	0.163
57	854160	已装配的压电晶体	8016.42	0.162
58	853890	品目 8535、8536、8537 装置的零件（专用于或主要用于）	8001.24	0.162
59	911490	钟、表的其他零件（品目 9114 中其他未列名的）	7942.86	0.161
60	852812	彩色卫星电视接收机	7814.16	0.158
61	271112	液化丙烷	7603.13	0.154
62	847981	处理金属的其他绕线机	7117.83	0.144
63	392190	其他塑料板，片，膜，箔，扁条	6991.66	0.141
64	720918	厚度＜ 0.5 毫米的非合金钢冷轧卷材（未进一步加工，宽≥ 600 毫米，未包、镀、涂层）	6964.58	0.141
65	40221	脂肪量＞ 1.5% 未加糖固状乳及奶油（指粉状、粒状或其他固体状态，浓缩，未加糖或其他甜物质）	6853.38	0.138
66	854150	其他半导体器件	6733.74	0.136
67	854441	装有连接器的绝缘电导体，电压≤ 80 伏	6693.68	0.135
68	230990	其他配制的动物饲料	6415.37	0.130
69	480411	未漂白的牛皮挂面纸（成卷或成张的及未经涂布的）	6395.92	0.129
70	740710	精炼铜条、杆、型材及异型材	6335.93	0.128

续表

排名	产品代码	产品名称	进口值	占比
71	850440	静态转换器	6332.27	0.128
72	870840	铁路或电车道机车齿轮箱及其零件	6331.06	0.128
73	382490	其他编号未列名的化工产品	6211.50	0.126
74	847160	计算机用终端（输入或输出部件，不论是否在同一机壳内有存储部件）	6070.58	0.123
75	392690	其他塑料制品	6053.18	0.122
76	330210	生产食品、饮料用混合香料及制品	5997.02	0.121
77	190190	麦精、粮食粉等制食品及乳制食品	5994.16	0.121
78	481840	卫生纸和卫生棉条、婴儿纸尿裤、尿布衬里等	5624.67	0.114
79	870490	装有其他发动机的货车	5537.83	0.112
80	390110	初级形状比重＜0.94 的聚乙烯	5487.42	0.111
81	854212	带电子 IC 的单片数字 IC 卡（智能卡）	5438.26	0.110
82	330290	其他工业用混合香料及香料混合物	5181.50	0.105
83	760120	未锻轧铝合金	5058.79	0.102
84	110710	未焙制麦芽	4987.06	0.101
85	441299	其他木质多层板	4960.89	0.100
86	740819	其他精炼铜丝	4936.45	0.100
87	870290	10 座及以上机动车	4929.10	0.100
88	481190	其他经涂布，浸渍，覆盖的纸及纸板（包括纤维素絮纸及纤维素纤维网纸，成卷或成张，包括以纸或纸板为底制成的铺地制品）	4762.71	0.096
89	871419	其他摩托车零件	4740.90	0.096
90	401120	其他客或货车用新充气橡胶轮胎	4739.51	0.096
91	900990	有机光导体（OPC）、照相复制设备的零件和附件	4641.24	0.094
92	850300	其他电动机、发电机（组）零件	4640.85	0.094
93	490199	其他书籍，小册子及类似的印刷品（非单张的）	4620.25	0.093
94	720851	厚度 >10 毫米的其他热轧非卷材（宽≥ 600 毫米，未包、镀，涂层）	4610.90	0.093
95	870421	柴油型其他小型货车（装有压燃式活塞内燃发动机，小型指车辆总重量≤ 5 吨）	4578.23	0.093
96	730810	钢铁制桥梁及桥梁体段	4543.16	0.092
97	290321	氯乙烯	4530.66	0.092
98	392390	供运输或包装货物用其他塑料制品	4482.83	0.091

续表

排名	产品代码	产品名称	进口值	占比
99	740990	其他铜合金板、片、带	4438.09	0.090
100	381800	其他经掺杂用于工业的晶体切片	4415.24	0.089

数据来源：由联合国商品贸易数据计算整理所得

表 PH-8 为 2016 年菲律宾进口值排名前 100 产品。从表中可以看出，排名前十的进口产品是：其他集成电路及微电子组件零件；品目 8471 所列其他机器零附件；石油原油；其他单片集成电路（IC）；石油和油脂；单片数字集成电路（IC）；1.5 升<排量≤ 3 升装点燃往复式活塞内燃发动机的其他载人车辆；车用汽油、航空汽油；无线电广播、电视发送设备等包含接收装置或声音录制的传送设备；小麦或马斯林种子不含硬粒小麦。其中其他集成电路及微电子组件零件进口值最高，为 74.00 亿美元，占比达到 8.61%；其次是品目 8471 所列其他机器零附件、石油原油，进口值分别为 31.96 亿美元、29.05 亿美元，占比分别为 3.72%、3.38%。

从菲律宾进口前 100 产品种类来看，主要为机器、机械器具、电气设备及其零件、录音机及放声机、电视图像、声音的录制和重放设备及其零件、附件；矿产品；车辆、航空器、船舶及有关运输设备等产品。

从菲律宾进口前 100 产品的集中度来看，排名前五的进口产品占菲律宾进口值的 21.37%，排名前十的占 30.43%，可以看出菲律宾进口产品具一定集中度。

表 PH-8 2016 年菲律宾进口排名前 100 产品

单位：万美元、%

排名	产品代码	产品名称	进口值	占比
1	854290	其他集成电路及微电子组件零件	739976.84	8.614
2	847330	品目 8471 所列其他机器零附件	319567.00	3.720
3	270900	石油原油	290514.10	3.382
4	854229	其他单片集成电路（IC）	253571.50	2.952
5	271019	石油和油脂	232001.81	2.701
6	854221	单片数字集成电路（IC）	219017.97	2.549
7	870323	1.5 升<排量≤ 3 升装点燃往复式活塞内燃发动机的其他载人车辆	188797.40	2.198
8	271011	车用汽油、航空汽油	163268.98	1.900
9	852520	无线电广播、电视发送设备等包含接收装置或声音录制的传送设备	104349.96	1.215

续表

排名	产品代码	产品名称	进口值	占比
10	100190	小麦或马斯林种子不含硬粒小麦	103356.04	1.203
11	847990	其他机械零件	101804.98	1.185
12	880240	飞机和其他飞机的空载重量超过 15000 公斤	93717.10	1.091
13	230400	提炼豆油所得的油饼和其他固体残渣	93663.65	1.090
14	270119	其他煤	92063.38	1.072
15	851790	其他发送或接收声音、图像或其他数据用的设备	87195.10	1.015
16	300490	其他已配定剂量的药品	85507.78	0.995
17	210690	其他编号未列名的食品	68888.66	0.802
18	870421	柴油型其他小型货车（装有压燃式活塞内燃发动机，小型指车辆总重量≤ 5 吨）	64875.21	0.755
19	880330	飞机及直升机用其他零件	62972.67	0.733
20	870333	排量＞ 2.5 升装有压燃往复式活塞内燃发动机	62760.86	0.731
21	870210	压燃式活塞内燃发动机的客车	61067.10	0.711
22	151800	经化学改性的动植物油脂	61036.90	0.710
23	722830	其他合金钢热加工条、杆（除热轧，热拉拔或热挤压外未经进一步加工的）	60740.12	0.707
24	852990	其他电视接收机零件	53786.03	0.626
25	870390	其他型载人车辆	51049.86	0.594
26	853690	其他≤ 1000 伏电路开关等电气装置	50415.11	0.587
27	870332	1.5 升＜排量≤ 2.5 升装有压燃往复式活塞内燃发动机	46252.49	0.538
28	871190	装有其他辅助发动机的脚踏车及边车	45011.72	0.524
29	870899	其他零件和附件	35993.59	0.419
30	40210	脂肪含量≤ 1.5% 固状乳及奶油（指粉状、粒状或其他固体状态，浓缩，加糖或其他甜物质）	34970.85	0.407
31	720711	宽度小于厚度两倍的矩形截面钢坯（含碳量小于 0.25%）	31465.91	0.366
32	20230	冻藏的去骨牛肉	31412.52	0.366
33	871120	排量≤ 250 毫升装往复式活塞内燃发动机摩托车及脚踏两用车	29418.51	0.342
34	847989	其他机械和机械设备	28880.50	0.336
35	690890	上釉的大陶瓷砖，瓦，块及类似品	28348.57	0.330
36	210112	以咖啡为基本成分的制品	28063.15	0.327
37	853400	印刷电路	27876.50	0.324

续表

排名	产品代码	产品名称	进口值	占比
38	721049	镀锌的其他形铁或非合金钢宽板材（电镀锌的除外，宽≥ 600 毫米）	26769.49	0.312
39	847130	便携式自动数据处理设备（重量≤ 10 千克，至少由一个中央处理器、键盘和显示器组成）	26674.10	0.310
40	854449	其他电压不超过 1000 伏的电导体	25951.50	0.302
41	271119	其他液化石油气、烃类气	24210.74	0.282
42	330210	生产食品、饮料用混合香料及制品	23025.88	0.268
43	852812	彩色卫星电视接收机	22670.85	0.264
44	20714	冻的鸡块和杂碎	21441.27	0.250
45	392690	其他塑料制品	21335.70	0.248
46	854140	光敏半导体器件、发光二极管	21288.93	0.248
47	870322	1 升＜排量≤ 1.5 升带点燃往复式活塞内燃发动机其他车	21273.10	0.248
48	260300	铜矿砂及其精矿	21042.19	0.245
49	252329	其他硅酸盐水泥	20694.91	0.241
50	722790	不规则盘卷的其他合金钢热轧条杆	20533.06	0.239
51	310210	尿素	20518.74	0.239
52	870321	排量≤ 1 升的带点燃往复式活塞内燃发动机的其他车辆	19963.44	0.232
53	260111	未烧结的铁矿石和精矿（焙烧黄铁矿除外）	19910.93	0.232
54	853224	多层瓷介电容器	19760.03	0.230
55	903090	品目 9030 所属货品的零件及附件	19678.89	0.229
56	850440	静态转换器	19651.29	0.229
57	100590	其他玉米	19383.72	0.226
58	841510	独立窗式或壁式空气调节器	19346.24	0.225
59	390110	初级形状比重＜ 0.94 的聚乙烯	19001.93	0.221
60	481840	卫生纸和卫生棉条、婴儿纸尿裤、尿布衬里等	18490.11	0.215
61	842952	挖掘机（上部结构可转 360 度的）	18276.45	0.213
62	100630	精米	17152.42	0.200
63	230990	其他配制的动物饲料	17059.54	0.199
64	170290	其他固体糖，焦糖	16964.10	0.197
65	20649	其他冻猪杂碎	16852.32	0.196
66	391990	其他自粘塑料板、片、膜等材料	16785.51	0.195

续表

排名	产品代码	产品名称	进口值	占比
67	721012	镀（涂）锡的非合金钢薄宽平板轧材	16623.90	0.194
68	730890	其他钢铁结构体及部件（包括结构体用的已加工钢板、型材、管子及类似品）	16576.86	0.193
69	300220	人用疫苗	16336.78	0.190
70	871419	其他摩托车零件	16233.99	0.189
71	220720	任何浓度的其他酒精	16048.89	0.187
72	880230	中型飞机及其他航空器（中型指 2 吨＜空载重量≤ 15 吨）	15827.74	0.184
73	80810	新鲜苹果	15328.04	0.178
74	721070	涂漆或涂塑的铁或非合金钢宽板材（宽度≥ 600 毫米）	15210.23	0.177
75	240120	部分或全部去梗的烟草	14859.23	0.173
76	870120	半挂车用的公路牵引车	14263.40	0.166
77	847150	自动数据处理设备及其部件（不论是否在同一机壳内有一或两个存储，输入或输出部件）	13969.84	0.163
78	392190	其他塑料板，片，膜，箔，扁条	13643.80	0.159
79	740710	精炼铜条、杆、型材及异型材	13583.59	0.158
80	330290	其他工业用混合香料及香料混合物	13526.67	0.157
81	710813	非货币用半制成金（包括镀铂的金）	13396.15	0.156
82	382490	其他编号未列名的化工产品	13380.47	0.156
83	850720	其他铅酸蓄电池（启动活塞式发动机用铅酸蓄电池除外）	13235.42	0.154
84	853890	品目 8535、8536、8537 装置的零件（专用于或主要用于）	12990.76	0.151
85	848180	其他阀门（用于管道、锅炉、罐、桶或类似品的）	12855.17	0.150
86	870490	装有其他发动机的货车	12833.43	0.149
87	720917	1 毫米≥厚度≥ 0.5 毫米冷轧卷材（宽≥ 600 毫米）	12724.91	0.148
88	30343	冻鲣鱼（鱼肝及鱼卵除外）	12623.93	0.147
89	441299	其他木质多层板	12374.54	0.144
90	847190	未列名的磁性或光学阅读器	12332.16	0.144
91	847160	计算机用终端（输入或输出部件，不论是否在同一机壳内有存储部件）	12154.97	0.141
92	950430	用特定支付方式工作的其他游戏用品，保龄球道设备除外	11998.23	0.140
93	382200	诊断或实验用配制试剂	11872.01	0.138
94	190110	供婴幼儿食用的零售包装配方奶粉	11862.09	0.138

续表

排名	产品代码	产品名称	进口值	占比
95	847180	其他自动数据处理设备的部件	11794.98	0.137
96	390760	初级形状的聚对苯二甲酸乙二酯	11577.77	0.135
97	854150	其他半导体器件	11555.04	0.135
98	330510	洗发剂	11357.45	0.132
99	440799	其他木厚板材（经纵锯、纵切、刨切或旋切的，厚度超过 6 毫米）	11294.74	0.131
100	230110	不适于供人食用的肉渣粉	11190.28	0.130

数据来源：由联合国商品贸易数据计算整理所得

对比 2005 年及 2016 年菲律宾进口排名前十的产品发现，具体产品变化有一定的变化。2005 年、2016 年排名前十的产品有 3 种，其他集成电路及微电子组件零件；品目 8471 所列其他机器零附件；石油原油。其中 2005 年进口占比排名第 1 的其他集成电路及微电子组件零件从 143.53 亿美元下降到 2016 年的 74.00 亿美元，出口占比从 29.00% 下降到 2016 年的 8.61%；排名第 2 的石油原油从 38.94 亿美元下降到 2016 年的 29.05 亿美元，降幅 25.40%，出口占比从 7.87% 下降到 2016 年 3.38%；排名第 3 的品目 8471 所列其他机器零附件从 37.29 亿美元下降到 2016 年的 31.96 亿美元，出口占比从 7.54% 下降到 2016 年的 3.72%。

从进口产品的集中看，2005 年进口产品排名前五的进口值占比、排名前十进口值占比分别为 52.09%、57.19%，与 2016 年对应占比 21.37%、30.43% 相比，2016 年进口产品排名前五、前十进口值占比分别下降 30.72%、26.76%，总体集中度均呈快速下降趋势。从进口前 100 位产品种类来看，菲律宾进口产品种类变动幅度很小，具有一致性特点。其主要进口种类产品为机器、机械器具、电气设备及其零件、录音机及放声机、电视图像、声音的录制和重放设备及其零件、附件；矿产品；植物产品等。

四、新加坡出口比较优势分析与进口需求研究

（一）新加坡出口比较优势分析

表 SG–1 显示了 2005 年新加坡比较优势指数排名前 100 的产品，即此 100 种产品相对于其余产品更具有出口竞争力，且在国际贸易中具比较优势。2005 年 RCA 值排名前十的出口产品为：其他已组装完整机械表芯；包含声音再现设备、数字音频类型的盒式磁带录音机；其他氨基醇酚、氨基酸酚；其他录制媒体、用于复制声音或图像以外的现象，供教育使用；以贱金属，银或金为底的包铂材料；其他内酰胺；其他结构上有非稠合呋喃环化合物；工业用其他钻石（未镶嵌）；其他集成电路及微电子组件零件；其他单片集成电路（IC）。其比较优势指数分别为：35.49、32.84、25.94、19.43、18.79、18.74、17.87、16.01、15.83、15.77。从产品整体种类来看，新加坡的光学、照相、电影、计量、检验、医疗或外科用仪器及设备、精密仪器及设备、钟表、乐器、上述物品的零件、附件；机器、机械器具、电气设备及其零件、录音机及放声机、电视图像、声音的录制和重放设备及其零件、附件；化学工业及其相关工业的产品等产品具有比较优势。

表 SG–1　2005 年新加坡比较优势指数排名前 100 产品

单位：万美元

排序	产品代码	产品名称	RCA 指数	出口值
1	910890	其他已组装完整机械表芯	35.49	4778.38
2	852032	包含声音再现设备，数字音频类型的盒式磁带录音机	32.84	29371.42
3	292250	其他氨基醇酚、氨基酸酚	25.94	202236.94
4	852491	其他录制媒体，用于复制声音或图像以外的现象，供教育使用	19.43	134962.63

续表

排序	产品代码	产品名称	RCA 指数	出口值
5	711100	以贱金属，银或金为底的包铂材料	18.79	1560.73
6	293379	其他内酰胺	18.74	55696.23
7	293219	其他结构上有非稠合呋喃环化合物	17.87	15773.45
8	710229	工业用其他钻石（未镶嵌）	16.01	7215.92
9	854290	其他集成电路及微电子组件零件	15.83	352020.25
10	854229	其他单片集成电路（IC）	15.77	2780947.04
11	293090	其他有机硫化合物	15.40	168667.95
12	910819	其他已组装的完整电子表芯	14.87	1606.41
13	410320	爬行动物的生皮	14.65	4367.76
14	90700	丁香（全部果子或丁香和茎）	14.44	3528.84
15	140120	藤	14.16	1238.43
16	854190	品目 8541 所列货品零件	13.48	109741.79
17	900922	接触式影印设备	13.34	618.86
18	411330	加工的爬行动物皮革（经鞣制或半硝后进一步加工，不带毛，羊皮纸化处理）	12.93	2660.74
19	293329	其他结构上有非稠合咪唑环化合物	12.58	76297.35
20	293722	肾上腺皮质激素的卤化衍生物	12.47	20088.90
21	853229	其他固定电容器	12.00	40091.16
22	852320	空白磁盘，适用于品目 8471 的机器	11.77	90933.56
23	300190	其他未列名的人体或动物制品（供治疗或预防疾病用）	11.76	52556.37
24	380910	以淀粉为基料的纺织等工业用制剂	11.03	3740.95
25	271500	天然沥青等为基本成分的沥青混合物	10.85	13414.58
26	850690	原电池组或原电池组的零件	10.81	8603.64
27	400130	巴拉塔胶等及类似的天然树胶（包括古塔波胶，糖胶树胶等，胶乳外的初级形状或板，片，带）	9.91	223.20
28	30110	活观赏鱼	9.89	5410.91
29	854260	混合集成电路	9.85	411291.44
30	711419	其他贵金属制金银器及零件（不论是否包，镀贵金属）	9.84	8611.70
31	900911	静电复印设备	9.81	9695.49
32	30377	冻海鲈鱼	9.71	322.22

续表

排序	产品代码	产品名称	RCA 指数	出口值
33	41000	其他编号未列名的食用动物产品	9.62	2437.97
34	910119	贵金属电子手表	9.56	2009.54
35	291521	乙酸	9.50	29529.40
36	370253	幻灯片用未曝光彩色摄影胶卷	9.11	1297.99
37	854150	其他半导体器件	9.04	78953.62
38	800110	未锻轧非合金锡	9.02	47301.40
39	330122	茉莉花精油、天竺葵精油	8.91	221.49
40	80111	干燥的椰子	8.73	3103.39
41	847170	计算机的存储部件	8.73	1020011.21
42	850630	氧化汞的原电池及原电池组	8.62	237.69
43	890520	浮动或潜水式钻探或生产平台	8.61	65774.37
44	910229	其他非自动上弦的机械手表（用贵金属或包贵金属制壳的除外）	8.51	4967.91
45	900810	幻灯片放映机	8.50	478.46
46	731930	其他别针，铁或钢	8.47	2532.53
47	381129	不含石油的润滑油添加剂	7.92	7150.57
48	420239	以钢纸或纸板作面的钱包等物品（指通常置于口袋或手提包内的物品）	7.81	2266.50
49	851940	抄录机器	7.74	107.36
50	900662	闪光灯	7.65	562.17
51	900830	图像投影仪	7.62	4254.17
52	853310	合成或薄膜式固定碳质电阻器	7.60	7046.15
53	900669	其他照相闪光灯装置	7.47	1190.70
54	854390	其他未列名的具有独立功能的电气设备零件	7.44	109307.34
55	848280	其他滚动轴承及球、柱混合轴承	7.23	16547.54
56	10632	鹦形目鸟	7.19	353.62
57	843143	其他凿井机用零件（子目 843041，843049 所列机械的）	7.18	206483.99
58	841122	功率＞ 1100 千瓦涡轮螺桨引擎	7.14	19682.56
59	820580	砧；便携式锻造；手动或脚踏式砂轮与框架	7.10	299.06
60	580639	其他材料制其他狭幅机织物（品目 5807 的货品除外）	7.06	3194.14

续表

排序	产品代码	产品名称	RCA 指数	出口值
61	290329	其他无环烃的不饱和氯化衍生物	6.94	1629.62
62	291532	乙酸乙烯酯	6.86	14490.65
63	401694	硫化橡胶制船舶或码头的碰垫（不论是否可充气，硬质橡胶除外）	6.80	1363.96
64	902140	助听器，不包括零件、附件	6.74	36767.25
65	844820	纤维挤压机及辅助机器的其他零件（包括附件，品目 8444 的机器用）	6.74	7688.31
66	911180	非金属制的表壳	6.65	611.11
67	840910	航空器发动机用零件（指专用于或主要用于品目 8407 或 8408 所列航空器发动机的零件）	6.61	17013.80
68	291020	甲基环氧乙烷（氧化丙烯）	6.55	22853.79
69	381119	其他抗震剂	6.52	1876.37
70	290519	其他饱和一元醇	6.50	14554.39
71	853390	各种电阻器零件（包括变阻器及电位器）	6.50	7234.53
72	910990	已组装的完整机械钟芯	6.42	499.68
73	30349	其他冻金枪鱼（鱼肝及鱼卵除外）	6.39	2077.13
74	851580	其他焊接机器及装置	6.37	31783.45
75	381121	含有石油的润滑油添加剂	6.35	55381.61
76	831130	以焊剂涂面或作芯的贱金属条或丝（钎焊或气焊用）	6.29	4816.82
77	845970	切削金属的其他攻丝机床（但品目 8458 的车床除外）	6.28	3085.53
78	854129	耗散功率≥ 1 瓦的晶体管（不含光敏晶体管）	6.28	132385.63
79	870990	短距离运货车、站台牵引车用零件	6.15	4367.04
80	851719	可视电话，其他电话	6.08	60892.19
81	540249	其他合成纤维长丝单纱（非供零售用，未加捻或捻度每米不超过 50 转）	6.03	14118.29
82	293500	磺胺类	6.03	56769.05
83	852440	录制的磁带用于重现声音或图像以外的现象	6.03	2285.41
84	321590	其他绘图墨水及其他墨类	6.00	31079.90
85	490700	新的邮票（包括支票、股票，债券及类似的所有权凭证）	5.99	31506.80
86	852210	拾音器	5.97	1320.64

续表

排序	产品代码	产品名称	RCA 指数	出口值
87	845229	其他非自动缝纫机（家用型除外）	5.93	22817.68
88	901190	复式光学显微镜的零件、附件	5.91	8780.62
89	841891	冷藏或冷冻设备专用的特制家具	5.80	1342.21
90	290532	1，2- 丙二醇	5.70	14630.70
91	270750	其他芳烃混合物	5.70	54509.25
92	291560	丁酸、戊酸及其盐和酯	5.64	3265.46
93	903300	第 90 章所列机器、器具、仪器或装置用	5.55	35753.73
94	390740	初级形状的聚碳酸酯	5.51	79827.14
95	852731	其他与录音或重放设备相结合	5.49	39796.22
96	291533	乙酸正丁酯	5.48	4659.26
97	850680	其他原电池及原电池组	5.35	8239.77
98	370220	即时打印胶卷，未曝光	5.35	283.27
99	853223	单层瓷介电容器	5.30	8698.45
100	900792	电影放映机用零件、附件	5.26	1504.30

数据来源：由联合国商品贸易数据计算整理所得

表 SG-2 显示了 2016 年新加坡比较优势指数排名前 100 的产品，即此 100 种产品相对于其余产品更具有出口竞争力，且在国际贸易中具比较优势。2016 年新加坡比较优势指数排名前十的产品是：工业用其他钻石（未镶嵌）；象牙和象牙制品；以钢纸或纸板作面的钱包等物品；藤；溴氯二氟甲烷、二溴四氟乙烷；甲酸盐；非自推进的其他钻探或凿井机械；沉降片、其他织针及成圈机件；贵金属电子手表；肾上腺皮质激素的卤化衍生物。其 RCA 值分别为：38.29、30.57、26.01、21.32、19.74、19.66、19.23、19.13、19.00、18.31。从产品整体种类来看，天然或养殖珍珠、宝石或半宝石、贵金属、包贵金属及其制品、仿首饰、硬币；杂项制品；生皮、皮革、毛皮及其制品、鞍具及挽具、旅行用品、手提包及类似品、动物肠线（蚕胶丝除外）制品等产品具有比较优势。

表 SG-2　2016 年新加坡比较优势指数排名前 100 产品

单位：万美元

排序	产品代码	产品名称	RCA 指数	出口值
1	710229	工业用其他钻石（未镶嵌）	38.29	16405.43

续表

排序	产品代码	产品名称	RCA 指数	出口值
2	960110	象牙和象牙制品	30.57	668.91
3	420239	以钢纸或纸板作面的钱包等物品	26.01	20134.94
4	140120	藤	21.32	726.88
5	290376	溴氯二氟甲烷、二溴四氟乙烷	19.74	255.86
6	291512	甲酸盐	19.66	14333.87
7	843049	非自推进的其他钻探或凿井机械	19.23	136420.61
8	844851	沉降片、其他织针及成圈机件	19.13	21447.75
9	910119	贵金属电子手表	19.00	20658.17
10	293722	肾上腺皮质激素的卤化衍生物	18.31	59278.78
11	852329	磁盘	17.64	188053.31
12	840910	航空器发动机用零件（指专用于或主要用于品目 8407 或 8408 所列航空器发动机的零件）	15.98	28066.36
13	292249	其他氨基酸及其酯及它们的盐	15.84	322535.97
14	411330	加工的爬行动物皮革（经鞣制或半硝后进一步加工，不带毛，羊皮纸化处理）	15.60	6743.97
15	290529	其他不饱和一元醇	15.26	12048.31
16	848640	主要或专用于装配封装半导体器件和集成电路的设备	15.19	204890.66
17	854190	品目 8541 所列货品零件	14.98	271109.08
18	400130	巴拉塔胶等及类似的天然树胶（包括古塔波胶，糖胶树胶等，胶乳外的初级形状或板，片，带）	14.85	509.61
19	30571	鲨鱼鱼翅	14.10	3640.29
20	600129	其他材料制针织或钩编毛圈绒头布	13.04	2071.02
21	903141	制造半导体器件的检测仪和器具	12.25	77567.54
22	854390	其他未列名的具有独立功能的电气设备零件	11.81	306871.35
23	290519	其他饱和一元醇	11.75	23435.29
24	400239	其他卤代丁基橡胶	11.39	43131.56
25	90710	丁香（全果）	11.00	8545.47
26	293379	其他内酰胺	10.91	208439.94
27	854233	用作放大器的集成电路	10.72	263611.67
28	900890	其他影像投影仪的零件、附件	10.51	2029.17
29	381121	含有石油的润滑油添加剂	10.50	173640.45

续表

排序	产品代码	产品名称	RCA 指数	出口值
30	293354	其他丙二酰脲的衍生物及它们的盐	10.46	433.14
31	901190	复式光学显微镜的零件、附件	10.40	17399.14
32	845410	金属冶炼及铸造用转炉	10.27	1522.72
33	845229	其他非自动缝纫机（家用型除外）	9.76	34383.20
34	382530	医疗废物	9.49	46.68
35	911180	非金属制的表壳	9.47	2287.74
36	291536	地乐酚（ISO）乙酸酯	9.45	5.70
37	841181	功率≤ 5000 千瓦的其他燃气轮机	9.21	48422.24
38	290270	异丙基苯	8.96	18878.21
39	900691	照相机的其他零件、附件	8.92	20493.73
40	848610	制造单晶柱或晶圆用的机器及装置	8.87	33616.64
41	910299	其他机械怀表、秒表及其他表（用贵金属或包贵金属制壳的除外）	8.86	7813.86
42	852359	其他半导体媒体	8.81	20121.25
43	843143	其他凿井机用零件（子目 843041，843049 所列机械的）	8.53	200547.87
44	292146	左苯丙胺、美芬雷司、芬特明	8.39	252.84
45	390190	其他初级形状的乙烯聚合物	8.33	251616.52
46	390610	初级形状的聚甲基丙烯酸甲酯	8.22	17112.86
47	871493	非机动脚踏车等的自由轮链轮	8.12	10705.26
48	280540	汞	8.08	576.11
49	291532	乙酸乙烯酯	8.04	32328.77
50	30111	观赏用淡水鱼	7.97	4174.45
51	846791	手提式链锯的零件	7.96	5654.91
52	854231	用作处理器及控制器的集成电路	7.94	3002958.23
53	853229	其他固定电容器	7.93	25287.32
54	900659	其他相机	7.89	5378.14
55	871494	非机动脚踏车等的制动器及其零件（包括倒轮制动鼓及鼓闸）	7.70	17105.22
56	410640	爬行动物皮革（经鞣制不带毛）	7.60	1217.43
57	900651	通过镜头取景的照相机	7.43	527.11

续表

排序	产品代码	产品名称	RCA 指数	出口值
58	854290	其他集成电路及微电子组件零件	7.30	196090.94
59	290241	邻二甲苯	7.17	9868.27
60	220820	蒸馏葡萄酒制得的烈性酒	7.16	97881.47
61	854239	其他集成电路	7.03	2946312.29
62	41000	其他编号未列名的食用动物产品	7.02	7140.93
63	852861	投影机	6.93	6220.31
64	540244	其他合成纤维长丝弹性单纱（非供零售用，未加捻或捻度每米不超过 50 转）	6.92	15573.43
65	871496	脚踏车等的曲柄链轮及其零件	6.85	12616.56
66	382479	其他含甲烷、乙烷或丙烷的卤化衍生物的混合物	6.85	340.04
67	848280	其他滚动轴承及球、柱混合轴承	6.69	17457.74
68	800110	未锻轧非合金锡	6.66	54008.89
69	30484	冻剑鱼鱼片	6.62	958.10
70	845230	缝纫机针	6.53	2753.08
71	190190	麦精、粮食粉等制食品及乳制食品	6.40	95422.74
72	850640	氧化银的原电池及原电池组	6.37	3519.02
73	284329	其他银化合物	6.24	1784.18
74	390230	初级形状的丙烯共聚物	6.19	163449.02
75	290230	甲苯	6.10	26201.07
76	30383	冻南极犬牙鱼（南极犬牙鱼属）	6.01	4470.77
77	911490	钟、表的其他零件（品目 9114 中其他未列名的）	6.01	28488.91
78	780600	其他铅制品	5.97	4931.34
79	290375	二氯五氟丙烷	5.91	17.62
80	292250	其他氨基醇酚、氨基酸酚	5.86	41171.32
81	271320	石油沥青	5.71	60403.40
82	901920	臭氧治疗器，氧气治疗器等器具	5.69	78240.21
83	854150	其他半导体器件	5.67	53441.92
84	731940	安全别针和其他别针	5.64	1491.94
85	720293	其他铌铁	5.58	23144.25
86	291614	甲基丙烯酸酯	5.56	21481.77
87	902720	色谱和电泳仪	5.55	30113.42

续表

排序	产品代码	产品名称	RCA 指数	出口值
88	850650	锂的原电池及原电池组	5.53	29809.47
89	853290	电子电容器零件	5.53	12322.90
90	840590	煤气、乙炔等气体发生器的零件	5.50	1831.03
91	880100	气球、飞艇及其他无动力航空器（滑翔机除外）	5.37	708.61
92	853230	其他可变或可调（微调）电容器	5.36	2635.84
93	902140	助听器，不包括零件、附件	5.34	36651.77
94	910229	其他非自动上弦的机械手表（用贵金属或包贵金属制壳的除外）	5.25	11773.90
95	730520	其他钻探石油、天然气用粗套管（粗套管指外径超过406.4 毫米）	5.15	3684.25
96	843790	品目 8437 所列机械的零件	5.15	6452.97
97	360490	信号弹，降雨火箭及其他烟火制品	5.04	3085.77
98	846792	气动手动工具零件	5.03	5722.27
99	291533	乙酸正丁酯	4.97	3979.46
100	291560	丁酸、戊酸及其盐和酯	4.96	6001.22

数据来源：由联合国商品贸易数据计算整理所得

2005 年至 2016 年，新加坡出口比较优势有所变化。从比较优势指数来分析，相对于 2005 年，2016 年新加坡前 100 产品的比较优势指数总体有所提高，比较优势均值从 9.55 提高到 9.86，比较优势指数最大值从 35.49 提高到 38.29，这表明新加坡在国际上具比较优势的产品竞争力略有提高。

从比较优势指数排名前十的产品种类来看，排名前列的产品种类不稳定，2005 年与 2016 年比较优势指数排名前十的只有一类产品，即为工业用其他钻石（未镶嵌）物品。

（二）新加坡出口主导产业分析

1. 出口主导产业

出口主导产业是由产品出口值占国家总出口值的比例来衡量的，所占比例越大，表明其在出口中所占地位越重，同时表明，此国生产相应产品的能力越强或拥有相应丰富的资源。表 SG-3 及表 SG-4 为 2005 年及 2016 年新加坡出口值排名前

100产品详情表。

表 SG-3 2005年新加坡出口值排名前100产品

单位：万美元、%

排序	产品代码	产品名称	占比	出口值
1	854229	其他单片集成电路（IC）	12.109	2780947.04
2	271019	石油和油脂	7.649	1756634.13
3	847330	品目8471所列其他机器零附件	6.892	1582676.79
4	854221	单片数字集成电路（IC）	5.525	1268781.38
5	847170	计算机的存储部件	4.442	1020011.21
6	271011	车用汽油、航空汽油	3.916	899425.79
7	999999	未按种类指定的商品	3.787	869761.08
8	852520	无线电广播、电视发送设备等包含接收装置或声音录制的传送设备	3.016	692743.15
9	854260	单片数字集成电路（IC）	1.791	411291.44
10	854290	其他集成电路及微电子组件零件	1.533	352020.25
11	852990	其他电视接收机零件	1.034	237420.24
12	847160	计算机用终端（输入或输出部件，不论是否在同一机壳内有存储部件）	0.919	211124.67
13	843143	其他凿井机用零件	0.899	206483.99
14	292250	其他氨基醇酚、氨基酸酚	0.881	202236.94
15	293090	其他有机硫化合物	0.734	168667.95
16	847180	其他自动数据处理设备的部件	0.723	166145.49
17	300490	其他已配定剂量的药品	0.719	165168.36
18	710239	非工业用其他钻石（未镶嵌）	0.718	164780.27
19	853690	其他≤1000伏电路开关等电气装置	0.689	158301.40
20	852491	其他教育用途的用于再现声音或图像以外现象的记录介质	0.588	134962.63
21	854129	耗散功率≥1瓦的晶体管（不含光敏晶体管）	0.576	132385.63
22	853400	印刷电路	0.493	113125.70
23	854190	品目8541所列货品零件	0.478	109741.79
24	854390	其他未列名的具有独立功能的电气设备零件	0.476	109307.34
25	880330	飞机及直升机用其他零件	0.452	103907.30
26	870899	其他零件和附件	0.431	99012.29

续表

排序	产品代码	产品名称	占比	出口值
27	852320	空白磁盘，适用于品目 8471 的机器	0.396	90933.56
28	390110	初级形状比重＜0.94 的聚乙烯	0.390	89543.25
29	290250	苯乙烯	0.359	82553.05
30	390740	初级形状的聚碳酸酯	0.348	79827.14
31	854150	其他半导体器件	0.344	78953.62
32	854110	二极管（光敏、发光二极管除外）	0.336	77214.44
33	293329	其他结构上有非稠合咪唑环化合物	0.332	76297.35
34	848590	其他机械部件，不包含电气连接器，绝缘体，线圈，触点或其他电气特性	0.319	73170.35
35	901890	其他医疗、外科或兽医用仪器器具	0.308	70833.38
36	293499	其他杂环化合物	0.299	68724.91
37	848210	滚珠轴承	0.296	67899.51
38	290243	对二甲苯	0.292	67042.47
39	890520	浮动或潜水式钻探或生产平台	0.286	65774.37
40	852290	其他音频配件	0.285	65354.18
41	851790	其他发送或接收声音、图像或其他数据用的设备	0.274	62980.80
42	847990	其他机械零件	0.270	62116.53
43	851719	可视电话，其他电话	0.265	60892.19
44	293500	磺胺类	0.247	56769.05
45	293379	其他内酰胺	0.243	55696.23
46	381121	含有石油的润滑油添加剂	0.241	55381.61
47	270750	其他芳烃混合物	0.237	54509.25
48	847130	便携式自动数据处理设备（重量≤ 10 千克，至少由一个中央处理器、键盘和显示器组成）	0.233	53503.65
49	843149	品目 8426、8429、8430 的其他零件	0.232	53273.51
50	300190	其他未列名的人体或动物制品（供治疗或预防疾病用）	0.229	52556.37
51	711319	其他贵金属制首饰及其零件（不论是否包、镀其他贵金属）	0.228	52341.47
52	290531	1，2- 乙二醇	0.228	52246.65
53	853120	有液晶装置或发光管的显示板	0.224	51359.92

续表

排序	产品代码	产品名称	占比	出口值
54	847150	自动数据处理设备及其部件（不论是否在同一机壳内有一或两个存储，输入或输出部件）	0.223	51152.66
55	852540	静止图像摄像机和其他摄像机；数码相机	0.218	50028.38
56	390230	初级形状的丙烯共聚物	0.216	49700.93
57	390720	初级形状的其他聚醚	0.214	49083.50
58	847989	其他机械和机械设备	0.210	48184.28
59	800110	未锻轧非合金锡	0.206	47301.40
60	330300	香水及花露水	0.200	45902.89
61	852910	无线电设备天线及其零件（品目 8525 至 8528 所列其他装置或设备的，包括天线反射器）	0.196	45013.90
62	850440	静态转换器	0.192	44125.84
63	392690	其他塑料制品	0.192	43978.03
64	490199	其他书籍，小册子及类似的印刷品（非单张的）	0.190	43572.63
65	370790	其他摄影用化学制剂	0.189	43506.37
66	850110	输出功率≤ 37.5 瓦电动机	0.188	43187.47
67	840999	其他发动机的专用零件（指品目 8407 或 8408 所列的其他发动机）	0.183	41977.90
68	841810	冷藏－冷冻组合机（各自装有单独外门的）	0.178	40916.64
69	903090	品目 9030 所属货品的零件及附件	0.177	40588.72
70	852812	彩色卫星电视接收机	0.175	40184.57
71	853229	其他固定电容器	0.175	40091.16
72	852731	其他与录音或重放设备相结合	0.173	39796.22
73	390120	初级形状比重≥ 0.94 的聚乙烯	0.168	38609.94
74	330499	其他美容品或化妆品	0.166	38174.61
75	901380	其他装置，仪器及器具	0.160	36825.48
76	902140	助听器，不包括零件、附件	0.160	36767.25
77	240220	烟草制的卷烟	0.158	36286.29
78	900130	隐形眼镜片	0.157	36146.37
79	390210	初级形状的聚丙烯	0.156	35894.85
80	903300	第 90 章所列机器、器具、仪器或装置用	0.156	35753.73
81	854160	已装配的压电晶体	0.154	35265.73

续表

排序	产品代码	产品名称	占比	出口值
82	851750	光线路终端装置	0.152	34977.52
83	850490	静止式变流器及电感器零件	0.152	34942.25
84	271113	液化丁烷	0.152	34908.69
85	854890	其他编号未列名的电气零件	0.140	32220.89
86	880240	飞机和其他飞机的空载重量超过 15000 公斤	0.140	32196.97
87	710813	非货币用半制成金（包括镀铂的金）	0.139	31861.82
88	853890	品目 8535、8536、8537 装置的零件（专用于或主要用于）	0.138	31804.83
89	851580	其他焊接机器及装置	0.138	31783.45
90	854140	光敏半导体器件、发光二极管	0.138	31714.75
91	850450	其他电感器	0.138	31591.34
92	490700	新的邮票（包括支票、股票，债券及类似的所有权凭证）	0.137	31506.80
93	321590	其他绘图墨水及其他墨类	0.135	31079.90
94	854210	电子集成电路卡（智能卡）	0.135	31016.22
95	220820	蒸馏葡萄酒制得的烈性酒	0.131	29984.12
96	291521	乙酸	0.129	29529.40
97	381800	其他经掺杂用于工业的晶体切片	0.129	29523.02
98	852032	包含声音再现设备，数字音频类型的盒式磁带录音机	0.128	29371.42
99	850300	其他电动机、发电机（组）零件	0.127	29210.05
100	871499	非机动脚踏车等的其他零件、附件	0.127	29145.53

数据来源：由联合国商品贸易数据计算整理所得

根据表 SG-3、SG-4 可知，2005 年新加坡出口主导产品种类为机器、机械器具、电气设备及其零件、录音机及放声机、电视图像、声音的录制和重放设备及其零件、附件；矿产品；特殊交易品及未分类商品等产品。2016 年新加坡出口主导产品种类为机器、机械器具、电气设备及其零件、录音机及放声机、电视图像、声音的录制和重放设备及其零件、附件；矿产品；特殊交易品及未分类商品等产品。对比 2005 年及 2016 年，新加坡排名前十的产品种类发生变化不大，说明新加坡主要的出口产品结构稳定。

表 SG-4　2016 年新加坡出口值排名前 100 产品

单位：万美元、%

排序	产品代码	产品名称	占比	出口值
1	854231	用作处理器及控制器的集成电路	9.103	3002958.23
2	854239	其他集成电路	8.932	2946312.29
3	271019	石油和油脂	7.171	2365587.32
4	999999	未按种类指定的商品	4.837	1595526.91
5	271012	轻油及制品，不含生物柴油	3.778	1246288.43
6	854232	用作存储器的集成电路	2.342	772663.98
7	880330	飞机及直升机用其他零件	1.895	625013.02
8	851712	蜂窝网络或其他无线网络的电话机	1.583	522159.36
9	847330	品目 8471 所列其他机器零附件	1.264	416986.20
10	844399	其他印刷（打印）机、复印机及传真机的零件和附件	1.199	395445.84
11	300490	其他已配定剂量的药品	1.129	372298.70
12	847150	自动数据处理设备及其部件（不论是否在同一机壳内有一或两个存储，输入或输出部件）	1.102	363489.26
13	851762	交换机和路由器	1.004	331283.93
14	292249	其他氨基酸及其酯及它们的盐	0.978	322535.97
15	854390	其他未列名的具有独立功能的电气设备零件	0.930	306871.35
16	711319	其他贵金属制首饰及其零件（不论是否包、镀其他贵金属）	0.868	286419.78
17	854190	品目 8541 所列货品零件	0.822	271109.08
18	854233	用作放大器的集成电路	0.799	263611.67
19	854140	光敏半导体器件、发光二极管	0.790	260671.52
20	841191	涡轮喷气或涡轮螺桨发动机用零件	0.765	252214.47
21	848620	制造半导体器件或集成电路用机器及装置	0.765	252202.42
22	390190	其他初级形状的乙烯聚合物	0.763	251616.52
23	847170	计算机的存储部件	0.752	248118.90
24	330499	其他美容品或化妆品	0.706	232803.16
25	293379	其他内酰胺	0.632	208439.94
26	848640	主要或专用于装配封装半导体器件和集成电路的设备	0.621	204890.66
27	843143	其他凿井机用零件（子目 843041，843049 所列机械的）	0.608	200547.87
28	854290	其他集成电路及微电子组件零件	0.594	196090.94

续表

排序	产品代码	产品名称	占比	出口值
29	852329	磁盘	0.570	188053.31
30	852351	固态非易失性存储器件（闪速存储器）	0.555	183102.41
31	381121	含有石油的润滑油添加剂	0.526	173640.45
32	841112	涡轮喷气发动机（推力超过 25 千牛顿）	0.524	172773.94
33	390230	初级形状的丙烯共聚物	0.495	163449.02
34	854129	耗散功率≥ 1 瓦的晶体管（不含光敏晶体管）	0.488	160845.25
35	901890	其他医疗、外科或兽医用仪器器具	0.460	151702.33
36	210690	其他编号未列名的食品	0.442	145726.50
37	843049	非自推进的其他钻探或凿井机械	0.414	136420.61
38	870899	其他零件和附件	0.411	135597.14
39	847130	便携式自动数据处理设备（重量≤ 10 千克，至少由一个中央处理器、键盘和显示器组成）	0.394	129976.31
40	853690	其他≤ 1000 伏电路开关等电气装置	0.372	122581.20
41	390120	初级形状比重≥ 0.94 的聚乙烯	0.367	121134.09
42	390110	初级形状比重＜ 0.94 的聚乙烯	0.365	120316.18
43	293500	磺胺类	0.350	115334.15
44	710813	非货币用半制成金（包括镀铂的金）	0.348	114791.12
45	240220	烟草制的卷烟	0.348	114782.12
46	390210	初级形状的聚丙烯	0.346	113970.20
47	847990	其他机械零件	0.336	110926.58
48	853710	其他电力控制或分配的装置（电压不超过 1000 伏的线路）	0.336	110754.30
49	710231	非工业用钻石（未加工或经简单锯开，劈开或粗磨，未镶嵌）	0.330	108929.95
50	382200	诊断或实验用配制试剂	0.329	108457.74
51	220820	蒸馏葡萄酒制得的烈性酒	0.297	97881.47
52	190190	麦精、粮食粉等制食品及乳制食品	0.289	95422.74
53	843149	品目 8426、8429、8430 的其他零件	0.285	93990.40
54	851770	其他通信设备零件	0.284	93580.58
55	902790	检镜切片机、理化分析仪器零件	0.277	91296.37
56	710812	非货币用未锻造金	0.266	87711.87

续表

排序	产品代码	产品名称	占比	出口值
57	290243	对二甲苯	0.254	83863.52
58	330300	香水及花露水	0.253	83419.01
59	848690	其他品目 8486 项下商品用零件和附件	0.251	82878.94
60	300210	抗血清、其他血液成分和免疫产物	0.247	81341.42
61	220830	威士忌酒	0.244	80351.66
62	850440	静态转换器	0.243	80120.27
63	854160	已装配的压电晶体	0.239	78953.10
64	901920	臭氧治疗器，氧气治疗器等器具	0.237	78240.21
65	903141	制造半导体器件的检测仪和器具	0.235	77567.54
66	902780	其他理化分析仪器及装置（包括测量或检验粘性及类似性能的仪器及装置）	0.233	76779.59
67	330290	其他工业用混合香料及香料混合物	0.230	75898.30
68	381800	其他经掺杂用于工业的晶体切片	0.230	75801.78
69	852990	其他电视接收机零件	0.228	75315.28
70	841199	其他涡轮喷气机、涡轮螺旋桨和燃气轮机	0.223	73680.56
71	840999	其他发动机的专用零件（指品目 8407 或 8408 所列的其他发动机）	0.215	70820.31
72	382490	其他编号未列名的化工产品	0.211	69614.01
73	853400	印刷电路	0.202	66576.90
74	711291	包金的废碎料（但含有其他贵金属的除外）	0.200	65998.25
75	847989	其他机械和机械设备	0.195	64168.89
76	852580	电视摄像机、数码相机和摄像机录像机	0.194	64034.80
77	293359	其他结构上有嘧啶环等的化合物	0.189	62365.36
78	271320	石油沥青	0.183	60403.40
79	852349	其他光学媒体	0.183	60330.01
80	390720	初级形状的其他聚醚	0.182	60175.17
81	848210	滚珠轴承	0.182	60037.30
82	290250	苯乙烯	0.182	59975.26
83	847180	其他自动数据处理设备的部件	0.182	59939.11
84	293722	肾上腺皮质激素的卤化衍生物	0.180	59278.78
85	853890	品目 8535、8536、8537 装置的零件（专用于或主要用于）	0.179	59126.03

续表

排序	产品代码	产品名称	占比	出口值
86	900130	隐形眼镜片	0.179	58957.72
87	902750	使用光学射线的其他仪器及装置	0.177	58301.06
88	848180	其他阀门（用于管道、锅炉、罐、桶或类似品的）	0.176	58121.15
89	854110	二极管（光敏、发光二极管除外）	0.173	57120.38
90	740311	精炼铜的阴极型材（未锻轧的）	0.169	55874.65
91	800110	未锻轧非合金锡	0.164	54008.89
92	854150	其他半导体器件	0.162	53441.92
93	392690	其他塑料制品	0.160	52922.42
94	481159	用塑料涂布，浸渍的其他纸及纸板（成卷或成张任何尺寸的，包括以纸或纸板为底制成的铺地制品）	0.159	52351.42
95	710239	非工业用其他钻石（未镶嵌）	0.158	52177.93
96	420222	以塑料片或纺织材料作面的手提包（不论是否有背带，包括无把手的）	0.157	51808.90
97	901839	导管、插管及类似品	0.151	49839.65
98	841181	功率≤ 5000 千瓦的其他燃气轮机	0.147	48422.24
99	902139	其他人造的人体部分	0.145	47985.06
100	293499	其他杂环化合物	0.144	47614.53

数据来源：由联合国商品贸易数据计算整理所得

从出口主导产品的集中度来看，2005 年，新加坡排名前五的主导产品出口额度为 840.91 亿美元，占比为 36.62%；排名前十的出口主导产品出口总额为 1163.43 亿美元，占比为 50.66%。2016 年，排名前五的主导产品出口额为 1115.67 亿美元，占比为 33.82%；前十出口主导产品出口总额达到 1388.89 亿美元，占比为 42.11%。相比于 2005 年，2016 年新加坡前五、前十主导产品的出口额度都有所提升，但总体产品集中度却呈现下降趋势。

从出口主导产品种类来看，2005 年与 2016 年，新加坡出口主导产业变动幅度较小，具有一致性。主要出口机器、机械器具以及电气设备等产品。2016 年排名第 1 的用作处理器及控制器的集成电路以及第 2 名的其他集成电路均未出现在 2005 年排名 100 列表中，出口额度分别为 300.30 亿美元，294.63 亿美元。排名第 3 的石油和油脂出口额度为 236.56 亿美元，相比 2005 年的 175.66 亿美元，增加了 60.90 亿美元，排名从 2005 年的第二名降为 2016 年的第三名。虽然具体产品有变化，但从种类分析，仍为机器、机械器具、电气设备及其零件；录音机及放声机、电视图像、声音的录制和重放设备及其零件、附件等产品。

2. 出口主导产业与比较优势产业的一致性分析

表SG-5为2016年新加坡排名前十的比较优势产品及出口主导产品。表中显示，新加坡比较优势指数排名前列的产品主要是工业用其他钻石（未镶嵌）、象牙和象牙制品等，而出口主导产品主要是用作处理器及控制器的集成电路、其他集成电路等电器制品。对比2016年新加坡排名前十的比较优势产品及出口主导产品，比较优势指数及出口占比同时名列前十的产品各不相同，因此2016年新加坡比较优势产业与出口主导产业并不具有一致性。

表 SG-5　2016 年新加坡排名前十比较优势产品及出口主导产品

单位：%

排名	比较优势产品名称	RCA	排名	出口主导产品名称	占比
1	工业用其他钻石（未镶嵌）	38.29	1	用作处理器及控制器的集成电路	9.103
2	象牙和象牙制品	30.57	2	其他集成电路	8.932
3	以钢纸或纸板作面的钱包等物品	26.01	3	石油和油脂	7.171
4	藤	21.32	4	未按种类指定的商品	4.837
5	溴氯二氟甲烷、二溴四氟乙烷	19.74	5	轻油及制品，不含生物柴油	3.778
6	甲酸盐	19.66	6	用作存储器的集成电路	2.342
7	非自推进的其他钻探或凿井机械	19.23	7	飞机及直升机用其他零件	1.895
8	沉降片、其他织针及成圈机件	19.13	8	蜂窝网络或其他无线网络的电话机	1.583
9	贵金属电子手表	19.00	9	品目 8471 所列其他机器零附件	1.264
10	肾上腺皮质激素的卤化衍生物	18.31	10	其他印刷（打印）机、复印机及传真机的零件和附件	1.199

数据来源：由联合国商品贸易数据计算整理所得

（三）新加坡出口比较优势变化分析

1. 描述性分析

依据表SG-1及表SG-2，对比分析2005年及2016年新加坡比较优势指数排名前100产品，我们可以得出以下信息：

第一，新加坡整体的比较优势有增强趋势。2005年新加坡排名前100产品平均比较优势指数为9.55，2016年为9.86，相对2005年增加了0.31。

第二，新加坡具比较优势的产品数量呈现缩减态势。2005 年，比较优势指数大于 1 的产品共有 719 类，大于 2.5 的产品共有 276 类；而 2016 年，比较优势指数大于 1 的产品有 682 类，大于 2.5 的产品共有 252 类。表明新加坡在国际上具有比较优势产品的种类在减少。

第三，比较优势指数排名前十产品的种类在不断变化。从分类来看，2005 年新加坡比较优势指数排名前十的产品中，排名第 1 的为精密仪器设备，第 2、4、9、10 的产品都属于机器、机械器具和电设备；排名 3、6、7 属于化学工业及其相关产品；排名 5、8 的属于宝石、贵金属机器制品。2016 年新加坡比较优势指数排名前十的产品中，排名第 1 的为贵金属机器制品，第 2 的为象牙制品，第 3 名为手提包及类似品，第 5、6、10 产品都属于有机化学品；排名 7、8 属于机械器具；第 9 名为的精密钟表类。对比 2005 年及 2016 年，新加坡比较优势排名前十的产品种类在不断变化。

2. 回归分析

将 2016 年新加坡产品比较优势指数作为被解释变量，把 2005 年新加坡产品比较优势指数作为解释变量，对其进行回归分析。若回归系数 >1，则表明新加坡更加强化了具有比较优势的产业，弱化了不具有比较优势的产业；若 0< 回归系数 <1，则表明具有比较优势的产业弱化了；若回归系数 <0，则表明新加坡比较优势的产业发生了质变。使用最小二乘法对其进行回归，得出结果如表 SG-6 所示。

表 SG-6　回归结果

变量	Coef.	Std.Err.	t	P>|t|
2005 比较优势指数	0.3801333	0.691165	5.50	0.00
常数项	0.32073	0.34395	9.57	0.00
R^2=0.1361F-statistics=30.25				

从表中可以看出，回归系数为 0.380133，介于 0 和 1 之间，因此说明相对于 2005 年，2016 年新加坡具有比较优势的产业弱化了。

（四）新加坡进口需求及其变化分析

表 SG-7 表示 2005 年新加坡进口值排名前 100 产品。从表中可以看出，排名前十的进口产品为石油原油；单片数字集成电路（IC）；其他单片集成电路（IC）；品目 8471 所列其他机器零附件；石油和油脂；车用汽油、航空汽油；无线电广播、电视发送设备等包含接收装置或声音录制的传送设备；混合集成电路；飞机及直升机用其他零件；计算机的存储部件。其中，石油原油进口值最高，为185.04亿美元，占比达到9.25%；其次为单片数字集成电路（IC）和其他单片集成电路（IC）进口值分别为154.80亿美元、154.54亿美元，占比分别为7.74%、7.73%。

从新加坡2005年进口前100产品种类来看，主要为矿产品；机器、机械器具、电气设备及其零件、录音机及放声机、电视图像、声音的录制和重放设备及其零件、附件；车辆、航空器、船舶及有关运输设备等产品。

从新加坡进口前100产品的集中度来看，进口产品排名前五的值占比为37.01%，排名前十的值占印度进口总值的46.97%。因此可以看出新加坡进口产品具有相对集中性。

表 SG-7　2005 年新加坡进口排名前 100 产品

单位：万美元、%

排名	产品代码	产品名称	进口值	占比
1	270900	石油原油	1850443.41	9.25
2	854221	单片数字集成电路（IC）	1548064.42	7.738
3	854229	其他单片集成电路（IC）	1545436.26	7.725
4	847330	品目 8471 所列其他机器零附件	1328242.78	6.64
5	271019	石油和油脂	1130755.86	5.652
6	271011	车用汽油、航空汽油	551738.21	2.758
7	852520	无线电广播、电视发送设备等包含接收装置或声音录制的传送设备	502407.71	2.511
8	854260	混合集成电路	430359.52	2.151
9	880330	飞机及直升机用其他零件	260331.15	1.301
10	847170	计算机的存储部件	249686.52	1.248
11	852990	其他电视接收机零件	198860.54	0.994
12	710239	非工业用其他钻石（未镶嵌）	189186.72	0.946
13	999999	未按种类指定的商品	170889.5	0.854
14	843143	其他凿井机用零件（子目 843041，843049 所列机械的）	167220.35	0.836
15	854290	其他集成电路及微电子组件零件	151506.14	0.757
16	854129	耗散功率≥1瓦的晶体管（不含光敏晶体管）	150106.15	0.75
17	847160	计算机用终端（输入或输出部件，不论是否在同一机壳内有存储部件）	134337.33	0.672

续表

排名	产品代码	产品名称	进口值	占比
18	853400	印刷电路	133881.73	0.669
19	870323	1.5 升<排量≤ 3 升装点燃往复式活塞内燃发动机的其他载人车辆	130436.59	0.652
20	841191	涡轮喷气或涡轮螺桨发动机用零件	129278.38	0.646
21	853690	其他≤ 1000 伏电路开关等电气装置	124251.05	0.621
22	880240	飞机和其他飞机的空载重量超过 15000 公斤	98256.89	0.491
23	711319	其他贵金属制首饰及其零件（不论是否包、镀其他贵金属）	97040.19	0.485
24	852320	空白磁盘，适用于品目 8471 的机器	94276.57	0.471
25	854190	品目 8541 所列货品零件	93022.85	0.465
26	847989	其他机械和机械设备	92616.78	0.463
27	847130	便携式自动数据处理设备（重量≤ 10 千克，至少由一个中央处理器、键盘和显示器组成）	87464.43	0.437
28	854150	其他半导体器件	84703.08	0.423
29	852540	静止图像摄像机和其他摄像机；数码相机	80432.03	0.402
30	847990	其他机械零件	77362.74	0.387
31	852910	无线电设备天线及其零件（品目 8525 至 8528 所列其他装置或设备的，包括天线反射器）	76569.36	0.383
32	851790	其他发送或接收声音、图像或其他数据用的设备	73068.04	0.365
33	870899	其他零件和附件	70011.12	0.35
34	903090	品目 9030 所属货品的零件及附件	61687.29	0.308
35	381800	其他经掺杂用于工业的晶体切片	60491.16	0.302
36	850440	静态转换器	59234.01	0.296
37	850110	输出功率≤ 37.5 瓦电动机	57586.54	0.288
38	854390	其他未列名的具有独立功能的电气设备零件	55151.64	0.276
39	852290	其他音频配件	53097.41	0.265
40	850650	锂的原电池及原电池组	52426.1	0.262
41	840910	航空器发动机用零件（指专用于或主要用于品目 8407 或 8408 所列航空器发动机的零件）	52056.54	0.26
42	300490	其他已配定剂量的药品	49654.75	0.248
43	800110	未锻轧非合金锡	48345.26	0.242
44	710813	非货币用半制成金（包括镀铂的金）	48213.28	0.241

续表

排名	产品代码	产品名称	进口值	占比
45	848590	其他机械部件，不包含电气连接器，绝缘体，线圈，触点或其他电气特性	47846.39	0.239
46	901890	其他医疗、外科或兽医用仪器器具	47772.29	0.239
47	901380	其他装置，仪器及器具	46524.94	0.233
48	848210	滚珠轴承	46094.37	0.23
49	290220	苯	43787.75	0.219
50	853224	多层瓷介电容器	42326.69	0.212
51	760110	未锻轧非合金铝	41726.56	0.209
52	843149	品目 8426、8429、8430 的其他零件	41681.53	0.208
53	854110	二极管（光敏、发光二极管除外）	40894.58	0.204
54	852812	彩色卫星电视接收机	40602.64	0.203
55	847180	其他自动数据处理设备的部件	39738.71	0.199
56	381121	含有石油的润滑油添加剂	37759.66	0.189
57	903082	检测半导体晶片或器件的仪器	37212.7	0.186
58	290531	1，2- 乙二醇	37208.35	0.186
59	392690	其他塑料制品	36795.6	0.184
60	850490	静止式变流器及电感器零件	36721.6	0.184
61	854389	具有独立功能的电机和设备	36337.07	0.182
62	330499	其他美容品或化妆品	35770.63	0.179
63	330300	香水及花露水	34759.85	0.174
64	890190	其他货物和其他船只运输货物和货物的船舶	34154.22	0.171
65	841199	其他涡轮喷气机、涡轮螺旋桨和燃气轮机	33928.16	0.17
66	240220	烟草制的卷烟	33370.82	0.167
67	840999	其他发动机的专用零件（指品目 8407 或 8408 所列的其他发动机）	32999.9	0.165
68	854140	光敏半导体器件、发光二极管	32819.7	0.164
69	850300	其他电动机、发电机（组）零件	32531.01	0.163
70	910121	其他自动上弦贵金属机械手表	31784.95	0.159
71	720851	厚度 >10 毫米的其他热轧非卷材（宽≥ 600 毫米，未包、镀，涂层）	31665.66	0.158
72	903300	第 90 章所列机器、器具、仪器或装置用	31416.48	0.157

续表

排名	产品代码	产品名称	进口值	占比
73	854160	已装配的压电晶体	30908.16	0.155
74	870829	其他身体部分和附件（包括驾驶室）	30798.38	0.154
75	761699	其他铝制品	29735.05	0.149
76	903190	品目 9031 的仪器及器具的其他零件	28457.56	0.142
77	853890	品目 8535、8536、8537 装置的零件（专用于或主要用于）	28284.25	0.141
78	290919	其他无环醚及其卤化等衍生物	27144.17	0.136
79	710812	非货币用未锻造金	26942.87	0.135
80	220820	蒸馏葡萄酒制得的烈性酒	26120.36	0.131
81	490199	其他书籍，小册子及类似的印刷品（非单张的）	25715.68	0.129
82	850450	其他电感器	25358.95	0.127
83	901839	导管、插管及类似品	25249.25	0.126
84	293722	肾上腺皮质激素的卤化衍生物	25233.71	0.126
85	854890	其他编号未列名的电气零件	24085.47	0.12
86	871499	非机动脚踏车等的其他零件、附件	23617.45	0.118
87	847190	未列名的磁性或光学阅读器	23379.09	0.117
88	847150	自动数据处理设备及其部件（不论是否在同一机壳内有一或两个存储，输入或输出部件）	23348.02	0.117
89	711291	包金的废碎料（但含有其他贵金属的除外）	23222.31	0.116
90	730429	其他钻探石油及天然气用的套管及导管（铸铁的除外）	22964.95	0.115
91	853229	其他固定电容器	22928.59	0.115
92	851999	光盘播放器、没有录音机的其他声音重放装置	22570.38	0.113
93	848180	其他阀门（用于管道、锅炉、罐、桶或类似品的）	22527.15	0.113
94	851992	袖珍磁带播放器	22478.1	0.112
95	853650	电压≤ 1000 伏的其他开关	22080.36	0.11
96	730890	其他钢铁结构体及部件（包括结构体用的已加工钢板、型材、管子及类似品）	21746.05	0.109
97	732690	其他钢铁制品	21670.1	0.108
98	847149	以系统形式报验的其他自动数据处理机	21346.77	0.107
99	370790	其他摄影用化学制剂	21285.8	0.106
100	852721	需外接电源汽车收录（放）音组合机	20906.53	0.105

数据来源：由联合国商品贸易数据计算整理所得

表 SG-8 为 2016 年新加坡进口值排名前 100 产品。从表中可以看出，排名前十的进口产品为：其他集成电路；石油和油脂；石油原油；用作处理器及控制器的集成电路；轻油及制品（不含生物柴油）；涡轮喷气或涡轮螺桨发动机用零件；飞机及直升机用其他零件；蜂窝网络或其他无线网络的电话机；未按种类指定的商品；品目 8471 所列其他机器零附件。其中，其他集成电路进口值最高，为 361.73 亿美元，占比达到 12.78%；其次是石油和油脂、石油原油，进口值分别为 232.26 亿美元、150.58 亿美元，占比分别为 8.21%、5.32%。

从 2016 年新加坡进口前 100 产品种类来看，主要为：机器、机械器具、电气设备及其零件、录音机及放声机、电视图像、声音的录制和重放设备及其零件、附件；矿产品；车辆、航空器、船舶、有关运输设备等产品。

从新加坡进口前 100 产品的集中度来看，进口产品排名前五的值占比为 33.82%，排名前十的值占新加坡进口总值的 42.35%。因此，新加坡进口需求依然集中在部分产品上，进口产品表现相对集中。

表 SG-8　2016 年新加坡进口排名前 100 产品

单位：万美元、%

排名	产品代码	产品名称	进口值	占比
1	854239	其他集成电路	3617286.81	12.7815
2	271019	石油和油脂	2322644.30	8.2070
3	270900	石油原油	1505826.29	5.3208
4	854231	用作处理器及控制器的集成电路	1139060.84	4.0248
5	271012	轻油及制品（不含生物柴油）	986576.01	3.4860
6	841191	涡轮喷气或涡轮螺桨发动机用零件	551600.86	1.9491
7	880330	飞机及直升机用其他零件	505936.05	1.7877
8	851712	蜂窝网络或其他无线网络的电话机	467511.00	1.6519
9	999999	未按种类指定的商品	462686.09	1.6349
10	847330	品目 8471 所列其他机器零附件	426215.28	1.5060
11	711319	其他贵金属制首饰及其零件（不论是否包、镀其他贵金属）	312511.60	1.1042
12	854290	其他集成电路及微电子组件零件	296836.45	1.0489
13	851762	交换机和路由器	263297.31	0.9304
14	711291	包金的废碎料（但含有其他贵金属的除外）	255830.60	0.9040
15	854232	用作存储器的集成电路	252198.82	0.8911
16	844399	其他印刷（打印）机、复印机及传真机的零件和附件	227792.62	0.8049

续表

排名	产品代码	产品名称	进口值	占比
17	848690	其他品目 8486 项下商品用零件和附件	221009.43	0.7809
18	271121	气态天然气	183708.65	0.6491
19	847130	便携式自动数据处理设备（重量≤ 10 千克，至少由一个中央处理器、键盘和显示器组成）	173790.36	0.6141
20	848620	制造半导体器件或集成电路用机器及装置	167318.47	0.5912
21	847170	计算机的存储部件	153668.22	0.5430
22	710812	非货币用未锻造金	150710.55	0.5325
23	880240	飞机和其他飞机的空载重量超过 15000 公斤	141002.18	0.4982
24	901890	其他医疗、外科或兽医用仪器器具	139493.52	0.4929
25	854129	耗散功率≥ 1 瓦的晶体管（不含光敏晶体管）	133171.18	0.4706
26	381800	其他经掺杂用于工业的晶体切片	131705.13	0.4654
27	330499	其他美容品或化妆品	131333.46	0.4641
28	843143	其他凿井机用零件（子目 843041，843049 所列机械的）	128056.35	0.4525
29	854140	光敏半导体器件、发光二极管	125010.38	0.4417
30	300490	其他已配定剂量的药品	120496.46	0.4258
31	853690	其他≤ 1000 伏电路开关等电气装置	120055.30	0.4242
32	854190	品目 8541 所列货品零件	118166.93	0.4175
33	870323	1.5 升＜排量≤ 3 升装点燃往复式活塞内燃发动机的其他载人车辆	115501.07	0.4081
34	854390	其他未列名的具有独立功能的电气设备零件	113589.53	0.4014
35	870899	其他零件和附件	107201.26	0.3788
36	740311	精炼铜的阴极型材（未锻轧的）	105522.09	0.3729
37	710231	非工业用钻石（未加工或经简单锯开，劈开或粗磨，未镶嵌）	104192.64	0.3682
38	847150	自动数据处理设备及其部件（不论是否在同一机壳内有一或两个存储，输入或输出部件）	96430.11	0.3407
39	841199	其他涡轮喷气机、涡轮螺旋桨和燃气轮机	95671.92	0.3381
40	843149	品目 8426、8429、8430 的其他零件	94319.07	0.3333
41	850440	静态转换器	93978.17	0.3321
42	847990	其他机械零件	90516.62	0.3198
43	851770	其他通信设备零件	79896.31	0.2823

续表

排名	产品代码	产品名称	进口值	占比
44	271111	液化天然气	78300.07	0.2767
45	240220	烟草制的卷烟	76057.33	0.2687
46	903290	自动调节或控制仪器零件、附件	76050.27	0.2687
47	390110	初级形状比重＜0.94 的聚乙烯	75345.30	0.2662
48	293399	其他仅含氮杂原子的杂环化合物	74152.16	0.2620
49	381121	含有石油的润滑油添加剂	72310.42	0.2555
50	853710	其他电力控制或分配的装置（电压不超过 1000 伏的线路）	72131.04	0.2549
51	710813	非货币用半制成金（包括镀铂的金）	71413.39	0.2523
52	870322	1 升＜排量≤ 1.5 升带点燃往复式活塞内燃发动机其他车	70609.39	0.2495
53	330300	香水及花露水	69996.39	0.2473
54	730890	其他钢铁结构体及部件（包括结构体用的已加工钢板、型材、管子及类似品）	68989.53	0.2438
55	220820	蒸馏葡萄酒制得的烈性酒	68848.94	0.2433
56	848180	其他阀门（用于管道、锅炉、罐、桶或类似品的）	68282.70	0.2413
57	392690	其他塑料制品	67133.64	0.2372
58	902790	检镜切片机、理化分析仪器零件	64904.99	0.2293
59	840999	其他发动机的专用零件（指品目 8407 或 8408 所列的其他发动机）	63218.80	0.2234
60	852580	电视摄像机、数码相机和摄像机录像机	61921.44	0.2188
61	853890	品目 8535、8536、8537 装置的零件（专用于或主要用于）	60294.04	0.2130
62	853400	印刷电路	58762.10	0.2076
63	710239	非工业用其他钻石（未镶嵌）	57778.83	0.2042
64	390120	初级形状比重≥ 0.94 的聚乙烯	57073.52	0.2017
65	390190	其他初级形状的乙烯聚合物	55922.63	0.1976
66	220830	威士忌酒	55048.23	0.1945
67	420221	以皮革，再生皮革，漆皮作面手提包（不论是否有背带，包括无把手的）	51686.19	0.1826
68	903090	品目 9030 所属货品的零件及附件	50204.43	0.1774
69	852351	固态非易失性存储器件（闪速存储器）	49807.21	0.1760
70	848210	滚珠轴承	48790.20	0.1724
71	290919	其他无环醚及其卤化等衍生物	48562.94	0.1716
72	910229	其他非自动上弦的机械手表（用贵金属或包贵金属制壳的除外）	47312.29	0.1672

续表

排名	产品代码	产品名称	进口值	占比
73	847989	其他机械和机械设备	46697.19	0.1650
74	854110	二极管（光敏、发光二极管除外）	46565.13	0.1645
75	903190	品目 9031 的仪器及器具的其他零件	44166.81	0.1561
76	910121	其他自动上弦贵金属机械手表	43519.08	0.1538
77	852990	其他电视接收机零件	43016.83	0.1520
78	903082	检测半导体晶片或器件的仪器	42363.71	0.1497
79	800110	未锻轧非合金锡	42300.19	0.1495
80	842619	其他高架移动式起重吊运设备	41746.85	0.1475
81	300210	抗血清、其他血液成分和免疫产物	41706.52	0.1474
82	970110	绘油画、粉画	40921.82	0.1446
83	854121	耗散功率＜ 1 瓦的晶体管（不含光敏晶体管）	40566.38	0.1433
84	390210	初级形状的聚丙烯	39986.15	0.1413
85	721420	铁或非合金钢的热加工条、杆（带有轧制过程中产生变形，热加工指热轧、热拉拔或热挤压）	39396.01	0.1392
86	847180	其他自动数据处理设备的部件	37653.46	0.1330
87	210690	其他编号未列名的食品	37564.72	0.1327
88	854442	额定电压≤ 1000 伏有接头电导体	37394.19	0.1321
89	901839	导管、插管及类似品	37144.01	0.1312
90	480256	40 克＜每平方米重≤ 150 克未涂布纸，成张（书写印刷，长≤ 435 毫米，宽≤ 297 毫米含机械或半化学浆≤ 10%）	36810.35	0.1301
91	382200	诊断或实验用配制试剂	36782.24	0.1300
92	732690	其他钢铁制品	36293.98	0.1282
93	900130	隐形眼镜片	35586.66	0.1257
94	848190	阀门用零件（用于管道、锅炉、罐、桶或类似品的）	35198.67	0.1244
95	852872	其他颜色的电视接收机	33619.08	0.1188
96	470321	漂白针叶木碱木浆或硫酸盐木浆（包括半漂白的，溶解级的除外）	33274.00	0.1176
97	854233	用作放大器的集成电路	32335.71	0.1143
98	853222	铝电解电容器	32012.13	0.1131
99	761699	其他铝制品	31604.37	0.1117
100	390740	初级形状的聚碳酸酯	31563.44	0.1115

数据来源：由联合国商品贸易数据计算整理所得

对比2005年及2016年新加坡排名前十的进口产品发现，具体产品品种变动较大。2005、2016年均在排名前十的产品有2种产品，为石油和油脂、石油原油，占据新加坡进口主导地位。其中2005年石油原油进口值185.04亿美元，排名第1，占新加坡总进口值的9.25%；2016年石油原油进口值150.58亿美元，相对于2005年，石油原油进口值减少了34.46亿美元，降低了3.92个百分点，排名由2005年的第1名降低到2016年的第3名。2005年石油和油脂进口值为113.07亿美元，排名第5，占新加坡总进口值的5.65%，2016年石油和油脂进口值为232.26亿美元，相对于2005年，石油和油脂进口值增加了119.19亿美元，增幅为105.41%，排名由2005年的第5名提升为2016年的第2名。

新加坡2016年进口前十、前五的产品进口值呈增加趋势，集中度呈现降低趋势。2016年进口产品排名前十的进口值为1198.53亿美元，相比2005年的进口值939.75亿美元，增加了258.78亿美元；2016年排名前十进口值占比为42.34%，相比2005年减少了4.63个百分点。2016年进口产品排名前五的值为957.14亿美元，相比2005年进口值增加了216.85亿美元，2016年进口排名前五进口值占比为33.82%，相比2005年减少了3.18个百分点。

从新加坡进口前100产品种类来看，2005年与2016年，新加坡进口产业种类变动较小，具有一致性。主要进口的种类产品包括机器、机械器具、电气设备及其零件、录音机及放声机、电视图像、声音的录制和重放设备及其零件、附件；矿产品；车辆、航空器、船舶及有关运输设备等产品。

五、泰国出口比较优势分析与进口需求研究

（一）泰国出口比较优势分析

表 TH-1 为 2005 年泰国比较优势前 100 的产品，其 RCA 值最高 85.15，最低 11.77，平均 24.79，均远高于 2.5 的水平，表明在国际市场中更具竞争力，其 RCA 值排前十的产品是：非零售粗梳特细支混纺棉单纱；天然胶乳（不论是否预硫化）；其他初级形状的天然橡胶；新鲜的、干的、冷冻木薯粉；天然橡胶烟胶片；木薯淀粉；米粉；鲜榴莲；装有离心甩干机的非全自动洗衣机（干衣量≤ 10 千克）；排气量≤ 50 立方厘米往复式活塞引擎；其比较优势指数分别是：85.15、70.82、70.16、69.04、68.40、63.84、61.02、58.36、54.34、54.18；从产品整体种类看，泰国纺织原料及纺织制品；塑料及其制品、橡胶及其制品；植物产品等具有明显的比较优势。

表 TH-1　2005 年泰国比较优势指数排名前 100 产品

单位：万美元

排序	产品代码	产品名称	RCA 指数	出口值
1	520615	非零售粗梳特细支混纺棉单纱（特细支指单纱细度＜125 分特，含棉量＜85%）	85.15	632.09
2	400110	天然胶乳（不论是否预硫化）	70.82	75452.89
3	400129	其他初级形状的天然橡胶（胶乳除外的初级形状或板，片，带状）	70.16	160282.56
4	71410	新鲜的、干的、冷冻木薯粉	69.04	31712.78
5	400121	天然橡胶烟胶片	68.40	129866.73
6	110814	木薯淀粉	63.84	22044.75
7	110230	米粉	61.02	5408.34

续表

排序	产品代码	产品名称	RCA 指数	出口值
8	81060	鲜榴莲	58.36	5437.35
9	845012	装有离心甩干机的非全自动洗衣机（干衣量≤ 10 千克）	54.34	38881.64
10	840731	排气量≤ 50 立方厘米往复式活塞引擎	54.18	3649.02
11	110620	西谷茎髓粉、木薯粉及类似粉	52.58	1333.00
12	200820	非用醋制作的菠萝	49.19	32806.65
13	100640	碎米	48.64	28195.39
14	600523	色织棉制经编织物（包括由花边针织机织成的经编织物）	45.29	420.03
15	160414	制作或保藏的金枪鱼、鲣鱼及狐鲣（狐鲣属）	42.60	112955.53
16	200949	白利糖浓度超过 20 的菠萝汁	40.08	10952.06
17	520419	非零售棉缝纫线（按重量计含棉量在 85% 以下）	38.11	1196.42
18	852729	需外接电源汽车用无线电收音机	35.31	28692.37
19	710221	工业用钻石（未加工或经简单锯开，劈开或粗磨未镶嵌）	33.16	13340.84
20	600643	人造纤维制其他针织或钩编织物（色织）	32.85	787.80
21	160239	制作或保藏的其他家禽肉及杂碎	32.39	16781.46
22	851910	硬币或光盘操作的唱片播放器	29.71	942.74
23	400700	硫化橡胶线及绳	29.00	11489.64
24	160520	制作或保藏的小虾及对虾	27.52	83400.46
25	521019	其他未漂白与化纤混纺棉布（每平方米重≤ 200 克，含棉 85% 以下）	27.51	1786.18
26	841829	其他家用型冷藏箱	27.50	8436.93
27	81340	干燥龙眼和龙眼果肉，柿子，晒干中国红枣，晒干荔枝，其他水果	26.40	7128.72
28	481850	纸制衣服及衣着附件（纸浆，纸，纤维素絮纸和纤维素纤维网纸制的）	26.07	5838.38
29	560129	其他纺织材料制絮胎及制品	25.87	1196.07
30	680423	天然石料制其他石磨，石碾等（包括类似品）	25.48	1784.03
31	100630	精米	24.16	195581.65
32	840710	航空器内燃引擎（指点燃往复式或旋转式）	23.71	30344.08
33	880390	其他未列名的航空器、航天器零件	23.60	100018.94
34	160232	制作或保藏的其他鸡产品	23.43	68511.93
35	900662	闪光灯	23.14	803.59

续表

排序	产品代码	产品名称	RCA 指数	出口值
36	551614	印花的纯人纤短纤布（纯人纤布指按重量计人造纤维短纤含量在 85% 及以上）	22.89	6958.90
37	681270	压缩石棉纤维连接，片材或卷筒	22.17	666.72
38	910299	其他机械怀表、秒表及其他表（用贵金属或包贵金属制壳的除外）	22.06	6699.50
39	401519	硫化橡胶制其他手套（硬化橡胶的除外）	21.76	45639.24
40	530519	加工为纺织的椰子纤维	21.39	393.35
41	190510	黑麦脆面包片	21.39	5301.72
42	441039	其他木板	21.23	6974.84
43	200600	其他糖渍蔬菜，水果，坚果，果皮	21.08	7007.18
44	401490	硫化橡胶制其他卫生及医疗用品（包括奶嘴，不论有无硬质橡胶配件，硬化橡胶的除外）	20.18	14277.79
45	252010	生石膏，硬石膏	20.00	6956.85
46	100620	糙米	19.95	8391.00
47	761691	铝丝制的布、网、篱及格栅（包括栅栏）	19.84	1900.45
48	540610	合成长丝纱线（不包括缝纫线），零售	19.77	1808.24
49	30749	其他冻、干、盐制的墨鱼及鱿鱼	18.41	33230.27
50	711311	镶嵌钻石的银首饰及其零件（不论是否包、镀其他贵金属）	18.40	50265.85
51	160510	制作或保藏的蟹	18.03	10342.47
52	400400	橡胶废碎料、下脚料及其粉、粒（硬质橡胶的除外）	17.81	3392.14
53	190300	珍粉及淀粉制成的珍粉代用品	17.13	771.14
54	741129	其他铜合金管	17.08	4813.86
55	382460	子目号 290544 以外的山梨醇	16.63	697.51
56	551419	与棉混纺未漂白或漂白其他织布（其他合纤短纤＜85%，每平方米重＞170 克，指其他机织物）	16.60	603.11
57	841583	未装有制冷装置的空调器	16.34	39509.35
58	200892	水果混合物，否则准备或保存	16.31	8345.64
59	840732	50 立方厘米＜排气量≤ 250 立方厘米往复式活塞引擎	16.28	8147.88
60	841510	独立窗式或壁式空气调节器	15.89	111942.02
61	851721	传真机	15.84	37657.46
62	847190	未列名的磁性或光学阅读器	15.75	114273.14

续表

排序	产品代码	产品名称	RCA 指数	出口值
63	600590	其他纺织材料制经编织物（包括由花边针织机织成的经编织物）	15.65	944.41
64	950661	草地网球	15.56	1937.23
65	170310	甘蔗糖蜜	15.55	6425.73
66	283210	钠的亚硫酸盐	15.24	1011.72
67	271119	其他液化石油气、烃类气	14.79	39888.41
68	560811	化纤材料制渔网	14.15	6147.66
69	930700	剑，刀，长矛和类似的武器及其零件	13.94	507.28
70	293213	糠醇及四氢糠醇	13.86	1662.06
71	252310	水泥熟料	13.83	23387.75
72	911430	钟面或表面	13.54	1955.85
73	80119	新鲜椰子及幼苗，其他椰子	13.54	933.05
74	160415	制作或保藏的鲭鱼	13.50	4097.33
75	401410	硫化橡胶制避孕套	13.33	4580.68
76	420321	皮革或再生皮革制专供运动用手套（包括连指或露指的，野生动物皮革制作的除外）	13.31	4679.91
77	700521	有色无丝浮法玻璃片和磨砂或抛光玻璃片	13.17	12257.38
78	854071	磁控管	13.11	3087.03
79	520514	非零售粗梳较细支纯棉单纱	13.11	3172.16
80	851650	微波炉	13.03	43972.17
81	540320	人造变形纱线，不适用于零售	12.90	538.31
82	390740	初级形状的聚碳酸酯	12.89	88285.67
83	731290	非绝缘钢铁编带、吊索及类似品	12.87	3867.72
84	350510	糊精及其他改性淀粉	12.86	26752.36
85	821510	成套含镀贵金属制厨房或餐桌用具（成套货品，至少其中一件是镀贵金属的）	12.72	832.47
86	291822	乙酰水杨酸（阿司匹林）、乙酰水杨酸盐及酯类	12.64	988.82
87	930119	其他火炮武器（例如枪支，榴弹炮和迫击炮）	12.61	893.56
88	670490	其他材料制假发、须、眉及类似品（包括整头假发）	12.56	1258.98
89	900150	其他材料的眼镜镜片	12.51	30022.92
90	401150	自行车用新的充气橡胶轮胎	12.41	4778.59
91	900211	摄像机、投影仪或摄影放大器或减速器	12.30	34156.91

续表

排序	产品代码	产品名称	RCA 指数	出口值
92	550992	非零售与棉混纺其他合纤短纤纱线（混纺指按重量计其他合成纤维短纤含量在 85% 以下）	12.27	661.81
93	761010	铝制门窗及其框架、门槛	12.26	19894.19
94	851120	点火磁电机，永磁直流发电机	12.16	1885.05
95	550410	人造粘胶短纤维，未经梳制、精梳或加工以供纺纱用	12.14	6269.90
96	410449	其他牛马皮革（经鞣制不带毛）	12.02	12378.26
97	841581	热泵式空调器（装有制冷装置及一个冷热循环换向阀的）	12.00	19906.05
98	160411	制作或保藏的鲑鱼	11.89	4739.89
99	441090	其他板（不论是否用树脂或其他有机黏合剂黏合）	11.89	2890.81
100	200580	非用醋制作的未冷冻甜玉米	11.77	7524.60

数据来源：由联合国商品贸易数据计算整理所得

表 TH-2 显示了 2016 年泰国比较优势前 100 的产品，其中最高 RCA66.53，最低 RCA10.33，平均 RCA20.37，RCA 均大于 2.5，反映出这些产品在国家贸易中更具有竞争优势。尤其 RCA 值前十位的产品均值为 48.72，具有更好的相对优势，其产品具体为：木薯淀粉；新鲜的，干的，冷冻木薯粉；天然胶乳（不论是否预硫化）；天然橡胶烟胶片；胶版复印机、油印机；天然橡胶与合成橡胶的混合物；新鲜榴莲；干、熏、盐制爬行动物肉及食用杂碎；含甲烷、乙烷或丙烷的氢溴氟烃（HBFCs）的混合物；天然石料制其他石磨，石碾等（包括类似品）。其比较优势指数分别是：66.53、60.37、57.45、51.35、50.68、43.60、39.45、39.37、39.36、39.04。从产品整体种类看，植物产品；塑料及其制品、橡胶及其制品；机器、机械器具、电气设备及其零件、录音机及放声机、电视图像、声音的录制和重放设备及其零件、附件等产品具有比较优势。

表 TH-2　2016 年泰国比较优势指数排名前 100 产品

单位：万美元

排序	产品代码	产品名称	RCA 指数	出口值
1	110814	木薯淀粉	66.53	111242.84
2	71410	新鲜的，干的，冷冻木薯粉	60.37	110894.56
3	400110	天然胶乳（不论是否预硫化）	57.45	113109.57
4	400121	天然橡胶烟胶片	51.35	88351.96

续表

排序	产品代码	产品名称	RCA 指数	出口值
5	847210	胶版复印机、油印机	50.68	4092.30
6	400280	天然橡胶与合成橡胶的混合物	43.60	93174.42
7	81060	新鲜榴莲	39.45	49519.61
8	21093	干、熏、盐制爬行动物肉及食用杂碎	39.37	224.46
9	382473	含甲烷、乙烷或丙烷的氢溴氟烃（HBFCs）的混合物	39.36	5.22
10	680423	天然石料制其他石磨，石碾等（包括类似品）	39.04	5973.45
11	847979	非机场用旅客登机（船）桥	35.11	7246.56
12	845012	装有离心甩干机的非全自动洗衣机（干衣量≤ 10 千克）	34.70	36808.03
13	200820	非用醋制作的菠萝	33.31	59195.17
14	400700	硫化橡胶线及绳	32.74	23271.94
15	910299	其他机械怀表、秒表及其他表（用贵金属或包贵金属制壳的除外）	30.99	17695.96
16	10231	改良种用水牛	28.75	931.78
17	30325	冻鲤科鱼（西鲤、黑鲫、草鱼、鲢属、鲮属、青鱼）	27.67	195.94
18	520613	非零售粗梳细支混纺棉单纱（细支指单纱细度在 192.31 分特 –232.56 分特之间，含棉量＜ 85%）	27.64	3404.78
19	160414	制作或保藏的金枪鱼、鲣鱼及狐鲣（狐鲣属）	26.02	197786.69
20	550992	非零售与棉混纺其他合纤短纤纱线（混纺指按重量计其他合成纤维短纤含量在 85% 以下）	25.45	4154.19
21	60313	鲜的兰花（制花束或装饰用的）	24.71	6554.21
22	100640	碎米	24.03	50914.79
23	200600	其他糖渍蔬菜，水果，坚果，果皮	23.48	23283.48
24	844339	其他打印机、复印机和传真机	23.42	53808.12
25	10515	珍珠鸡（重量≤ 185 克）	23.40	44.17
26	400122	技术分类天然橡胶（TSNR）〔初级形状（胶乳，烟胶片除外）或板，片，带〕	23.32	234326.95
27	440799	其他木厚板材（经纵锯、纵切、刨切或旋切的，厚度超过 6 毫米）	23.09	114707.70
28	110290	其他谷物细粉	22.82	13014.58
29	160232	制作或保藏的其他鸡产品	22.50	203198.07
30	81340	干燥龙眼和龙眼果肉，柿子，晒干中国红枣，晒干荔枝，其他水果	22.24	27681.06
31	160521	制作或保藏的非密封包装小虾及对虾	22.07	75114.03

续表

排序	产品代码	产品名称	RCA 指数	出口值
32	252010	生石膏，硬石膏	21.43	14241.62
33	852729	需外接电源汽车用无线电收音机	21.33	25102.52
34	400130	巴拉塔胶等及类似的天然树胶（包括古塔波胶，糖胶树胶等，胶乳外的初级形状或板，片，带）	21.17	470.33
35	200949	白利糖浓度超过 20 的菠萝汁	20.82	18201.35
36	550490	未梳的其他人造纤维短纤（包括未经其他纺前加工的）	20.73	3166.62
37	110620	西谷茎髓粉、木薯粉及类似粉	20.62	2227.83
38	120300	干椰子肉	20.48	2053.69
39	291811	乳酸及其盐和酯	20.08	10356.35
40	190300	珍粉及淀粉制成的珍粉代用品	19.92	2399.86
41	950661	草地网球	19.55	6635.82
42	410631	猪湿革（经鞣制不带毛）	19.51	2151.07
43	100630	精米	18.14	378980.48
44	80119	新鲜椰子及幼苗，其他椰子	18.11	5977.09
45	732181	可使用气体燃料的其他家用器具	17.55	16989.05
46	870110	手扶拖拉机	17.03	4467.47
47	190510	黑麦脆面包片	17.02	12064.91
48	852849	其他阴极射线管监视器	16.95	5344.56
49	30627	其他活、干、盐腌或盐渍的带壳或去壳小虾及对虾	16.82	10437.74
50	160239	制作或保藏的其他家禽肉及杂碎	16.40	16296.35
51	401410	硫化橡胶制避孕套	16.34	13874.23
52	200580	非用醋制作的未冷冻甜玉米	15.96	19583.53
53	81090	新鲜荔枝，榴莲，龙眼，红毛丹，糖苹果，阳桃，打蜡苹果，火龙果，其他水果	15.73	41547.77
54	711711	贱金属制袖扣、饰扣（不论是否镀贵金属）	15.58	3511.81
55	841510	独立窗式或壁式空气调节器	15.27	302075.89
56	350510	糊精及其他改性淀粉	14.91	60637.90
57	30544	熏制罗非鱼（口孵非鲫属）、鲶鱼〔（鱼芒）鲶属、鲶属、胡鲶属、真鮰属〕、鲤科鱼（鲤属、鲫属、草鱼、鲢属、鲮属、青鱼、卡特拉鲃、野鲮属、哈氏纹唇鱼、何氏细须鲃、鲂属）、鳗鱼（鳗鲡属）、尼罗河鲈鱼（尼罗尖吻鲈）及黑鱼（鳢属）	14.82	140.83
58	410799	其他非整张牛马皮革（经鞣制或半硝后进一步加工，羊皮纸化处理）	14.73	34437.22

续表

排序	产品代码	产品名称	RCA 指数	出口值
59	441193	0.5 克 / 立方厘米＜密度≤ 0.8 克 / 立方厘米的其他纤维板（辐射松制的除外）	14.59	7782.48
60	391220	初级形状的硝酸纤维素	14.12	7686.68
61	20850	鲜、冷或冻的爬行动物肉及食用杂碎	14.06	108.85
62	280530	其他稀土金属、钪及钇	13.91	1828.57
63	401511	硫化橡胶制外科用手套（硬化橡胶的除外）	13.64	23955.55
64	841583	未装有制冷装置的空调器	13.61	48180.42
65	900850	投影仪、放大机和减速机	13.61	2503.16
66	71029	其他豆科蔬菜，冷冻	13.19	5016.55
67	851950	电话应答机	13.13	172.31
68	701110	玻璃灯泡	13.10	2064.29
69	581091	棉制见底布的刺绣品（成批、成条或成小块图案）	12.86	3435.20
70	900150	其他材料的眼镜镜片	12.68	86726.47
71	841581	热泵式空调器（装有制冷装置及一个冷热循环换向阀的）	12.49	45001.27
72	911011	未组装的完整表机芯（包括部分组装）	12.47	3065.36
73	291736	对苯二甲酸及其盐	12.44	56498.57
74	200989	其他未混合的水果汁、蔬菜汁	12.40	39828.49
75	846031	加工金属的数控刃磨机床（含加工金属陶瓷）	12.37	4677.59
76	481850	纸制衣服及衣着附件（纸浆，纸，纤维素絮纸和纤维素纤维网纸制的）	12.29	2606.79
77	550330	未梳的聚丙烯腈短纤维（包括变性聚丙烯腈制短纤维）	12.29	8657.79
78	871130	250 毫升＜排量≤ 500 毫升装往复式活塞内燃发动机摩托车及脚踏两用车	12.16	17441.33
79	401130	航空器用新的充气橡胶轮胎	12.15	9910.51
80	854071	磁控管	12.10	3801.26
81	900669	其他照相闪光灯装置	12.07	1494.30
82	841821	压缩式家用型冷藏箱	11.91	63421.84
83	401213	航空器用翻新轮胎	11.76	3130.82
84	871140	500 毫升＜排量≤ 800 毫升装往复式活塞内燃发动机摩托车及脚踏两用车	11.59	27245.21
85	292242	谷氨酸及其盐	11.38	16632.26
86	30559	其他干鱼，食用杂碎除外	11.37	9311.87

续表

排序	产品代码	产品名称	RCA 指数	出口值
87	283210	钠的亚硫酸盐	11.19	3006.65
88	901390	品目 9013 所列其他货品的零附件	11.11	163365.59
89	21099	干、熏、盐制的其他肉及食用杂碎	11.09	17882.49
90	291030	1- 氯 -2，3- 环氧丙烷（表氯醇）	11.05	5913.62
91	540239	其他合成纤维长丝变形纱线（非供零售用）	10.87	927.71
92	710399	他加工的其他宝石或半宝石（未成串或镶嵌）	10.74	34983.68
93	711311	镶嵌钻石的银首饰及其零件（不论是否包、镀其他贵金属）	10.72	155011.55
94	521225	印花其他棉布（每平方米重 >200 克）	10.63	727.65
95	160411	制作或保藏的鲑鱼	10.52	10015.52
96	811010	未加工的锑及其粉末	10.51	1329.35
97	847170	计算机的存储部件	10.50	984665.27
98	401519	硫化橡胶制其他手套（硬化橡胶的除外）	10.38	70843.73
99	854330	电镀、电解或电泳设备及装置	10.34	15455.26
100	382460	子目号 290544 以外的山梨醇	10.33	1244.35

数据来源：由联合国商品贸易数据计算整理所得

通过 2005 年、2016 年对比，泰国出口比较优势有减弱趋势，主要体现在：一是 2005 年有 548 种出口产品 RCA 指数在 2.5 以上，均值为 8.64；2016 年有 515 种出口产品 RCA 指数在 2.5 以上，均值为 7.69；表明具有明显竞争优势的产品下降了 33 种，降幅 6.02%，RCA 均值下降了 0.95，降幅 11.00%；二是比较优势指数最大值从 85.15，下降到 66.53，降幅为 21.87%；最小值从 11.77 下降至 10.33，降幅为 12.23%。

从比较优势指数排名前十的产品种类来看，出口比较优势产品相对稳定。2005 年 RCA 值排名前十的产品有 4 大类，具体为：纺织原料及纺织制品；塑料及其制品、橡胶及其制品；植物产品；机器、机械器具、电气设备及其零件、录音机及放声机、电视图像、声音的录制和重放设备及其零件、附件。2016 年 RCA 值排名前十的产品有 6 大类，具体为：植物产品；塑料及其制品、橡胶及其制品；机器、机械器具、电气设备及其零件、录音机及放声机、电视图像、声音的录制和重放设备及其零件、附件；活动物、动物产品；化学工业及其相关工业的产品；石料、石膏、水泥、石棉、云母及类似材料的制品、陶瓷产品、玻璃及其制品。相对 2005 年，

2016 年增加了化学工业及其相关工业的产品；石料、石膏、水泥、石棉、云母及类似材料的制品，陶瓷产品、玻璃及其制品。

（二）泰国出口主导产业分析

1. 出口主导产业测度

TH-3 及表 TH-4 分别表示泰国 2005 年、2016 年出口值排名前 100 的主导产品。

表 TH-3　2005 年泰国出口值排名前 100 产品

单位：万美元、%

排序	产品代码	产品名称	占比	出口值
1	847170	计算机的存储部件	4.988	541338.44
2	854229	其他单片集成电路（IC）	3.617	392573.42
3	847330	品目 8471 所列其他机器零附件	2.857	310132.42
4	870421	柴油型其他小型货车（装有压燃式活塞内燃发动机，小型指车辆总重量≤ 5 吨）	2.111	229142.12
5	100630	精米	1.802	195581.65
6	400129	其他初级形状的天然橡胶（胶乳除外的初级形状或板，片，带状）	1.477	160282.56
7	852812	彩色卫星电视接收机	1.369	148541.37
8	271019	石油和油脂	1.362	147845.71
9	270900	石油原油	1.288	139746.64
10	847160	计算机用终端（输入或输出部件，不论是否在同一机壳内有存储部件）	1.288	139739.85
11	400121	天然橡胶烟胶片	1.197	129866.73
12	870899	其他零件和附件	1.170	127004.72
13	853400	印刷电路	1.161	126034.89
14	711319	其他贵金属制首饰及其零件（不论是否包、镀其他贵金属）	1.084	117612.70
15	847190	未列名的磁性或光学阅读器	1.053	114273.14
16	271011	车用汽油、航空汽油	1.052	114133.87
17	160414	制作或保藏的金枪鱼、鲣鱼及狐鲣（狐鲣属）	1.041	112955.53
18	841510	独立窗式或壁式空气调节器	1.031	111942.02
19	880390	其他未列名的航空器、航天器零件	0.922	100018.94

续表

排序	产品代码	产品名称	占比	出口值
20	870323	1.5 升＜排量≤ 3 升装点燃往复式活塞内燃发动机的其他载人车辆	0.906	98325.02
21	30613	冻虾仁	0.832	90347.01
22	854221	单片数字集成电路（IC）	0.832	90254.34
23	390740	初级形状的聚碳酸酯	0.813	88285.67
24	160520	虾和虾，准备或保存	0.768	83400.46
25	400110	天然胶乳（不论是否预硫化）	0.695	75452.89
26	160232	制作或保藏的其他鸡产品	0.631	68511.93
27	870431	总重量≤ 5 吨的其他货车（汽油型，装有点燃式活塞内燃发动机）	0.583	63286.42
28	710239	非工业用其他钻石（未镶嵌）	0.579	62821.36
29	852990	其他电视接收机零件	0.561	60901.56
30	853710	其他电力控制或分配的装置（电压不超过 1000 伏的线路）	0.552	59866.83
31	850110	输出功率≤ 37.5 瓦电动机	0.550	59721.22
32	390120	初级形状比重≥ 0.94 的聚乙烯	0.546	59260.68
33	852290	其他音频配件	0.534	57929.63
34	854290	其他集成电路及微电子组件零件	0.516	56033.95
35	854890	其他编号未列名的电气零件	0.466	50590.09
36	711311	镶嵌钻石的银首饰及其零件（不论是否包、镀其他贵金属）	0.463	50265.85
37	870322	1 升＜排量≤ 1.5 升带点燃往复式活塞内燃发动机其他车	0.449	48680.27
38	854389	具有独立功能的电机和设备	0.441	47858.37
39	850440	静态转换器	0.439	47668.93
40	841430	用于制冷设备的压缩机	0.437	47478.38
41	401519	硫化橡胶制其他手套（硬化橡胶的除外）	0.421	45639.24
42	940360	其他木家具	0.407	44225.68
43	390210	初级形状的聚丙烯	0.407	44146.83
44	851650	微波炉	0.405	43972.17
45	841821	压缩式家用型冷藏箱	0.399	43340.26
46	210690	其他编号未列名的食品	0.386	41849.88
47	852540	静止图像摄像机和其他摄像机；数码相机	0.379	41120.53
48	390760	初级形状的聚对苯二甲酸乙二酯	0.374	40636.88

续表

排序	产品代码	产品名称	占比	出口值
49	291736	对苯二甲酸及其盐	0.370	40146.24
50	271119	其他液化石油气、烃类气	0.368	39888.41
51	841583	未装有制冷装置的空调器	0.364	39509.35
52	845012	装有离心甩干机的非全自动洗衣机（干衣量≤ 10 千克）	0.358	38881.64
53	401120	其他客或货车用新充气橡胶轮胎	0.348	37730.49
54	851721	传真机	0.347	37657.46
55	392690	其他塑料制品	0.342	37108.21
56	640319	其他运动鞋，鞋底由橡胶、塑料、皮革或合成材料制成皮革和皮革鞋帮	0.341	36961.88
57	392321	乙烯聚合物制袋及包	0.340	36853.63
58	170199	其他精制糖	0.332	36013.46
59	871419	其他摩托车零件	0.327	35495.60
60	290220	苯	0.318	34484.64
61	900211	摄像机、投影仪或摄影放大器或减速器	0.315	34156.91
62	230910	零售包装的狗食或猫食	0.308	33443.28
63	170111	生蔗糖不含添加调味剂或着色物质	0.307	33312.26
64	854129	耗散功率≥ 1 瓦的晶体管（不含光敏晶体管）	0.307	33305.78
65	30749	其他冻、干、盐制的墨鱼及鱿鱼	0.306	33230.27
66	200820	非用醋制作的菠萝	0.302	32806.65
67	840991	点燃式活塞内燃发动机用零件	0.299	32494.02
68	71410	新鲜的，干的，冷冻木薯粉	0.292	31712.78
69	870333	排量＞ 2.5 升装有压燃往复式活塞内燃发动机	0.284	30826.23
70	840710	航空器内燃引擎（指点燃往复式或旋转式）	0.280	30344.08
71	900150	其他材料的眼镜镜片	0.277	30022.92
72	732690	其他钢铁制品	0.271	29430.70
73	871120	排量≤ 250 毫升装往复式活塞内燃发动机摩托车及脚踏两用车	0.269	29238.57
74	852729	需外接电源汽车用无线电收音机	0.264	28692.37
75	100640	碎米	0.260	28195.39
76	854430	用于汽车、飞机或轮船的点火接线装置和其他接线装置	0.259	28097.42
77	550320	未梳的聚酯短纤（包括未经其他纺前加工的）	0.248	26893.18
78	350510	糊精及其他改性淀粉	0.246	26752.36
79	401110	汽车用新型橡胶充气轮胎	0.244	26515.75

续表

排序	产品代码	产品名称	占比	出口值
80	390110	初级形状比重＜0.94的聚乙烯	0.241	26173.83
81	847180	其他自动数据处理设备的部件	0.240	26046.54
82	841582	其他空调器（仅装有制冷装置，而无冷热循环装置的）	0.237	25709.07
83	390410	初级形状的纯聚氯乙烯	0.235	25515.32
84	621210	胸罩（不论是否针织或钩编）	0.224	24323.08
85	401699	其他未列名硫化橡胶制品（硬质橡胶除外）	0.218	23664.18
86	290243	对二甲苯	0.217	23580.79
87	252310	水泥熟料	0.215	23387.75
88	330510	洗发剂	0.214	23260.74
89	901890	其他医疗、外科或兽医用仪器器具	0.213	23098.11
90	852721	需外接电源汽车收录（放）音组合机	0.205	22211.71
91	110814	木薯淀粉	0.203	22044.75
92	252329	其他硅酸盐水泥	0.202	21971.46
93	840820	压缩点火内燃活塞发动机（柴油或半柴油机）	0.200	21715.97
94	390319	其他初级形状的聚苯乙烯	0.200	21706.04
95	851711	无绳电话机	0.199	21625.49
96	730890	其他钢铁结构体及部件（包括结构体用的已加工钢板、型材、管子及类似品）	0.196	21323.05
97	940161	装软垫的木框架的坐具	0.195	21119.69
98	870829	其他身体部分和附件（包括驾驶室）	0.195	21114.67
99	870332	1.5升＜排量≤2.5升装有压燃往复式活塞内燃发动机	0.191	20742.31
100	853690	其他≤1000伏电路开关等电气装置	0.190	20648.35

数据来源：由联合国商品贸易数据计算整理所得

根据TH-3及表TH-4，2005年泰国出口主导产品种类为机器、机械器具、电气设备及其零件、录音机及放声机、电视图像、声音的录制和重放设备及其零件、附件；车辆、航空器、船舶及有关运输设备；植物产品等产品。2016年泰国出口主导产品种类为机器、机械器具、电气设备及其零件、录音机及放声机、电视图像、声音的录制和重放设备及其零件、附件；天然或养殖珍珠、宝石或半宝石、贵金属、包贵金属及其制品、仿首饰、硬币；车辆、航空器、船舶及有关运输设备等产品。对比

2005年及2016年，泰国主导产品种类变动幅度较小，表明泰国主要出口产品结构较为稳定。

表 TH-4　2016 年泰国出口值排名前 100 产品

单位：万美元、%

排序	产品代码	产品名称	占比	出口值
1	847170	计算机的存储部件	4.610	984665.27
2	710812	非货币用未锻造金	3.299	704605.81
3	870421	柴油型其他小型货车（装有压燃式活塞内燃发动机，小型指车辆总重量≤ 5 吨）	2.775	592816.62
4	100630	精米	1.774	378980.48
5	271019	石油和油脂	1.667	356151.01
6	870323	1.5 升<排量≤ 3 升装点燃往复式活塞内燃发动机的其他载人车辆	1.617	345478.53
7	847330	品目 8471 所列其他机器零附件	1.437	306885.13
8	841510	独立窗式或壁式空气调节器	1.414	302075.89
9	870322	1 升<排量≤ 1.5 升带点燃往复式活塞内燃发动机其他车	1.412	301605.27
10	854239	其他集成电路	1.386	296008.34
11	854231	用作处理器及控制器的集成电路	1.283	274141.08
12	870899	其他零件和附件	1.161	247915.58
13	400122	技术分类天然橡胶（TSNR）〔初级形状（胶乳，烟胶片除外）或板，片，带〕	1.097	234326.95
14	870332	1.5 升<排量≤ 2.5 升装有压燃往复式活塞内燃发动机	1.059	226198.57
15	870333	排量> 2.5 升装有压燃往复式活塞内燃发动机	1.055	225293.69
16	401110	汽车用新型橡胶充气轮胎	0.998	213068.51
17	160232	制作或保藏的其他鸡产品	0.951	203198.07
18	711319	其他贵金属制首饰及其零件（不论是否包、镀其他贵金属）	0.927	198093.18
19	160414	制作或保藏的金枪鱼、鲣鱼及狐鲣（狐鲣属）	0.926	197786.69
20	844331	其他具有打印、复印或传真中两种及以上功能的机器（具有打印和复印两种功能的机器除外，可与自动数据处理设备或网络连接）	0.782	166971.19
21	901390	品目 9013 所列其他货品的零附件	0.765	163365.59
22	710239	非工业用其他钻石（未镶嵌）	0.731	156167.50
23	711311	镶嵌钻石的银首饰及其零件（不论是否包、镀其他贵金属）	0.726	155011.55

续表

排序	产品代码	产品名称	占比	出口值
24	852580	电视摄像机、数码相机和摄像机录像机	0.675	144185.24
25	840820	压缩点火内燃活塞发动机（柴油或半柴油机）	0.646	137918.62
26	854232	用作存储器的集成电路	0.631	134730.49
27	390120	初级形状比重≥ 0.94 的聚乙烯	0.618	131960.36
28	170199	其他精制糖	0.593	126619.44
29	732690	其他钢铁制品	0.570	121804.91
30	853400	印刷电路	0.569	121557.06
31	271012	轻油及制品，不含生物柴油	0.549	117155.65
32	440799	其他木厚板材（经纵锯、纵切、刨切或旋切的，厚度超过 6 毫米）	0.537	114707.70
33	400110	天然胶乳（不论是否预硫化）	0.530	113109.57
34	210690	其他编号未列名的食品	0.526	112243.24
35	110814	木薯淀粉	0.521	111242.84
36	853710	其他电力控制或分配的装置（电压不超过 1000 伏的线路）	0.519	110943.12
37	71410	新鲜的，干的，冷冻木薯粉	0.519	110894.56
38	220290	其他无酒精饮料	0.496	105895.70
39	850440	静态转换器	0.480	102583.73
40	230910	零售包装的狗食或猫食	0.475	101426.17
41	170114	未加香料或着色剂其他甘蔗原糖	0.474	101324.85
42	390110	初级形状比重＜ 0.94 的聚乙烯	0.467	99669.13
43	401120	其他客或货车用新充气橡胶轮胎	0.465	99238.34
44	854140	光敏半导体器件、发光二极管	0.462	98670.52
45	841430	用于制冷设备的压缩机	0.447	95461.58
46	400280	天然橡胶与合成橡胶的混合物	0.436	93174.42
47	30617	冻其他虾和对虾	0.430	91754.14
48	854390	其他未列名的具有独立功能的电气设备零件	0.420	89776.80
49	870829	其他身体部分和附件（包括驾驶室）	0.419	89433.90
50	841810	冷藏－冷冻组合机（各自装有单独外门的）	0.419	89406.89
51	392690	其他塑料制品	0.417	89045.71
52	400121	天然橡胶烟胶片	0.414	88351.96
53	851770	其他通信设备零件	0.407	87010.03

续表

排序	产品代码	产品名称	占比	出口值
54	900150	其他材料的眼镜镜片	0.406	86726.47
55	390740	初级形状的聚碳酸酯	0.405	86473.68
56	870840	铁路或电车道机车齿轮箱及其零件	0.375	80113.05
57	160521	制作或保藏的非密封包装小虾及对虾	0.352	75114.03
58	850110	输出功率≤ 37.5 瓦电动机	0.347	74072.04
59	401519	硫化橡胶制其他手套（硬化橡胶的除外）	0.332	70843.73
60	890520	浮动或潜水式钻探或生产平台	0.312	66689.22
61	710391	经其他加工的红，蓝，绿宝石（未成串或镶嵌）	0.312	66636.11
62	852721	需外接电源汽车收录（放）音组合机	0.300	64016.80
63	841821	压缩式家用型冷藏箱	0.297	63421.84
64	854290	其他集成电路及微电子组件零件	0.287	61195.04
65	350510	糊精及其他改性淀粉	0.284	60637.90
66	851762	交换机和路由器	0.281	60039.72
67	200820	非用醋制作的菠萝	0.277	59195.17
68	840991	点燃式活塞内燃发动机用零件	0.277	59165.64
69	730890	其他钢铁结构体及部件（包括结构体用的已加工钢板、型材、管子及类似品）	0.276	58861.74
70	392321	乙烯聚合物制袋及包	0.274	58514.87
71	390190	其他初级形状的乙烯聚合物	0.266	56793.71
72	291736	对苯二甲酸及其盐	0.265	56498.57
73	210390	其他调味品	0.262	56029.18
74	851712	蜂窝网络或其他无线网络的电话机	0.260	55593.40
75	841590	空调的零件	0.253	54123.95
76	844339	其他打印机、复印机和传真机	0.252	53808.12
77	401699	其他未列名硫化橡胶制品（硬质橡胶除外）	0.242	51784.80
78	841490	压缩机进、排气阀片零件	0.238	50921.41
79	100640	碎米	0.238	50914.79
80	852871	电视接收机（在设计上不带有视频显示器或屏幕的）	0.237	50687.19
81	390210	初级形状的聚丙烯	0.237	50597.42
82	854370	其他未列名的具有独立功能的电气设备及装置	0.237	50522.50
83	270900	石油原油	0.232	49614.21

续表

排序	产品代码	产品名称	占比	出口值
84	854430	用于汽车、飞机或轮船的点火接线装置和其他接线装置	0.232	49557.58
85	81060	新鲜榴莲	0.232	49519.61
86	852990	其他电视接收机零件	0.231	49255.26
87	20714	冻的鸡块和杂碎	0.228	48791.33
88	848180	其他阀门（用于管道、锅炉、罐、桶或类似品的）	0.227	48438.32
89	871410	摩托车其他零件、附件	0.226	48197.87
90	841583	未装有制冷装置的空调器	0.226	48180.42
91	853650	电压≤ 1000 伏的其他开关	0.225	48142.92
92	870894	其他铁路或电车道机车转向轮、转向柱和转向箱	0.220	47022.15
93	900211	摄像机、投影仪或摄影放大器或减速器	0.212	45272.86
94	841581	热泵式空调器（装有制冷装置及一个冷热循环换向阀的）	0.211	45001.27
95	870830	机动车辆用制动器（包括助力制动器）的零件	0.210	44790.21
96	390230	初级形状的丙烯共聚物	0.208	44438.73
97	860900	集装箱（包括用于运输液体的容器）	0.208	44342.44
98	330510	洗发剂	0.199	42602.83
99	270750	其他芳烃混合物	0.199	42486.53
100	81090	其他鲜果	0.195	41547.77

数据来源：由联合国商品贸易数据计算整理所得

从出口主导产品集中度分析，泰国 2005 年与 2016 年前 100 出口主导产品比较，出口值翻倍，前后集中度变化不大但集中度较低；核心主导产品集中度偏低。2016 年，排名前五的主导产品出口值为 301.72 亿美元，比 2005 年增长 80.8%，出口值占比为 14.13%，比 2005 年 15.38% 微降 1.25 个百分点；排名前十的出口主导产品出口总值为 456.93 亿美元，比 2005 年增长 90.00%，出口值占比为 21.39%，比 2005 年 22.16% 微增 0.77 个百分点。

从出口主导产品种类来看，2005 年与 2016 年，泰国出口主导产业变动振幅较小，具有一致性。主要出口机器、机械器具、电气设备及其零件、录音机及放声机、电视图像、声音的录制和重放设备及其零件、附件；车辆、航空器、船舶及有关运输设备；植物产品等。

2. 出口主导产业与比较优势产业的一致性分析

泰国前十位比较优势与出口主导产品不具有一致性。表 TH–5 为 2016 年泰国排名前十的比较优势产品及出口主导产品。泰国比较优势指数排名前列的产品主要是木薯淀粉；新鲜的，干的，冷冻木薯粉；天然胶乳；天然橡胶烟胶片；胶版复印机、油印机；天然橡胶与合成橡胶的混合物等；泰国出口主导产品排名前十的产品主要是计算机的存储部件；非货币用未锻造金；柴油型其他小型货车；精米；石油和油脂等。比较优势指数及出口占比同时名列前十的产品各不相同，因此 2016 年泰国比较优势产业与出口主导产业不具有一致性。

表 TH-5　2016 年泰国排名前十比较优势产品及出口主导产品

单位：%

排名	比较优势产品名称	RCA	排名	出口主导产品名称	占比
1	木薯淀粉	66.53	1	计算机的存储部件	4.610
2	新鲜的，干的，冷冻木薯粉	60.37	2	非货币用未锻造金	3.299
3	天然胶乳（不论是否预硫化）	57.45	3	柴油型其他小型货车（装有压燃式活塞内燃发动机，小型指车辆总重量≤ 5 吨）	2.775
4	天然橡胶烟胶片	51.35	4	精米	1.774
5	胶版复印机、油印机	50.68	5	石油和油脂	1.667
6	天然橡胶与合成橡胶的混合物	43.60	6	1.5 升＜排量≤ 3 升装点燃往复式活塞内燃发动机的其他载人车辆	1.617
7	新鲜榴莲	39.45	7	品目 8471 所列其他机器零附件	1.437
8	干、熏、盐制爬行动物肉及食用杂碎	39.37	8	独立窗式或壁式空气调节器	1.414
9	含甲烷、乙烷或丙烷的氢溴氟烃（HBFCs）的混合物	39.36	9	1 升＜排量≤ 1.5 升带点燃往复式活塞内燃发动机其他车	1.412
10	天然石料制其他石磨，石碾等（包括类似品）	39.04	10	其他集成电路	1.386

数据来源：由联合国商品贸易数据计算整理所得

（三）泰国出口比较优势变化分析

1. 描述性分析

依据表 TH-1 及表 TH-2，对比分析 2005 年及 2016 年泰国度比较优势指数排名前 100 产品，我们可以得出以下信息：

第一，泰国整体的比较优势有减弱趋势。2005 年泰国排名前 100 产品平均比较优势指数为 24.79%，2016 年为 20.37，2016 年相对 2005 年 RCA 减少了 4.42。

第二，泰国具比较优势的产品数量变化不大。2005 年，比较优势指数大于 1 的产品共有 1086 类，大于 2.5 的产品共有 548 类；而 2016 年，比较优势指数大于 1 的产品有 1089 类，大于 2.5 的产品共有 515 类，表明泰国在国际上具有比较优势产品的产品数量变化不大。

第三，比较优势指数排名前十产品大的种类比变化不大，但具体产品有一定变化。2005 年、2016 年比较优势排名前十的主要包括有动物产品；植物产品；橡胶及其制品；机械器具及其制品。从比较优势指数排名前十的具体产品来分析，产品比较优势指数及品种有一定变化。2016 年 RCA 排名前三的具体产品为木薯淀粉、新鲜的，干的，冷冻木薯粉、天然胶乳（不论是否预硫化），相对 2005 年，分别变化为第 6、第 4、第 2。比较优势指数从 2016 年的 66.53、60.37、57.45 变为 63.84、69.04、70.82.

2. 回归分析

将 2016 年泰国产品比较优势指数作为被解释变量，把 2005 年泰国产品比较优势指数作为解释变量，对其进行回归分析。若回归系数 >1，则表明泰国更加强化了具有比较优势的产业，弱化了不具有比较优势的产业；若 0< 回归系数 <1，则表明具有比较优势的产业弱化了；若回归系数 <0，则表明泰国比较优势的产业发生了质变。使用最小二乘法对其进行回归，得出结果如表 TH-6 所示。

表 TH-6 回归结果

变量	Coef.	Std.Err.	t	P>|t|
2005 比较优势指数	0.4433628	0.624177	7.10	0.00
常数项	0.5311581	0.628628	8.45	0.00
R^2=0.3110F–statistics=50.45				

从表中可以看出，回归系数为 0.4433628，介于 0 和 1 之间，因此说明相对于 2005 年，2016 年泰国具有比较优势的产业弱化了，这与上述描述分析结果一致。

（四）泰国进口需求及其变化分析

表 TH-7 表示 2005 年泰国进口值排名前 100 产品。从表中显示排名前十的进口产品是石油原油；品目 8471 所列其他机器零附件；其他集成电路及微电子组件零件；其他单片集成电路（IC）；其他零件和附件；非货币用未锻造金；无线电广播、电视发送设备等包含接收装置或声音录制的传送设备；其他矩形截面钢坯〔含碳量小于 0.25%（正方形截面除外）〕；气态天然气；特殊棉。其中石油原油进口值最高，为 168.99 亿美元，占比达到 14.30%，其次为品目 8471 所列其他机器零附件和其他集成电路及微电子组件零件，进口值分别为 36.94 亿美元、35.02 亿美元，占比分别为 3.13%、2.96%。

从泰国进口前 100 产品种类来看，主要为矿产品；机器、机械器具、电气设备及其零件、录音机及放声机、电视图像、声音的录制和重放设备及其零件、附件；车辆、航空器、船舶及有关运输设备等产品。

从泰国进口前 100 产品的集中度来看，泰国进口产品有一定集中度。2005 年泰国进口产品排名前五的值为 293.73 亿美元，占比为 24.86%，排名前十的值为 370.14 亿美元，占泰国进口总值的 31.32%。

表 TH-7　2005 年泰国进口排名前 100 产品

单位：万美元、%

排名	产品代码	产品名称	进口值	占比
1	270900	石油原油	1689901.00	14.301
2	847330	品目 8471 所列其他机器零附件	369369.10	3.126
3	854290	其他集成电路及微电子组件零件	350218.13	2.964
4	854229	其他单片集成电路（IC）	329245.19	2.786
5	870899	其他零件和附件	198552.48	1.680
6	710812	非货币用未锻造金	177638.86	1.503
7	852520	无线电广播、电视发送设备等包含接收装置或声音录制的传送设备	149677.57	1.267
8	720712	其他矩形截面钢坯〔含碳量小于 0.25%（正方形截面除外）〕	149351.12	1.264
9	271121	气态天然气	149318.67	1.264
10	9999AA	特殊棉	138123.97	1.169
11	732690	其他钢铁制品	116520.46	0.986
12	271019	石油和油脂	114547.15	0.969
13	392690	其他塑料制品	94356.54	0.799
14	740311	精炼铜的阴极型材（未锻轧的）	84442.35	0.715

续表

排名	产品代码	产品名称	进口值	占比
15	853400	印刷电路	84085.34	0.712
16	852320	空白磁盘，适用于品目 8471 的机器	77890.74	0.659
17	853710	其他电力控制或分配的装置（电压不超过 1000 伏的线路）	75925.00	0.643
18	880240	飞机和其他飞机的空载重量超过 15000 公斤	75196.83	0.636
19	710239	非工业用其他钻石（未镶嵌）	74495.39	0.630
20	720711	宽度小于厚度两倍的矩形截面钢坯（含碳量小于 0.25%）	71163.08	0.602
21	271011	车用汽油、航空汽油	70312.39	0.595
22	847989	其他机械和机械设备	68112.53	0.576
23	721049	镀锌的其他形铁或非合金钢宽板材（电镀锌的除外，宽 ≥ 600 毫米）	67205.23	0.569
24	520100	未梳的棉花	61216.71	0.518
25	854011	彩色阴极射线电视显像管（包括视频监视器用阴极射线管）	60086.28	0.508
26	854221	单片数字集成电路（IC）	57561.17	0.487
27	850239	其他发电机组（风力驱动除外）	56241.40	0.476
28	854389	具有独立功能的电机和设备	55305.89	0.468
29	710231	非工业用钻石（未加工或经简单锯开，劈开或粗磨，未镶嵌）	55233.84	0.467
30	852390	其他准备用于录音或其他现象的空白媒体	53897.73	0.456
31	903180	其他测量、检验仪器、器具及机器	51860.47	0.439
32	30343	冻鲣鱼（鱼肝及鱼卵除外）	51653.88	0.437
33	854260	混合集成电路	50264.21	0.425
34	853690	其他≤ 1000 伏电路开关等电气装置	48313.68	0.409
35	230400	提炼豆油所得的油饼和其他固体残渣	47991.51	0.406
36	120100	大豆种子	46313.36	0.392
37	840999	其他发动机的专用零件（指品目 8407 或 8408 所列的其他发动机）	46141.66	0.390
38	720839	厚度< 3 毫米的其他热轧卷材（除热轧外未进一步加工宽 ≥ 600 毫米，未包、镀、涂层）	45368.95	0.384
39	382490	其他编号未列名的化工产品	45194.71	0.382
40	300490	其他已配定剂量的药品	44310.07	0.375
41	852990	其他电视接收机零件	43808.80	0.371
42	760120	未锻轧铝合金	43725.00	0.370

续表

排名	产品代码	产品名称	进口值	占比
43	310210	尿素	43375.90	0.367
44	847160	计算机用终端（输入或输出部件，不论是否在同一机壳内有存储部件）	42618.98	0.361
45	290531	1，2- 乙二醇	41436.47	0.351
46	720449	其他以钢铁为主的废五金材料	40356.69	0.342
47	440799	其他木厚板材（经纵锯、纵切、刨切或旋切的，厚度超过 6 毫米）	39213.14	0.332
48	720838	4.75 毫米 > 厚度 ≥ 3 毫米的大强度卷材（宽 ≥ 600 毫米）	36437.48	0.308
49	880330	飞机及直升机用其他零件	35606.17	0.301
50	760110	未锻轧非合金铝	32284.25	0.273
51	761699	其他铝制品	31309.11	0.265
52	721913	3 毫米 ≤ 厚 < 4.75 毫米的热轧不锈钢卷板（宽度 ≥ 600 毫米）	30803.92	0.261
53	841430	用于制冷设备的压缩机	30652.75	0.259
54	903289	其他自动调节或控制仪器及装置	30469.15	0.258
55	840820	压缩点火内燃活塞发动机（柴油或半柴油机）	30156.09	0.255
56	847170	计算机的存储部件	29959.37	0.254
57	870840	铁路或电车道机车齿轮箱及其零件	29116.43	0.246
58	852290	其他音频配件	28804.15	0.244
59	840991	点燃式活塞内燃发动机用零件	28511.11	0.241
60	847180	其他自动数据处理设备的部件	28038.89	0.237
61	270112	烟煤	27886.91	0.236
62	847130	便携式自动数据处理设备（重量 ≤ 10 千克，至少由一个中央处理器、键盘和显示器组成）	27589.04	0.233
63	848180	其他阀门（用于管道、锅炉、罐、桶或类似品的）	26790.42	0.227
64	870600	机动车辆装有发动机的底盘	26732.67	0.226
65	890190	其他货物和其他船只运输货物和货物的船舶	26547.12	0.225
66	852540	静止图像摄像机和其他摄像机；数码相机	26500.86	0.224
67	720827	厚度小于 3 毫米热轧卷材	26359.05	0.223
68	853120	有液晶装置或发光管的显示板	25898.86	0.219
69	848071	塑料或橡胶用注模或压模	25692.22	0.217
70	870323	1.5 升 < 排量 ≤ 3 升装点燃往复式活塞内燃发动机的其他载人车辆	24968.25	0.211

续表

排名	产品代码	产品名称	进口值	占比
71	854459	无连接器的绝缘导体，80 伏≤电压≤ 1000 伏	24752.75	0.209
72	890520	浮动或潜水式钻探或生产平台	24542.22	0.208
73	100190	小麦或马斯林种子不含硬粒小麦	23671.95	0.200
74	850110	输出功率≤ 37.5 瓦电动机	23412.09	0.198
75	854110	二极管（光敏、发光二极管除外）	23409.82	0.198
76	850440	静态转换器	23202.63	0.196
77	720918	厚度< 0.5 毫米的非合金钢冷轧卷材（未进一步加工，宽≥ 600 毫米，未包、镀、涂层）	23020.30	0.195
78	401699	其他未列名硫化橡胶制品（硬质橡胶除外）	22822.43	0.193
79	847150	自动数据处理设备及其部件（不论是否在同一机壳内有一或两个存储，输入或输出部件）	22774.24	0.193
80	854129	耗散功率≥ 1 瓦的晶体管（不含光敏晶体管）	22688.96	0.192
81	30379	冷冻鱼	22455.07	0.190
82	820720	工作部件的金属模（包括金属挤压用模）	22349.27	0.189
83	730410	石油或天然气使用无缝铁管管道	22294.82	0.189
84	710692	其他半制成银（包括镀金，镀铂的银）	22043.00	0.187
85	731815	其他螺钉及螺栓（不论是否带有螺母或垫圈）	21828.55	0.185
86	720826	其他 4.75 毫米 > 厚≥ 3 毫米热轧卷材	21057.40	0.178
87	850450	其他电感器	21018.98	0.178
88	721391	圆截面直径 <14 毫米的其他热轧盘条（不带有轧制过程中产生的变形）	20901.80	0.177
89	870210	压燃式活塞内燃发动机的客车	20492.24	0.173
90	290723	双酚 A 及其盐	20214.81	0.171
91	848210	滚珠轴承	19860.16	0.168
92	870829	其他身体部分和附件（包括驾驶室）	19772.77	0.167
93	847710	注塑机（用于加工塑料的）	19733.08	0.167
94	851790	其他发送或接收声音、图像或其他数据用的设备	19406.69	0.164
95	720110	非合金生铁，按重量计含磷量在 0.5% 及以下	19162.97	0.162
96	841480	其他空气泵、气体压缩机及通风罩	19101.00	0.162
97	841199	其他涡轮喷气机、涡轮螺旋桨和燃气轮机	18582.32	0.157
98	854140	光敏半导体器件、发光二极管	18410.09	0.156

续表

排名	产品代码	产品名称	进口值	占比
99	710813	非货币用半制成金（包括镀铂的金）	18362.94	0.155
100	851750	光线路终端装置	17945.38	0.152

数据来源：由联合国商品贸易数据计算整理所得

表 TH-8 表示 2016 年泰国进口值排名前 100 产品。从表中看出，2016 年泰国进口排名前十产品是石油原油；非货币用未锻造金；蜂窝网络或其他无线网络的电话机；其他钢铁制品；其他集成电路；其他集成电路及微电子组件零件；用作处理器及控制器的集成电路；轻油及制品，不含生物柴油；铁路或电车道机车齿轮箱及其零件；品目 8471 所列其他机器零附件。其中石油原油进口值最高，为 152.36 亿美元，占比达到仅为 7.79%，其次是非货币用未锻造金和蜂窝网络或其他无线网络的电话机，进口值分别为 57.80 亿美元、37.71 亿美元，占比分别为 2.95%、1.93%。

从 2016 年泰国进口前 100 产品种类来看，主要为：矿产品；天然或养殖珍珠、宝石或半宝石、贵金属、包贵金属及其制品、仿首饰、硬币；机器、机械器具、电气设备及其零件、录音机及放声机、电视图像、声音的录制和重放设备及其零件、附件等产品。

从 2016 年泰国进口前 100 产品集中度来看，泰国进口产品集中度不高。2016 年泰国进口产品排名前五的值为 313.69 亿美元，占比为 16.03%，排名前十的值为 442.43 亿美元，占泰国进口总值的 22.61%。

表 TH-8 2016 年泰国进口排名前 100 产品

单位：万美元、%

排名	产品代码	产品名称	进口值	占比
1	270900	石油原油	1523642.31	7.785
2	710812	非货币用未锻造金	577998.16	2.953
3	851712	蜂窝网络或其他无线网络的电话机	377056.15	1.927
4	732690	其他钢铁制品	335758.24	1.716
5	854239	其他集成电路	322413.98	1.647
6	854290	其他集成电路及微电子组件零件	297941.34	1.522
7	854231	用作处理器及控制器的集成电路	297405.00	1.520
8	271012	轻油及制品，不含生物柴油	239214.21	1.222
9	870840	铁路或电车道机车齿轮箱及其零件	238793.10	1.220

续表

排名	产品代码	产品名称	进口值	占比
10	847330	品目 8471 所列其他机器零附件	214038.09	1.094
11	271121	气态天然气	196402.28	1.004
12	854370	其他未列名的具有独立功能的电气设备及装置	185039.57	0.945
13	740311	精炼铜的阴极型材（未锻轧的）	166517.59	0.851
14	880240	飞机和其他飞机的空载重量超过 15000 公斤	164065.57	0.838
15	392690	其他塑料制品	162041.45	0.828
16	851762	交换机和路由器	160202.54	0.819
17	853710	其他电力控制或分配的装置（电压不超过 1000 伏的线路）	136295.12	0.696
18	300490	其他已配定剂量的药品	124670.39	0.637
19	120190	其他大豆	122129.63	0.624
20	847170	计算机的存储部件	118242.72	0.604
21	840999	其他发动机的专用零件（指品目 8407 或 8408 所列的其他发动机）	116006.04	0.593
22	271019	石油和油脂	115927.55	0.592
23	870899	其他零件和附件	115195.20	0.589
24	853400	印刷电路	111679.04	0.571
25	230400	提炼豆油所得的油饼和其他固体残渣	104162.97	0.532
26	271600	电力	101453.89	0.518
27	271111	液化天然气	95668.87	0.489
28	100199	其他小麦及混合麦	94363.23	0.482
29	853690	其他≤ 1000 伏电路开关等电气装置	91539.31	0.468
30	852990	其他电视接收机零件	90470.00	0.462
31	903289	其他自动调节或控制仪器及装置	89495.27	0.457
32	852329	磁盘	88996.38	0.455
33	847130	便携式自动数据处理设备（重量≤ 10 千克，至少由一个中央处理器、键盘和显示器组成）	80416.42	0.411
34	721049	镀锌的其他形铁或非合金钢宽板材（电镀锌的除外，宽≥ 600 毫米）	77315.65	0.395
35	844399	其他印刷（打印）机、复印机及传真机的零件和附件	76913.69	0.393
36	854140	光敏半导体器件、发光二极管	76768.05	0.392
37	848180	其他阀门（用于管道、锅炉、罐、桶或类似品的）	75377.48	0.385

续表

排名	产品代码	产品名称	进口值	占比
38	30343	冻鲣鱼（鱼肝及鱼卵除外）	75291.31	0.385
39	851770	其他通信设备零件	75025.11	0.383
40	852341	未录制光学媒体	74484.14	0.381
41	880212	空载重量＞2 吨的直升机	72918.17	0.373
42	841430	用于制冷设备的压缩机	66486.01	0.340
43	270112	烟煤	65370.88	0.334
44	850131	其他输出功率≤ 750 瓦的直流电动机、发电机	63481.93	0.324
45	850239	其他发电机组（风力驱动除外）	61795.54	0.316
46	760120	未锻轧铝合金	59485.86	0.304
47	720711	宽度小于厚度两倍的矩形截面钢坯（含碳量小于 0.25%）	59106.53	0.302
48	870829	其他身体部分和附件（包括驾驶室）	57418.10	0.293
49	330499	其他美容品或化妆品	57380.27	0.293
50	210690	其他编号未列名的食品	56416.65	0.288
51	722790	不规则盘卷的其他合金钢热轧条杆	56249.29	0.287
52	710239	非工业用其他钻石（未镶嵌）	55947.60	0.286
53	852872	其他颜色的电视接收机	54919.89	0.281
54	840991	点燃式活塞内燃发动机用零件	54242.17	0.277
55	760110	未锻轧非合金铝	53558.32	0.274
56	841480	其他空气泵、气体压缩机及通风罩	53233.89	0.272
57	761699	其他铝制品	50703.20	0.259
58	270119	其他煤	50501.32	0.258
59	310210	尿素	50305.73	0.257
60	722530	宽度≥ 600 毫米热轧其他合金钢卷材（除热轧外未经进一步加工）	50268.05	0.257
61	850440	静态转换器	49061.32	0.251
62	850110	输出功率≤ 37.5 瓦电动机	48922.09	0.250
63	841199	其他涡轮喷气机、涡轮螺旋桨和燃气轮机	47494.74	0.243
64	840820	压缩点火内燃活塞发动机（柴油或半柴油机）	47187.54	0.241
65	860900	集装箱（包括用于运输液体的容器）	46887.58	0.240
66	847989	其他机械和机械设备	45297.44	0.231
67	870850	驱动桥及其零件（装有差速器的，不论是否装有其他传动件）	44964.98	0.230

续表

排名	产品代码	产品名称	进口值	占比
68	720712	其他矩形截面钢坯〔含碳量小于 0.25%（正方形截面除外）〕	44115.89	0.225
69	520100	未梳的棉花	43343.11	0.221
70	841490	压缩机进、排气阀片零件	42758.15	0.218
71	711319	其他贵金属制首饰及其零件（不论是否包、镀其他贵金属）	42428.64	0.217
72	720839	厚度＜ 3 毫米的其他热轧卷材（除热轧外未进一步加工宽 ≥ 600 毫米，未包、镀、涂层）	42075.55	0.215
73	854442	额定电压≤ 1000 伏有接头电导体	42002.92	0.215
74	401699	其他未列名硫化橡胶制品（硬质橡胶除外）	41508.78	0.212
75	731815	其他螺钉及螺栓（不论是否带有螺母或垫圈）	40706.11	0.208
76	760612	合金铝制铝塑复合矩形板、片及带（包括正方形）厚度厚 >0.2 毫米	39594.46	0.202
77	870323	1.5 升＜排量≤ 3 升装点燃往复式活塞内燃发动机的其他载人车辆	37932.21	0.194
78	848071	塑料或橡胶用注模或压模	37415.05	0.191
79	854430	用于汽车、飞机或轮船的点火接线装置和其他接线装置	36477.98	0.186
80	853890	品目 8535、8536、8537 装置的零件（专用于或主要用于）	36447.24	0.186
81	382490	其他编号未列名的化工产品	36196.39	0.185
82	853650	电压≤ 1000 伏的其他开关	35903.25	0.183
83	391990	其他自粘塑料板、片、膜等材料	35651.29	0.182
84	903180	其他测量、检验仪器、器具及机器	35369.19	0.181
85	852580	电视摄像机、数码相机和摄像机录像机	35335.35	0.181
86	842952	挖掘机（上部结构可转 360 度的）	34932.33	0.178
87	310559	其他含氮、磷两种元素肥料	34782.11	0.178
88	310520	化学肥料或矿物肥料（含氮、磷、钾三种肥效元素）	33944.03	0.173
89	30749	其他冻、干、盐制的墨鱼及鱿鱼	33819.57	0.173
90	850450	其他电感器	33339.61	0.170
91	871410	摩托车其他零件、附件	33188.83	0.170
92	854449	其他电压不超过 1000 伏的电导体	32939.77	0.168
93	847150	自动数据处理设备及其部件（不论是否在同一机壳内有一或两个存储，输入或输出部件）	32169.44	0.164
94	71410	新鲜的，干的，冷冻木薯粉	31742.92	0.162
95	848390	分开的齿轮、链轮和其他传动零件	31492.65	0.161

续表

排名	产品代码	产品名称	进口值	占比
96	230990	其他配制的动物饲料	31234.10	0.160
97	721913	3 毫米≤厚＜4.75 毫米的热轧不锈钢卷板（宽度≥600 毫米）	30821.12	0.157
98	30389	其他冻鱼	30785.93	0.157
99	381590	其他未列名的反应引发剂、促进剂	30737.72	0.157
100	847190	未列名的磁性或光学阅读器	30177.58	0.154

数据来源：由联合国商品贸易数据计算整理所得

对比 2005 年及 2016 年泰国排名前十的进口产品发现，具体产品有一定变化。2005 年、2016 年均排名前十的产品有 4 种，为石油原油；品目 8471 所列其他机器零附件；其他集成电路及微电子组件零件；非货币用未锻造金。其中，石油原油均排名第 1，进口值从 2005 年的 168.99 亿美元下降到 2016 年的 152.36 亿美元，降幅为 9.84%，其进口值占比从 2005 年的 14.3% 下降至 2016 年的 7.79%；2005 年排名第 2 的品目 8471 所列其他机器零附件下降到 2016 年的第 10 名，进口值从 36.94 亿美元下降到2016年的21.40亿美元，降幅为42.07%，其进口值占比从2005年的3.13%下降至 2016 年的 1.09%；2005 年排名第 3 的其他集成电路及微电子组件零件下降至 2016 年的第 6 名，进口值从 2005 年的 35.02 亿美元下降至 2016 年的 29.79 亿美元，降幅为 14.93%，其进口值占比从 2005 年的 2.96% 下降至 2016 年的 1.52%。而非货币用未锻造金从 2005 年的 17.76 亿美元增长到 2016 年的 57.80 亿美元，成为 2016 年泰国第 2 大进口产品。2016 年石油原油、非货币用未锻造金、蜂窝网络或其他无线网络的电话机等占据主导地位。

从进口产品集中度来看，2016 年集中度呈下降趋势。2005 年进口产品排名前五的值占比、排名前十值比分别为 24.86%、31.32%，2016 年对应值占比 16.03%、22.61%，相对 2005 年，2016 年分别下降 8.83%、8.71%，说明 2016 年进口产品集中度呈现下降趋势。从泰国进口前 100 产品种类来看，2005 年与 2016 年，泰国进口产业种类变动较小，具有一致性。主要进口产品种类包括矿产品；机器、机械器具、电气设备及其零件、录音机及放声机、电视图像、声音的录制和重放设备及其零件、附件；车辆、航空器、船舶及有关运输设备等产品。

六、越南出口比较优势分析与进口需求研究

（一）越南出口比较优势分析

表 VN-1 显示了 2005 年越南比较优势前 100 的产品，其中最高 RCA 值 167.07，最低 RCA 值 23.28；2005 年越南排名前 100 的出口产品平均 RCA 值为 52.14，远高于国际竞争力很强的基准值 2.5 的水平，说明 2005 年越南 RCA 值前 100 位出口产品在国际市场中有很强竞争力。2005 年越南比较优势指数排名前十的产品是：其他纺织料针织或钩编女式防风衣；活、鲜、冷章鱼；非针织或钩编的羊毛或动物细毛的男式或男式衬衫；干椰子肉；干辣椒（未压碎或磨碎）；无烟煤；腰果（去壳）；其他橡胶塑料制外底及鞋面防水靴；其他纺织材料制针织或钩编连衣裙；其他纺织材料制男大衣、斗篷、防风衣。其比较优势指数分别是 167.07、163.34、134.85、126.91、119.35、114.82、111.68、110.95、99.13、97.33。从产品整体种类看，2005 年越南的纺织原料及纺织制品；活动物、动物产品；植物产品等具有比较优势。

表 VN-1　2005 年越南比较优势指数排名前 100 产品

单位：万美元

排序	产品代码	产品名称	RCA 指数	出口值
1	610290	其他纺织料针织或钩编女式防风衣（包括防寒短上衣．防风短上衣及类似品）	167.07	8357.78
2	30751	活、鲜、冷章鱼	163.34	7189.36
3	620510	非针织或钩编的羊毛或动物细毛的男式或男式衬衫	134.85	4274.64
4	120300	干椰子肉	126.91	2798.44
5	90411	干辣椒（未压碎或磨碎）	119.35	15153.85
6	270111	无烟煤	114.82	66931.79

续表

排序	产品代码	产品名称	RCA 指数	出口值
7	80132	腰果（去壳）	111.68	50312.61
8	640199	其他橡胶塑料制外底及鞋面防水靴（鞋面与鞋底非用缝铆钉旋塞等类似方法连结的）	110.95	6574.95
9	610449	其他纺织材料制针织或钩编连衣裙	99.13	5660.37
10	610190	其他纺织材料制男大衣、斗篷、防风衣等	97.33	4060.09
11	847321	品目 8470 所列电子计算器的零附件（系指子目 847010、847021 及 847029 所列的电子计算器的）	90.88	42544.57
12	21092	干熏盐制鲸、海豚及鼠海豚（鲸目哺乳动物）的；干熏盐制海牛及儒艮（海牛目哺乳动物）的；干熏盐制海豹、海狮及海象（鳍足亚目哺乳动物）的肉及食用杂碎	86.97	1.64
13	640411	纺织材料制鞋面的运动鞋靴（橡胶或塑料制外底，包括球类、体操、训练鞋及类似鞋）	82.75	77025.67
14	110814	木薯淀粉	74.95	7736.47
15	250629	切割的石英（除天然砂以外）	72.17	732.36
16	640510	其他皮革或和成本皮革制面的其他鞋靴	71.63	16495.01
17	620339	其他材料制男式上衣	69.37	16168.37
18	621590	其他材料制领带及领结	68.79	794.81
19	620219	其他材料制女大衣（含短大衣、斗篷、短斗篷）	67.72	5515.32
20	420219	以钢纸或纸板作面的衣箱等（包括提箱，小手袋，公文箱，公文包，书包及类似容器）	67.10	5173.52
21	620990	其他纺织材料制婴儿服装及衣着附件（除棉、合成纤维、羊毛或动物细毛外其他纺织材料制）	65.68	4378.83
22	610429	其他纺材针织或钩编女式便服套装	65.51	2253.34
23	40229	脂肪量＞ 1.5% 的加糖固状乳及奶油（指粉状、粒状或其他固体状态，浓缩，加糖或其他甜物质）	64.58	8161.91
24	530511	生椰纤维	64.19	1170.10
25	400129	其他初级形状的天然橡胶（胶乳除外的初级形状或板，片，带状）	63.61	43442.08
26	30623	养殖虾、未冻虾和虾	61.63	11689.58
27	610349	其他纺织制针织或钩编男裤（包括马裤 . 短裤及其他长裤）	61.63	7739.52
28	30619	其他冻甲壳动物	61.28	6623.80
29	620113	化纤制男式大衣、斗篷及类似品（包括短大衣、短斗篷）	57.05	10758.67
30	100630	精米	56.37	136424.99

续表

排序	产品代码	产品名称	RCA 指数	出口值
31	620419	其他材料制女式西服套装	56.37	6639.03
32	640420	纺织材料制鞋面皮革底的鞋靴（皮革或再生皮革制外底，包括运动用鞋靴）	56.24	9607.41
33	620910	羊毛或动物细毛制婴儿服装及服装配件（非针织或钩编）	55.02	583.21
34	550953	非零售与棉混纺聚酯短纤纱线（混纺指按重量计聚酯短纤含量在 85% 以下）	54.13	7602.29
35	640419	纺织材料制鞋面胶底的其他鞋靴（橡胶或塑料制外底，运动用鞋靴除外）	53.38	54468.62
36	90910	茴香、巴丹的种子	53.16	485.66
37	610799	其他纺织材料制其他男睡衣裤	53.14	417.70
38	620119	其他材料制男式大衣、斗篷及类似品（包括短大衣、短斗篷）	51.85	4091.83
39	691490	其他陶制品	50.39	13888.45
40	30739	其他冻、干、盐腌或盐渍的贻贝	50.11	3327.80
41	620349	其他纺织材料制男士短裤	49.94	23663.47
42	611219	其他纺织材料制运动套装	48.79	1380.67
43	731824	销及开尾销	48.59	3970.62
44	621320	棉制手帕	46.49	2156.43
45	71410	新鲜的，干的，冷冻木薯粉	44.87	6161.99
46	610413	合成纤维制针织或钩编女西服套装	44.69	804.35
47	30613	冻虾仁	44.67	112946.68
48	500400	非供零售用丝纱线（绢纺纱线除外）	43.80	3432.39
49	610469	其他纺织材料针织或钩编女裤	43.49	8966.53
50	90220	有或没有味道的 3 公斤以上的包装绿茶	43.35	3752.35
51	620719	其他材料制男式内裤及三角裤	42.46	1461.25
52	610419	其他纺织材料制针织或钩编女式西服套装	42.45	2459.97
53	620819	其他材料制女式长衬裙及衬裙	41.52	696.25
54	630312	合纤制针织或钩编的窗帘等（包括帷帘，帐幔，帘帷及床帷）	40.91	4054.25
55	190300	珍粉及淀粉制成的珍粉代用品	40.30	542.44
56	650100	毡呢制帽坯及圆帽片	40.10	323.28
57	460290	其他编结材料制品及其他制品（非植物材料制的）	39.48	1075.58
58	610329	其他纺织料针织或钩编男便服套装	39.26	639.99

续表

排序	产品代码	产品名称	RCA 指数	出口值
59	440420	其他非针叶木箍木等（包括木劈条，棒及类似品）	39.00	483.87
60	620299	其他材料制女式其他防寒上衣	38.60	2060.17
61	20820	新鲜、冷冻或冷冻的青蛙腿	38.54	371.82
62	81090	新鲜荔枝，榴莲，龙眼，红毛丹，糖苹果，阳桃，打蜡苹果，火龙果，其他水果	37.51	8879.59
63	610899	其他纺织材料制其他女浴衣、晨衣等	37.50	563.10
64	640319	其他运动鞋，鞋底由橡胶、塑料、皮革或合成材料制成皮革和皮革鞋帮	35.93	48013.46
65	200390	非用醋制作的其他蘑菇	35.77	708.21
66	292242	谷氨酸及其盐	35.74	5472.64
67	610439	其他纺织材料制针织或钩编女式上衣	34.86	3142.65
68	460210	编藤条	34.65	12016.51
69	251120	天然碳酸钡（毒重石）	34.12	14.11
70	630259	其他纺织材料制餐桌用织物制品	33.82	604.26
71	30749	其他冻、干、盐制的墨鱼及鱿鱼	33.47	18061.52
72	940169	其他木框座椅	33.00	23179.59
73	530810	椰壳纤维纱线	32.50	95.35
74	610729	其他纺材制针织或钩编男睡衣裤	32.15	599.22
75	160510	制作或保藏的蟹	32.13	5510.23
76	30629	其他活、鲜、冷、干、盐腌或盐渍的带壳或去壳甲壳动物	31.66	1981.62
77	71159	其他蘑菇和松露临时保存 Sungmo，盐水中	31.04	530.58
78	640590	其他材料的其他鞋类配件	30.47	13501.13
79	610459	其他纺材制针织或钩编裙子及裙裤	29.63	2091.92
80	610130	化纤针织钩编男式防风衣（包括防寒短上衣、防风短上衣及类似品）	29.00	3450.66
81	620590	其他纺织材料制男式衬衫	28.86	10971.74
82	620319	其他材料制男式西服套装	28.67	9125.82
83	90111	不烘焙或不含咖啡因的咖啡	28.44	73025.79
84	620729	其他材料制男式内衣	28.27	201.74
85	670100	已加工羽毛、羽绒及其制品（品目 0505 的货品及经加工的羽管及羽轴除外）	27.57	677.77

续表

排序	产品代码	产品名称	RCA 指数	出口值
86	630590	其他纺织材料制其他货物包装袋	27.44	983.65
87	610312	针织或钩编的合成纤维男或男童套装	27.35	423.98
88	610590	其他纺材制针织或钩编男衬衫	27.26	4046.69
89	610339	其他纺织料制针织或钩编男式上衣	27.05	2095.05
90	620211	毛制女式大衣、斗篷及类似品等（包括短大衣、短斗篷，羊毛或动物细毛制）	25.94	8356.92
91	620469	其他材料制女式长、马、短裤	25.75	25603.42
92	261400	钛矿砂及其精矿	25.61	3376.78
93	560819	化纤材料制成的其他网（包括化纤线、绳、索结制的网料，罗网及篓状网除外）	25.45	2208.92
94	854419	其他绕组电线（非铜制）	25.42	5159.48
95	30624	鲜、冷、干、盐腌或盐渍的带壳或去壳蟹	25.18	2510.76
96	620811	人造制长衬裙及衬裙	24.84	457.96
97	600129	其他材料制针织或钩编毛圈绒头布	24.49	331.51
98	100640	碎米	24.27	4205.09
99	650510	任何材料的头发网	24.08	219.22
100	420321	皮革或再生皮革制专供运动用手套（包括连指或露指的，野生动物皮革制作的除外）	23.28	2447.60

数据来源：由联合国商品贸易数据计算整理所得

（二）越南出口主导产业分析

表 VN–2 及表 VN–3 为 2005 年及 2016 年越南出口值排名前 100 产品详情表。

表 VN–2　2005 年越南出口值排名前 100 产品

单位：万美元、%

排序	产品代码	产品名称	占比	出口值
1	270900	石油原油	22.725	737348.68
2	100630	精米	4.205	136424.99
3	30613	冻虾仁	3.481	112946.68
4	640411	纺织材料制鞋面的运动鞋靴（橡胶或塑料制外底，包括球类、体操、训练鞋及类似鞋）	2.374	77025.67

续表

排序	产品代码	产品名称	占比	出口值
5	90111	不烘焙或不含咖啡因的咖啡	2.251	73025.79
6	270111	无烟煤	2.063	66931.79
7	640419	纺织材料制鞋面胶底的其他鞋靴（橡胶或塑料制外底，运动用鞋靴除外）	1.679	54468.62
8	80132	脱毛腰果	1.551	50312.61
9	640319	其他运动鞋，鞋底由橡胶、塑料、皮革或合成材料制成皮革和皮革鞋帮	1.480	48013.46
10	400129	其他初级形状的天然橡胶（胶乳除外的初级形状或板，片，带状）	1.339	43442.08
11	940360	其他木家具	1.337	43391.41
12	847321	品目 8470 所列电子计算器的零附件（系指子目 847010、847021 及 847029 所列的电子计算器的）	1.311	42544.57
13	847160	计算机用终端（输入或输出部件，不论是否在同一机壳内有存储部件）	1.245	40381.50
14	640399	其他皮革制面的其他鞋靴（橡胶、塑料、再生皮革制外底，运动用鞋靴除外）	1.201	38956.03
15	30420	冷冻鱼片	1.188	38540.70
16	940350	卧室用木家具	0.988	32046.21
17	271019	石油和油脂	0.834	27075.91
18	620469	其他材料制女式长、马、短裤	0.789	25603.42
19	620349	其他纺织材料制男士短裤	0.729	23663.47
20	940169	其他木框座椅	0.714	23179.59
21	400122	技术分类天然橡胶（TSNR）〔初级形状（胶乳，烟胶片除外）或板，片，带〕	0.652	21143.08
22	640299	其他塑料及橡胶制鞋面的其他鞋靴	0.594	19281.60
23	854430	用于汽车、飞机或轮船的点火接线装置和其他接线装置	0.579	18796.90
24	30749	其他冻、干、盐制的墨鱼及鱿鱼	0.557	18061.52
25	640510	其他皮革或和成本皮革制面的其他鞋靴	0.508	16495.01
26	620339	其他材料制男式上衣	0.498	16168.37
27	610990	其他针织或钩编 T 恤衫、汗衫等	0.495	16065.74
28	611020	棉制针织或钩编套头衫等（包括开襟衫、背心及类似品）	0.468	15184.15
29	90411	干辣椒（未压碎或磨碎）	0.467	15153.85

续表

排序	产品代码	产品名称	占比	出口值
30	691490	其他陶制品	0.428	13888.45
31	999999	未按种类指定的商品	0.428	13879.04
32	640590	其他材料的其他鞋类配件	0.416	13501.13
33	30490	冻鱼肉（鱼片）	0.381	12353.45
34	854451	有附件电导体，80 伏< 1000 伏耐压	0.380	12326.62
35	871200	非机动自行车	0.374	12132.31
36	240220	烟草制的卷烟	0.373	12090.78
37	460210	编藤条	0.370	12016.51
38	850110	输出功率≤ 37.5 瓦电动机	0.367	11914.26
39	640219	橡胶、塑料制底及面的其他运动鞋靴	0.361	11700.47
40	30623	养殖虾、未冻虾和虾	0.360	11689.58
41	854270	用于光通信系统的激光转发器、其他电子微组件	0.340	11044.68
42	620590	其他纺织材料制男式衬衫	0.338	10971.74
43	620113	化纤制男式大衣、斗篷及类似品（包括短大衣、短斗篷）	0.332	10758.67
44	611090	其他纺材针织或钩编女套头衫等（包括开襟衫、背心及类似品）	0.322	10463.96
45	440122	其他非针叶木木片或木粒	0.315	10235.50
46	854449	其他电压不超过 1000 伏的电导体	0.307	9966.69
47	940390	其他家具及其零件	0.304	9866.02
48	420292	塑料片或纺织材料作面的其他容器	0.296	9607.50
49	640420	纺织材料制鞋面皮革底的鞋靴（皮革或再生皮革制外底，包括运动用鞋靴）	0.296	9607.41
50	611030	化纤针织或钩编套头衫（包括开襟衫、背心及类似品）	0.294	9543.01
51	420212	以塑料或纺织材料作面的箱包（包括提箱、小手袋、公文箱、公文包、书包及类似容器）	0.292	9486.21
52	850450	其他电感器	0.287	9325.83
53	392690	其他塑料制品	0.287	9323.88
54	620520	棉制男式衬衫	0.285	9256.08
55	620463	合纤制女式长、马、短裤	0.285	9252.71
56	940330	办公室用木家具	0.282	9161.72
57	620319	其他材料制男式西服套装	0.281	9125.82

续表

排序	产品代码	产品名称	占比	出口值
58	610469	其他纺织材料针织或钩编女裤	0.276	8966.53
59	853400	印刷电路	0.275	8912.60
60	81090	新鲜水果	0.274	8879.59
61	620462	羊毛或动物细毛制女式或女童裤等（非针织或钩编）	0.272	8823.37
62	620333	其他合成纤维制男式上衣	0.266	8618.46
63	160590	制作或保藏的甲壳动物、软体动物及其他水生无脊椎动物	0.264	8580.43
64	610290	其他纺织料针织或钩编女式防风衣（包括防寒短上衣．防风短上衣及类似品）	0.258	8357.78
65	620211	毛制女式大衣、斗篷及类似品等（包括短大衣、短斗篷，羊毛或动物细毛制）	0.258	8356.92
66	711319	其他贵金属制首饰及其零件（不论是否包、镀其他贵金属）	0.257	8341.99
67	610510	棉制针织或钩编男衬衫	0.252	8174.31
68	40229	脂肪量＞ 1.5% 的加糖固状乳及奶油（指粉状、粒状或其他固体状态，浓缩，加糖或其他甜物质）	0.252	8161.91
69	620530	化纤制男士衬衫	0.244	7923.61
70	160520	虾和虾，准备或保存	0.239	7752.58
71	610349	其他纺织制针织或钩编男裤（包括马裤．短裤及其他长裤）	0.239	7739.52
72	110814	木薯淀粉	0.238	7736.47
73	621210	胸罩（不论是否针织或钩编）	0.237	7697.93
74	550953	非零售与棉混纺聚酯短纤纱线（混纺指按重量计聚酯短纤含量在 85% 以下）	0.234	7602.29
75	650590	针织或钩编帽子和其他头饰	0.223	7227.71
76	30751	活、鲜、冷章鱼	0.222	7189.36
77	610910	棉制针织或钩编 T 恤衫、汗衫等	0.220	7152.94
78	620343	合纤制男式短裤	0.220	7152.05
79	852812	彩色卫星电视接收机	0.213	6916.72
80	620439	其他材料制女式上衣	0.213	6896.20
81	854011	彩色阴极射线电视显像管（包括视频监视器用阴极射线管）	0.209	6781.13

续表

排序	产品代码	产品名称	占比	出口值
82	620419	其他材料制女式西服套装	0.205	6639.03
83	30619	其他冻甲壳动物	0.204	6623.80
84	640199	其他橡胶塑料制外底及鞋面防水靴（鞋面与鞋底非用缝铆钉旋塞等类似方法连结的）	0.203	6574.95
85	870899	其他零件和附件	0.201	6521.84
86	71410	新鲜的，干的，冷冻木薯粉	0.190	6161.99
87	610449	其他纺织材料制针织或钩编连衣裙	0.174	5660.37
88	620219	其他材料制女大衣（含短大衣、斗篷、短斗篷）	0.170	5515.32
89	160510	制作或保藏的蟹	0.170	5510.23
90	292242	谷氨酸及其盐	0.169	5472.64
91	400110	天然胶乳（不论是否预硫化）	0.168	5439.63
92	190230	其他面食	0.166	5376.62
93	90240	每包总量 >3 公斤的茶	0.166	5376.29
94	30379	冷冻鱼	0.162	5254.03
95	420219	以钢纸或纸板作面的衣箱等（包括提箱，小手袋，公文箱，公文包，书包及类似容器）	0.159	5173.52
96	854419	其他绕组电线（非铜制）	0.159	5159.48
97	620690	其他纺织材料制女式衬衫	0.156	5076.45
98	610610	棉制针织或钩编女衬衫	0.153	4952.62
99	630533	聚乙烯或聚丙烯制其他货物包装袋（针织或钩编的，用扁条及类似材料制成）	0.151	4902.42
100	392321	乙烯聚合物制袋及包	0.147	4757.51

数据来源：由联合国商品贸易数据计算整理所得

根据表 VN-2 及表 VN-3 可知，2005 年越南出口主导产品种类为矿产品；植物产品；活动物、动物产品等产品。2016 年越南出口主导产品种类为机器、机械器具、电气设备及其零件、录音机及放声机、电视图像、声音的录制和重放设备及其零件、附件；鞋、帽、伞、杖、鞭及其零件、已加工的羽毛及其制品、人造花、人发制品；植物产品等产品。对比 2005 年及 2016 年，越南出口排名前十的产品种类变化不大，说明越南主要出口产品结构相对稳定。

表 VN-3 2016 年越南出口值排名前 100 产品

单位：万美元、%

排序	产品代码	产品名称	占比	出口值
1	851712	蜂窝网络或其他无线网络的电话机	15.3784	2715526.16
2	851770	其他通信设备零件	4.0835	721067.45
3	854231	用作处理器及控制器的集成电路	2.6358	465426.25
4	640411	纺织材料制鞋面的运动鞋靴（橡胶或塑料制外底，包括球类、体操、训练鞋及类似鞋）	2.1497	379598.12
5	847130	便携式自动数据处理设备（重量≤ 10 千克，至少由一个中央处理器、键盘和显示器组成）	1.6969	299636.31
6	90111	不烘焙或不含咖啡因的咖啡	1.6803	296711.82
7	640399	其他皮革制面的其他鞋靴（橡胶、塑料、再生皮革制外底，运动用鞋靴除外）	1.5947	281596.63
8	80132	脱毛腰果	1.5475	273252.16
9	270900	石油原油	1.4601	257832.45
10	640419	纺织材料制鞋面胶底的其他鞋靴（橡胶或塑料制外底，运动用鞋靴除外）	1.3258	234115.08
11	100630	精米	1.1551	203976.39
12	900691	照相机的其他零件、附件	1.1488	202849.20
13	854430	用于汽车、飞机或轮船的点火接线装置和其他接线装置	1.1374	200843.46
14	30617	冻其他虾和对虾	1.0309	182029.32
15	640299	其他塑料及橡胶制鞋面的其他鞋靴	0.9393	165864.84
16	854140	光敏半导体器件、发光二极管	0.9162	161775.59
17	30462	冻的鲶鱼（巨鲶属、鲶属、胡鲶属、真鮰属）鱼片	0.8666	153018.92
18	851762	交换机和路由器	0.8500	150096.28
19	940360	其他木家具	0.7704	136043.90
20	420292	塑料片或纺织材料作面的其他容器	0.7282	128581.91
21	851830	耳机、耳塞机	0.7222	127523.28
22	90411	干辣椒（未压碎或磨碎）	0.6988	123392.92
23	852872	其他颜色的电视接收机	0.6836	120717.79
24	611030	化纤针织或钩编套头衫（包括开襟衫、背心及类似品）	0.6733	118890.98
25	640391	其他皮革制面的短筒靴（过踝）	0.6718	118634.20
26	844332	其他数字式印刷设备（可与自动数据处理设备或网络连接）	0.6551	115681.38

续表

排序	产品代码	产品名称	占比	出口值
27	81090	新鲜水果	0.6483	114474.03
28	610910	棉制针织或钩编T恤衫、汗衫等	0.6472	114284.88
29	611020	棉制针织或钩编套头衫等（包括开襟衫、背心及类似品）	0.6363	112363.59
30	844331	其他具有打印、复印或传真中两种及以上功能的机器（具有打印和复印两种功能的机器除外，可与自动数据处理设备或网络连接）	0.6165	108859.81
31	940350	卧室用木家具	0.6162	108811.28
32	440122	其他非针叶木木片或木粒	0.5561	98204.63
33	620343	合纤制男式短裤	0.5383	95049.62
34	852580	电视摄像机、数码相机和摄像机录像机	0.5104	90131.19
35	610990	其他针织或钩编T恤衫、汗衫等	0.5063	89399.91
36	620193	化纤制男式其他防寒上衣（羊毛或动物细毛制）	0.4868	85962.82
37	520512	非零售粗梳中支纯棉单纱（中支指单纱细度为232.56分特–714.29分特之间，含棉量≥85%）	0.4728	83484.60
38	620463	合纤制女式长、马、短裤	0.4402	77724.95
39	400280	天然橡胶与合成橡胶的混合物	0.4251	75066.32
40	940169	其他木框座椅	0.4235	74774.68
41	110814	木薯淀粉	0.4183	73858.83
42	160521	制作或保藏的非密封包装小虾及对虾	0.4156	73387.02
43	400122	技术分类天然橡胶（TSNR）〔初级形状（胶乳，烟胶片除外）或板，片，带〕	0.3910	69045.04
44	620342	棉质男式短裤	0.3731	65875.90
45	610463	合成纤维制针织或钩编女裤	0.3725	65779.86
46	940390	其他家具及其零件	0.3575	63133.79
47	620293	化纤制女式其他防寒上衣	0.3568	62998.16
48	620520	棉制男式衬衫	0.3530	62338.41
49	850110	输出功率≤37.5瓦电动机	0.3483	61510.95
50	950300	三轮车、踏板车、踏板汽车和类似的带轮玩具；玩偶车	0.3400	60032.54
51	854449	其他电压不超过1000伏的电导体	0.3236	57137.25
52	851829	其他扬声器	0.3161	55809.14
53	702000	其他玻璃制品	0.3121	55109.62
54	620462	羊毛或动物细毛制女式或女童裤等（非针织或钩编）	0.3115	55006.77

续表

排序	产品代码	产品名称	占比	出口值
55	392321	乙烯聚合物制袋及包	0.3064	54110.08
56	853400	印刷电路	0.3031	53517.35
57	271019	石油和油脂	0.3027	53451.68
58	630790	纺织材料制未列名制品	0.2980	52619.37
59	392690	其他塑料制品	0.2947	52045.09
60	901380	其他装置，仪器及器具	0.2924	51632.27
61	854239	其他集成电路	0.2898	51176.59
62	850440	静态转换器	0.2897	51163.88
63	420229	以钢纸或纸板作面的手提包（不论是否有背带，包括无把手的）	0.2800	49434.39
64	871120	排量≤ 250 毫升装往复式活塞内燃发动机摩托车及脚踏两用车	0.2746	48490.85
65	160529	其他制作或保藏的小虾及对虾	0.2710	47855.03
66	847190	未列名的磁性或光学阅读器	0.2647	46744.56
67	640219	橡胶、塑料制底及面的其他运动鞋靴	0.2646	46718.65
68	853710	其他电力控制或分配的装置（电压不超过1000伏的线路）	0.2489	43944.24
69	847330	品目 8471 所列其他机器零附件	0.2457	43380.97
70	620640	化学纤维制女式衬衫	0.2390	42203.00
71	850720	其他铅酸蓄电池（启动活塞式发动机用铅酸蓄电池除外）	0.2341	41339.80
72	610462	棉制针织或钩编女裤	0.2321	40991.39
73	401110	汽车用新型橡胶充气轮胎	0.2288	40407.77
74	890190	其他货物和其他船只运输货物和货物的船舶	0.2192	38702.64
75	610443	其他合纤制针织或钩编连衣裙	0.2129	37601.25
76	621210	胸罩（不论是否针织或钩编）	0.2057	36317.94
77	852990	其他电视接收机零件	0.2019	35645.65
78	940330	办公室用木家具	0.2003	35371.86
79	30499	其他冻鱼片、鱼肉	0.1981	34979.79
80	870840	铁路或电车道机车齿轮箱及其零件	0.1957	34564.38
81	620469	其他材料制女式长、马、短裤	0.1947	34373.01
82	520514	非零售粗梳较细支纯棉单纱	0.1884	33261.32
83	252310	水泥熟料	0.1839	32480.63

续表

排序	产品代码	产品名称	占比	出口值
84	721049	镀锌的其他形铁或非合金钢宽板材（电镀锌的除外，宽≥600毫米）	0.1832	32357.54
85	900490	其他眼	0.1827	32259.72
86	850760	锂离子蓄电池	0.1824	32209.26
87	610711	棉制针织或钩编男内裤及三角裤	0.1812	31998.75
88	620433	合成纤维制女式上衣	0.1774	31326.37
89	711419	其他贵金属制金银器及零件（不论是否包，镀贵金属）	0.1755	30988.14
90	621040	由56.02、59.03、59.06或59.07所述材料所制成的其他男士服装	0.1733	30604.10
91	620113	化纤制男式大衣、斗篷及类似品（包括短大衣、短斗篷）	0.1727	30502.92
92	844399	其他印刷（打印）机、复印机及传真机的零件和附件	0.1685	29754.17
93	850490	静止式变流器及电感器零件	0.1683	29718.04
94	880330	飞机及直升机用其他零件	0.1679	29648.07
95	610520	化纤制针织或钩编男衬衫	0.1669	29469.68
96	610343	合纤制针织或钩编男裤（包括马裤、短裤及其他长裤）	0.1663	29374.17
97	741110	精炼铜管	0.1649	29124.48
98	210111	咖啡浓缩精汁	0.1639	28945.09
99	590220	聚酯高强力纱制的帘子布	0.1629	28773.57
100	854442	额定电压≤1000伏有接头电导体	0.1626	28715.75

数据来源：由联合国商品贸易数据计算整理所得

从出口主导产品的集中度分析，相比于2005年，2016年越南前五、前十主导产品的出口值都有所提升，但总体产品集中度却呈现下降趋势。2005年，排名前五的主导产品出口值为113.68亿美元，占比为35.04%；排名前十的出口主导产品出口总值为139.99亿美元，占比为43.15%。2016年，排名前五的主导产品出口值为458.13亿美元，占比为25.94%；前十出口主导产品出口总值达到592.48亿美元，占比为33.55%。其中排名前十的出口产品中有5种发生了变化。同时，结合2005年及2016年越南主要出口产品种类来分析，越南出口主导产业发生了较大变化。2005年出口排名第一的产品为石油原油，出口值为73.73亿美元，占总出口值的22.73%，2016年出口值变为25.78亿美元，占总出口值的1.46%，排名第九。2016年出口排名第一产品为蜂窝网络或其他无线网络的电话机，出口值为271.55亿美元，占总出口值的

15.38%。

出口主导产品种类来看，2005年越南出口排名前十的产品种类有5类，具体为矿产品；植物产品；活动物、动物产品；鞋、帽、伞、杖、鞭及其零件、已加工的羽毛及其制品、人造花、人发制品；塑料及其制品、橡胶及其制品。2016年越南出口排名前十的产品种类有4类，具体为机器、机械器具、电气设备及其零件、录音机及放声机、电视图像、声音的录制和重放设备及其零件、附件；鞋、帽、伞、杖、鞭及其零件、已加工的羽毛及其制品、人造花、人发制品；植物产品；矿产品。相比较2005年与2016年，越南出口主导产品种类大致相同，但出口占比发生了变化。相对2005年，2016年矿产品；植物产品；活动物，动物产品出口占比下降，机器、机械器具、电气设备及其零件，录音机及放声机、电视图像、声音的录制和重放设备及其零件、附件等占比上升。

（三）越南进口需求及其变化

表VN-4表示2005年越南进口值排名前100产品。从表中看出，排名前十的进口产品是石油和油脂；车用汽油、航空汽油；未加工的黄金；含碳量不小于0.25%的钢坯；无线电广播、电视发送设备等包含接收装置或声音录制的传送设备；混合集成电路；其他已配定剂量的药品；初级形状的聚丙烯；品目8471所列其他机器零附件；其他纤维织物。其中，石油和油脂进口值最高，为36.85亿美元，占比达到10.03%；其次是车用汽油、航空汽油以及未加工的黄金，进口值分别为13.39亿美元、6.81亿美元，占比分别为3.64%、1.85%。

从越南2005进口前100产品种类来看，主要为矿产品；天然或养殖珍珠、宝石或半宝石、贵金属、包贵金属及其制品、仿首饰、硬币；贱金属及其制品等。

从越南2005进口前100产品的集中度来看，进口产品排名前五的进口为65.89亿美元，占总进口的17.93%，排名前10的进口值为83.16亿美元，占越南进口总值的22.63%。因此可以看出2005年越南进口产品集中度不高。

表VN-4　2005年越南进口排名前100产品

单位：万美元、%

排名	产品代码	产品名	进口值	占比
1	271019	石油和油脂	368532.3	10.025
2	271011	车用汽油、航空汽油	133897.6	3.642
3	710812	未加工的黄金	68142.54	1.854

续表

排名	产品代码	产品名	进口值	占比
4	720720	含碳量不小于 0.25% 的钢坯	47040.34	1.280
5	852520	无线电广播、电视发送设备等包含接收装置或声音录制的传送设备	41308.93	1.124
6	854260	混合集成电路	35271.14	0.959
7	300490	其他已配定剂量的药品	35097.13	0.955
8	390210	初级形状的聚丙烯	34910.15	0.950
9	847330	品目 8471 所列其他机器零附件	34139.15	0.929
10	551599	其他纤维织物	33232.69	0.904
11	230400	提炼豆油所得的油饼和其他固体残渣	32031.01	0.871
12	720918	厚度＜ 0.5 毫米的非合金钢冷轧卷材（未进一步加工，宽≥ 600 毫米，未包、镀、涂层）	31440.21	0.855
13	870323	1.5 升＜排量≤ 3 升装点燃往复式活塞内燃发动机的其他载人车辆	29360.89	0.799
14	390110	初级形状比重＜ 0.94 的聚乙烯	28622.38	0.779
15	720839	厚度＜ 3 毫米的其他热轧卷材（除热轧外未进一步加工宽≥ 600 毫米，未包、镀、涂层）	25756.13	0.701
16	551519	聚酯短纤其他织物	24883.92	0.677
17	410799	其他非整张牛马皮革（经鞣制或半硝后进一步加工，羊皮纸化处理）	22878.55	0.622
18	310210	尿素	21541.32	0.586
19	100190	小麦和混合小麦	20060.85	0.546
20	740311	精炼铜的阴极型材（未锻轧的）	19797.36	0.539
21	871419	其他摩托车零件	18048.3	0.491
22	440791	其他栎木（橡木）厚板材（经纵锯、纵切、刨切或旋切的，厚度超过 6 毫米）	17953.52	0.488
23	550320	未梳的聚酯短纤（包括未经其他纺前加工的）	17948.2	0.488
24	310530	磷酸氢二铵	17879.73	0.486
25	410419	牛皮革	17373.62	0.473
26	392690	其他塑料制品	17345.04	0.472
27	847989	其他机械和机械设备	16722.29	0.455
28	870410	非公路用货运自卸车	16503.2	0.449
29	520100	未梳的棉花	16294.47	0.443
30	720852	10 毫米≥厚度≥ 4.75 毫米的热轧非卷材（除热轧外未进一步加工，宽≥ 600 毫米，未包、镀，涂层）	15792.55	0.430

续表

排名	产品代码	产品名	进口值	占比
31	440399	其他未列名原木（用油漆，着色剂，杂酚油或其他防腐剂处理的除外）	15590.34	0.424
32	392099	其他非泡沫塑料板，片，膜，箔，扁条	15219.54	0.414
33	720711	宽度小于厚度两倍的矩形截面钢坯（含碳量小于 0.25%）	14857.99	0.404
34	720719	其他含碳量小于 0.25% 的钢坯	14604.52	0.397
35	720851	厚度>10毫米的其他热轧非卷材（宽≥600毫米，未包、镀，涂层）	13766.38	0.374
36	999999	未按种类指定的商品	13677.07	0.372
37	760110	未锻轧非合金铝	13351.99	0.363
38	252310	水泥熟料	12707.59	0.346
39	590390	用其他塑料浸渍的纺织物（包括用其他塑料涂布、包覆或层压的）	12614.81	0.343
40	850239	其他发电机组（风力驱动除外）	12352.56	0.336
41	621710	服装或衣着附件（指非针织非钩编）	12341.61	0.336
42	390120	初级形状比重≥ 0.94 的聚乙烯	12285.28	0.334
43	151110	初榨的棕榈油	11792.19	0.321
44	870421	柴油型其他小型货车（装有压燃式活塞内燃发动机，小型指车辆总重量≤ 5 吨）	11706.31	0.318
45	640620	橡胶及塑料制的外底及鞋跟	11457.07	0.312
46	640699	鞋类的其他非木质部件；可拆卸的鞋底和类似物品；绑腿及类似用品及其零件	11436.29	0.311
47	847160	计算机用终端（输入或输出部件，不论是否在同一机壳内有存储部件）	11412.88	0.310
48	551219	聚酯短纤其他织物（纯聚酯布指按重量计聚酯短纤含量在 85% 及以上）	11031.59	0.300
49	290321	氯乙烯	10815.66	0.294
50	710811	非货币用金粉	10773.74	0.293
51	40210	脂肪含量≤ 1.5% 固状乳及奶油（指粉状、粒状或其他固体状态，浓缩，加糖或其他甜物质）	10709.47	0.291
52	400122	技术分类天然橡胶（TSNR）〔初级形状（胶乳，烟胶片除外）或板，片，带〕	10590.32	0.288
53	230990	其他配制的动物饲料	10489.45	0.285
54	854449	其他电压不超过 1000 伏的电导体	10346.55	0.281
55	410449	其他牛马皮革（经鞣制不带毛）	9941.116	0.270

续表

排名	产品代码	产品名	进口值	占比
56	551299	其他合纤短纤其他机织物（其他纯合纤布指按重量计其他合纤短纤含量在 85% 及以上）	9631.245	0.262
57	600290	其他纺材宽≤ 30 厘米针织或钩编织物（按重量计含弹性纱线或橡胶线≥ 5%）	9574.757	0.260
58	720917	1 毫米≥厚度≥ 0.5 毫米冷轧卷材（宽≥ 600 毫米）	9533.563	0.259
59	854270	用于光通信系统的激光转发器、其他电子微组件	9480.636	0.258
60	310221	硫酸铵	9001.46	0.245
61	380810	杀虫剂	8733.344	0.238
62	853530	隔离开关及断续开关（用于电压超过 1000 伏的线路）	8583.862	0.234
63	481190	其他经涂布，浸渍，覆盖的纸及纸板（包括纤维素絮纸及纤维素纤维网纸，成卷或成张，包括以纸或纸板为底制成的铺地制品）	8547.547	0.233
64	540710	高强力纱纺制机织物（由尼龙或其他聚酰胺高强力纱纺制的）	8391.143	0.228
65	80131	带壳腰果	8352.291	0.227
66	310420	氯化钾	8218.098	0.224
67	40221	脂肪量＞ 1.5% 未加糖固状乳及奶油（指粉状、粒状或其他固体状态，浓缩，未加糖或其他甜物质）	8189.282	0.223
68	380820	杀菌剂	8100.574	0.220
69	853690	其他电路设备	7774.285	0.211
70	271111	液化天然气	7612.214	0.207
71	720712	其他矩形截面钢坯〔含碳量小于 0.25%（正方形截面除外）〕	7548.413	0.205
72	721123	含碳量低于 0.25% 的冷轧板材（宽 <600 毫米，未包，镀，涂层）	7276.523	0.198
73	960719	其他拉链	7225.978	0.197
74	851730	电话或电报交换设备	7033.77	0.191
75	848210	滚珠轴承	6913.521	0.188
76	760120	未锻轧铝合金	6895.39	0.188
77	847170	计算机的存储部件	6857.773	0.187
78	721914	厚＜ 3 毫米的热轧不锈钢卷板（宽度≥ 600 毫米）	6835.37	0.186
79	291736	对苯二甲酸及其盐	6824.846	0.186
80	230120	不适于供人食用的水产品渣粉	6777.973	0.184
81	440799	其他木厚板材（经纵锯、纵切、刨切或旋切的，厚度超过 6 毫米）	6761.772	0.184
82	852990	其他电视接收机零件	6757.735	0.184
83	840991	点燃式活塞内燃发动机用零件	6737.867	0.183

续表

排名	产品代码	产品名	进口值	占比
84	871120	排量≤ 250 毫升装往复式活塞内燃发动机摩托车及脚踏两用车	6688.699	0.182
85	720449	其他以钢铁为主的废五金材料	6639.217	0.181
86	380830	除草剂	6588.568	0.179
87	621790	服装或衣着零件（指非针织非钩编）	6568.845	0.179
88	580190	其他材料制起绒机织物及绳绒织物（品目 5802 或 5806 的织物除外）	6525.646	0.178
89	721119	其他热轧铁或非合金钢窄板材（宽＜ 600 毫米，未包，镀，涂层）	6505.784	0.177
90	551211	未漂或漂白聚酯短纤其他机织物（纯聚酯布指按重量计聚酯短纤含量在 85% 及以上）	6361.791	0.173
91	300420	已配剂量含有其他抗菌素的药品	6250.934	0.170
92	540233	非零售聚酯变形纱线	6215.948	0.169
93	870324	排气量＞ 4 升带点燃往复式活塞内燃发动机其他车	6200.895	0.169
94	880240	飞机和其他飞机的空载重量超过 15000 公斤	6176.008	0.168
95	411390	加工的其他动物皮革（经鞣制或半硝后进一步加工，不带毛，羊皮纸化处理）	6157.221	0.167
96	845320	鞋靴制作或修理机器（缝纫机除外）	6148.72	0.167
97	540243	其他聚酯单纱，非供零售用，细度 <50 分特	6075.297	0.165
98	760612	合金铝制铝塑复合矩形板、片及带（包括正方形）厚度厚 >0.2 毫米	5926.963	0.161
99	870210	压燃式活塞内燃发动机的客车	5894.557	0.160
100	870422	柴油型其他货车（装有压燃式活塞内燃发动机，重型指 5 吨≤车辆总重≤ 20 吨）	5857.613	0.159

表 VN-5 表示 2016 年越南进口值排名前 100 产品。从表中看出，排名前十的进口产品是其他集成电路；其他通信设备零件；用作处理器及控制器的集成电路；石油和油脂；印刷电路；其他电视接收机零件；提炼豆油所得的油饼和其他固体残渣；其他已配定剂量的药品；其他玉米；未梳的棉花。其中，其他集成电路进口值最高，为 108.11 亿美元，占比达到 6.18%；其次是其他通信设备零件和用作处理器及控制器的集成电路，进口值分别为 95.17 亿美元、49.06 亿美元，占比分别为 5.44%、2.80%。

从越南 2016 进口前 100 产品种类来看，主要为机器、机械器具、电气设备及其零件、录音机及放声机、电视图像、声音的录制和重放设备及其零件、附件；矿产品；食品、饮料、酒及醋、烟草及烟草代用品的制品等。

从越南2016进口前100产品的集中度来看，进口产品排名前五的进口为318.64亿美元，占总进口的18.21%，排名前十的进口值为408.92亿美元，占越南进口总值的23.37%。因此可以看出2016年越南进口产品集中度不高。

表VN-5　2016年越南进口排名前100产品

单位：万美元、%

排名	产品代码	产品名	进口值	占比
1	854239	其他集成电路	1081065.82	6.178
2	851770	其他通信设备零件	951748.39	5.439
3	854231	用作处理器及控制器的集成电路	490641.53	2.804
4	271019	石油和油脂	431774.57	2.468
5	853400	印刷电路	231180.66	1.321
6	852990	其他电视接收机零件	223537.20	1.278
7	230400	提炼豆油所得的油饼和其他固体残渣	185473.12	1.060
8	300490	其他已配定剂量的药品	165020.16	0.943
9	100590	其他玉米	164425.76	0.940
10	520100	未梳的棉花	164325.35	0.939
11	80131	带壳腰果	162683.44	0.930
12	722530	宽度≥600毫米热轧其他合金钢卷材（除热轧外未经进一步加工）	162102.51	0.926
13	851712	蜂窝网络或其他无线网络的电话机	158731.49	0.907
14	271012	轻油及制品，不含生物柴油	132704.11	0.758
15	853690	其他≤1000伏电路开关等电气装置	126544.88	0.723
16	392690	其他塑料制品	122591.84	0.701
17	551219	聚酯短纤其他织物（纯聚酯布指按重量计聚酯短纤含量在85%及以上）	109437.47	0.625
18	847330	品目8471所列其他机器零附件	101098.45	0.578
19	740311	精炼铜的阴极型材（未锻轧的）	100818.68	0.576
20	100199	其他小麦及混合麦	100107.96	0.572
21	390210	初级形状的聚丙烯	97186.61	0.555
22	410799	其他非整张牛马皮革（经鞣制或半硝后进一步加工，羊皮纸化处理）	95613.49	0.546
23	847989	其他机械和机械设备	93822.35	0.536

续表

排名	产品代码	产品名	进口值	占比
24	720839	厚度＜3毫米的其他热轧卷材（除热轧外未进一步加工宽≥600毫米，未包、镀、涂层）	88830.09	0.508
25	720449	其他以钢铁为主的废五金材料	86367.14	0.494
26	390110	初级形状比重＜0.94的聚乙烯	83169.38	0.475
27	600622	棉制其他染色针织或钩编织物	80672.41	0.461
28	732690	其他钢铁制品	76721.01	0.438
29	854890	其他编号未列名的电气零件	72222.03	0.413
30	841510	独立窗式或壁式空气调节器	71274.35	0.407
31	850760	锂离子蓄电池	70129.22	0.401
32	600632	合成纤维其他染色针织或钩编织物（染色）	67448.02	0.385
33	120190	其他大豆	66101.06	0.378
34	854140	光敏半导体器件、发光二极管	63575.45	0.363
35	870829	其他身体部分和附件（包括驾驶室）	63037.85	0.360
36	391990	其他自粘塑料板、片、膜等材料	62044.26	0.355
37	852580	电视摄像机、数码相机和摄像机录像机	60768.75	0.347
38	851762	交换机和路由器	59881.19	0.342
39	760429	其他铝合金制条、杆	58230.89	0.333
40	854190	品目8541所列货品零件	57192.38	0.327
41	870421	柴油型其他小型货车（装有压燃式活塞内燃发动机，小型指车辆总重量≤5吨）	56691.73	0.324
42	600410	宽>30厘米弹性针织或钩编织物（按重量计弹性纱线含量在5%及以上且不含橡胶线）	55451.50	0.317
43	230990	其他配制的动物饲料	53081.89	0.303
44	853710	其他电力控制或分配的装置（电压不超过1000伏的线路）	52556.73	0.300
45	440399	其他未列名原木（用油漆，着色剂，杂酚油或其他防腐剂处理的除外）	51698.39	0.295
46	722540	宽≥600毫米热轧其他合金钢材（除热轧外未经进一步加工）	51697.53	0.295
47	151190	其他棕榈油及其分离品	51086.50	0.292
48	210690	其他编号未列名的食品	50966.39	0.291
49	390120	初级形状比重≥0.94的聚乙烯	50852.88	0.291
50	850440	静态转换器	49196.66	0.281

续表

排名	产品代码	产品名	进口值	占比
51	847130	便携式自动数据处理设备（重量≤ 10 千克，至少由一个中央处理器、键盘和显示器组成）	48261.18	0.276
52	760421	铝合金制空心异型材	47541.39	0.272
53	854290	其他集成电路及微电子组件零件	47106.55	0.269
54	440799	其他木厚板材（经纵锯、纵切、刨切或旋切的，厚度超过 6 毫米）	46017.51	0.263
55	851890	麦克风的部件和附件	45990.80	0.263
56	590390	用其他塑料浸渍的纺织物（包括用其他塑料涂布、包覆或层压的）	44693.73	0.255
57	880240	飞机和其他飞机的空载重量超过 15000 公斤	44682.99	0.255
58	903180	其他测量、检验仪器、器具及机器	44625.93	0.255
59	844399	其他印刷（打印）机、复印机及传真机的零件和附件	44618.51	0.255
60	721049	镀锌的其他形铁或非合金钢宽板材（电镀锌的除外，宽≥ 600 毫米）	44041.24	0.252
61	270112	烟煤	39800.52	0.227
62	900699	照相闪光灯装置及闪光灯泡的零件	39214.42	0.224
63	721070	涂漆或涂塑的铁或非合金钢宽板材（宽度≥ 600 毫米）	39185.83	0.224
64	854449	其他电压不超过 1000 伏的电导体	38997.33	0.223
65	901380	其他装置，仪器及器具	38121.77	0.218
66	870423	柴油型的其他货车（装有压燃式活塞内燃发动机，超重型指车辆总重量＞ 20 吨）	38026.14	0.217
67	720838	4.75 毫米 > 厚度≥ 3 毫米的大强度卷材（宽≥ 600 毫米）	37219.01	0.213
68	900290	其他光学仪器用未列名光学元件	36900.46	0.211
69	760120	未锻轧铝合金	36590.67	0.209
70	390190	其他初级形状的乙烯聚合物	36229.43	0.207
71	760110	未锻轧非合金铝	36154.60	0.207
72	847780	未列名的橡胶或塑料加工机器	35744.06	0.204
73	390760	初级形状的聚对苯二甲酸乙二酯	35205.24	0.201
74	760612	合金铝制铝塑复合矩形板、片及带（包括正方形）厚度厚 >0.2 毫米	35087.03	0.201

续表

排名	产品代码	产品名	进口值	占比
75	392099	其他非泡沫塑料板，片，膜，箔，扁条	34944.52	0.200
76	300420	已配剂量含有其他抗菌素的药品	34936.48	0.200
77	600690	其他纺材制针织或钩编织物	34660.35	0.198
78	853224	多层瓷介电容器	34614.06	0.198
79	600490	其他纺材宽 >30 厘米针织或钩编织物（按重量计含弹性纱线或橡胶线≥ 5%）	33707.47	0.193
80	870840	铁路或电车道机车齿轮箱及其零件	33382.99	0.191
81	840820	压缩点火内燃活塞发动机（柴油或半柴油机）	33311.52	0.190
82	721913	3 毫米≤厚＜ 4.75 毫米的热轧不锈钢卷板（宽度≥ 600 毫米）	33309.72	0.190
83	730890	其他钢铁结构体及部件（包括结构体用的已加工钢板、型材、管子及类似品）	33273.11	0.190
84	30617	冻其他虾和对虾	33165.12	0.190
85	10229	非改良种用家牛	33006.17	0.189
86	852872	其他颜色的电视接收机	32909.64	0.188
87	270111	无烟煤	32495.88	0.186
88	870323	1.5 升＜排量≤ 3 升装点燃往复式活塞内燃发动机的其他载人车辆	32193.31	0.184
89	382490	其他编号未列名的化工产品	32057.20	0.183
90	870190	其他拖拉机	31902.69	0.182
91	600631	合成纤维制其他针织或钩编织物（漂白或未漂白）	31075.73	0.178
92	870899	其他零件和附件	30804.18	0.176
93	840681	功率超过 40 兆瓦的其他汽轮机	30543.96	0.175
94	761699	其他铝制品	30265.46	0.173
95	721391	圆截面直径 <14 毫米的其他热轧盘条（不带有轧制过程中产生的变形）	29848.26	0.171
96	310530	磷酸氢二铵	29626.77	0.169
97	848180	其他阀门（用于管道、锅炉、罐、桶或类似品的）	29170.00	0.167
98	380892	零售包装的杀菌剂成药	28611.65	0.164
99	850450	其他电感器	28545.22	0.163
100	550320	未梳的聚酯短纤（包括未经其他纺前加工的）	28271.60	0.162

对比 2005 年及 2016 年越南排名前十的进口产品，种类变动较大。排名均在前十的产品只有石油和油脂，其他产品都发生了变化。其中 2016 年石油和油脂进口额为 43.18 亿美元，相对 2005 年进口额增加了 6.32 亿美元，但进口额排名从 2005 年的第一降为第四。

从进口产品的集中度来看，2005 年至 2016 年，越南进口需求以及进口集中度都有所增强。2005 年进口产品排名前五，排名前十的进口值分别为 65.89 亿美元、83.16 亿美元，2016 年进口值分别为 318.64 亿美元、408.92 亿美元，相对 2005 年，2016 年进口值分别增加了 383.59%，391.73%。2005 年前五名、前十进口值占总进口的百分比分别为 18.21%、23.37%，相比 2005 年，2016 年分别增加了 0.28、0.74 个百分点，因此可以看出越南进口产品集中度略有增强。

从越南进口产品种类来看，2005 年越南进口排名前十的产品有 7 类，即矿产品；天然或养殖珍珠、宝石或半宝石、贵金属、包贵金属及其制品、仿首饰、硬币；贱金属及其制品；机器、机械器具、电气设备及其零件、录音机及放声机、电视图像、声音的录制和重放设备及其零件、附件；化学工业及其相关工业的产品；塑料及其制品、橡胶及其制品；纺织原料及纺织制品。2016 年越南进口排名前十的产品有 6 类，即机器、机械器具、电气设备及其零件、录音机及放声机、电视图像、声音的录制和重放设备及其零件、附件；矿产品；食品、饮料、酒及醋；烟草及烟草代用品的制品；化学工业及其相关工业的产品；植物产品；纺织原料及纺织制品。对比 2005 年 2016 年，越南主要进口的产业变化不大，主要产品为机器、机械器具、电气设备及其零件、录音机及放声机、电视图像、声音的录制和重放设备及其零件、附件；矿产品；化学工业及其相关工业的产品等。

七、文莱出口主导产业分析与进口需求研究

（一）文莱出口主导产业分析

出口主导产业是由产品出口额占国家总出口额的比例来衡量的，所占比例越大，表明其在出口中所占地位越重，同时表明，此国生产相应产品的能力越强或拥有相应丰富的资源。表 BN-1 及表 BN-2 分别表示 2006 年与 2016 年文莱出口额排名前 100 主导产品。

表 BN-1　2006 年文莱出口额排名前 100 产品

单位：万美元、%

排序	产品代码	产品名称	占比	出口值
1	870323	1.5 升<排量≤ 3 升装点燃往复式活塞内燃发动机的其他载人车辆	3.378	5661.32
2	870322	1 升<排量≤ 1.5 升带点燃往复式活塞内燃发动机其他车	2.415	4047.58
3	521211	未漂白的其他棉织品（每平方米重≤ 200 克）	2.403	4027.81
4	300490	其他已配定剂量的药品	2.276	3814.81
5	841182	功率> 5000 千瓦的其他燃气轮机	2.030	3401.96
6	880330	飞机及直升机用其他零件	1.759	2948.92
7	382490	其他编号未列名的化工产品	1.466	2457.88
8	271000	汽油，包括航空汽油	1.401	2347.80
9	100630	精米	1.400	2346.16
10	730620	其他用于石油或天然气钻探的铸铁和钢管	1.314	2202.42
11	840690	汽轮机用的零件	1.303	2183.64
12	230990	其他配制的动物饲料	1.284	2151.68

续表

排序	产品代码	产品名称	占比	出口值
13	852510	广播电视、无线电话、无线电电报传输设备	1.143	1915.82
14	870332	1.5 升＜排量≤ 2.5 升装有压燃往复式活塞内燃发动机	1.041	1744.86
15	252310	水泥熟料	1.013	1698.32
16	847150	自动数据处理设备及其部件（不论是否在同一机壳内有一或两个存储，输入或输出部件）	0.981	1644.14
17	240310	烟丝萃取物	0.958	1605.73
18	820750	工作部件的钻孔工具（凿岩或钻探用的除外）	0.951	1593.80
19	870333	排量＞ 2.5 升装有压燃往复式活塞内燃发动机	0.940	1575.57
20	870324	排气量＞ 4 升带点燃往复式活塞内燃发动机其他车	0.909	1524.46
21	600199	其他纺材制针织或钩编起绒织物	0.828	1388.04
22	220210	加味、加糖或其他甜物质的水	0.777	1303.19
23	840681	功率超过 40 兆瓦的其他汽轮机	0.720	1207.31
24	722230	其他不锈钢条、杆（除热加工或冷加工外未进一步加工的不锈钢条、杆）	0.702	1176.49
25	843041	其他自推进的凿井机械	0.700	1172.83
26	220290	其他无酒精饮料	0.632	1059.38
27	190590	其他面包，糕点，饼干及烘焙糕饼	0.558	935.39
28	841199	其他涡轮喷气机、涡轮螺旋桨和燃气轮机	0.550	922.60
29	730421	钻探石油和天然气的无缝钢管和铁钻杆	0.536	899.01
30	841490	压缩机进、排气阀片零件	0.526	881.39
31	290919	其他无环醚及其卤化等衍生物	0.458	768.27
32	999999	未按种类指定的商品	0.455	763.24
33	40221	脂肪量＞ 1.5% 未加糖固状乳及奶油（指粉状、粒状或其他固体状态，浓缩，未加糖或其他甜物质）	0.448	750.76
34	721420	铁或非合金钢的热加工条、杆（带有轧制过程中产生变形，热加工指热轧、热拉拔或热挤压）	0.445	746.59
35	847110	模拟或混合自动数据处理机器	0.437	732.10
36	190219	其他未包馅或未制作的生面食	0.436	731.13
37	10290	非改良种用其他牛	0.417	698.22
38	732690	其他钢铁制品	0.413	692.21
39	870421	柴油型其他小型货车（装有压燃式活塞内燃发动机，小型指车辆总重量≤ 5 吨）	0.397	665.66

续表

排序	产品代码	产品名称	占比	出口值
40	854419	其他绕组电线（非铜制）	0.393	659.15
41	847160	计算机用终端（输入或输出部件，不论是否在同一机壳内有存储部件）	0.388	649.71
42	722860	其他合金钢条、杆（热加工或冷加工后经进一步加工）	0.385	644.79
43	210690	其他编号未列名的食品	0.377	632.68
44	481840	卫生纸和卫生棉条、婴儿纸尿裤、尿布衬里等	0.373	624.83
45	340220	零售包装有机表面活性剂制品	0.368	616.09
46	848180	其他阀门（用于管道、锅炉、罐、桶或类似品的）	0.367	615.22
47	730799	未列名钢铁制其他管子附件（不锈钢除外）	0.364	610.91
48	851790	其他发送或接收声音、图像或其他数据用的设备	0.361	604.80
49	854459	无连接器的绝缘导体，80 伏≤电压≤ 1000 伏	0.354	592.75
50	210390	其他调味品	0.345	578.37
51	853710	其他电力控制或分配的装置（电压不超过 1000 伏的线路）	0.299	500.73
52	848590	其他机械部件，不包含电气连接器，绝缘体，线圈，触点或其他电气特性	0.294	492.87
53	392690	其他塑料制品	0.285	477.26
54	850300	其他电动机、发电机（组）零件	0.285	477.21
55	848140	安全阀或溢流阀（用于管道、锅炉、罐、桶或类似品的）	0.273	458.31
56	730429	其他钻探石油及天然气用的套管及导管（铸铁的除外）	0.270	451.86
57	845929	切削金属的其他钻床（但品目 8458 的车床除外）	0.267	447.73
58	730719	可锻性铸铁及铸钢管子附件	0.266	445.34
59	381190	其他矿物油用的配制添加剂	0.265	444.53
60	730439	其他冷轧的铁制无缝圆形截面管	0.257	430.15
61	40210	脂肪含量≤ 1.5% 固状乳及奶油（指粉状、粒状或其他固体状态，浓缩，加糖或其他甜物质）	0.251	421.39
62	730290	其他铁道电车道铺轨用钢铁材料	0.250	419.72
63	290121	乙烯	0.248	416.33
64	901890	其他医疗、外科或兽医用仪器器具	0.245	410.70
65	847330	品目 8471 所列其他机器零附件	0.240	401.87
66	482390	其他以纸或纸板为底制成的铺地制品	0.236	395.94
67	180620	每件净重超过 2 千克的含可可食品	0.235	393.86

续表

排序	产品代码	产品名称	占比	出口值
68	853720	其他电力控制或分配的装置（电压超过 1000 伏的线路）	0.232	389.43
69	732290	非电热空气加热器、暖气分布器	0.231	387.38
70	180500	未加糖或其他甜物质的可可粉	0.227	380.78
71	870899	其他零件和附件	0.220	369.00
72	730490	未列名无缝钢铁管及空心异型材（铸铁除外）	0.216	361.83
73	870210	压燃式活塞内燃发动机的客车	0.216	361.28
74	730890	其他钢铁结构体及部件（包括结构体用的已加工钢板、型材、管子及类似品）	0.213	357.74
75	732620	铁丝或钢丝制品	0.212	354.96
76	730459	其他圆截面合金钢	0.212	354.72
77	401110	汽车用新型橡胶充气轮胎	0.211	354.44
78	490700	新的邮票（包括支票、股票，债券及类似的所有权凭证）	0.210	351.80
79	392410	塑料制餐具及厨房用具	0.208	348.44
80	820790	其他可互换工具（带有其他材料制的工作部件）	0.206	344.97
81	842619	其他高架移动式起重吊运设备	0.206	344.79
82	847130	便携式自动数据处理设备（重量≤ 10 千克，至少由一个中央处理器、键盘和显示器组成）	0.204	341.82
83	610910	棉制针织或钩编 T 恤衫、汗衫等	0.203	339.85
84	740322	未锻轧的铜锡合金（青铜）	0.202	338.64
85	392329	其他塑料制的袋及包	0.201	337.13
86	852830	彩色、单色视频投影仪	0.198	331.78
87	330499	其他美容品或化妆品	0.196	328.23
88	320910	溶于水介质的聚丙烯酸油漆及清漆	0.195	327.00
89	170199	其他精制糖	0.191	319.91
90	210111	咖啡浓缩精汁	0.191	319.80
91	110100	小麦或混合麦的细粉	0.190	319.01
92	850421	额定容量≤ 650 千伏安液体介质变压器	0.189	317.26
93	690600	陶瓷套管，导管，槽管及管子配件	0.189	316.22
94	271320	石油沥青	0.189	316.12
95	580211	未漂棉毛巾织物及类似毛圈机织物（品目 5806 的狭幅织物除外）	0.186	311.35

续表

排序	产品代码	产品名称	占比	出口值
96	841950	热交换装置	0.182	304.93
97	580190	其他材料制起绒机织物及绳绒织物（品目 5802 或 5806 的织物除外）	0.181	303.95
98	580610	其他材料狭幅起绒织物及绳绒织物（包括狭幅毛巾织物及类似毛圈织物，品目 5807 的货品除外）	0.179	300.85
99	381800	其他经掺杂用于工业的晶体切片	0.179	300.19
100	30269	新鲜、冷的鱼	0.179	299.60

数据来源：由联合国商品贸易数据计算整理所得

根据表 BN-1、表 BN-2 可知，2006 年文莱出口主导产品种类为车辆、航空器、船舶及有关运输设备；纺织原料及纺织制品；化学工业及其相关工业的产品等。2016 年文莱出口主导产品种类为矿产品；化学工业及其相关工业的产品；机器、机械器具、电气设备及其零件、录音机及放声机、电视图像、声音的录制和重放设备及其零件、附件等产品。对比 2006 年及 2016 年文莱排名前十的主导产品，发现种类变动幅度较小，表明文莱主要出口产品结构较为稳定。

表 BN-2　2016 年文莱出口额排名前 100 产品

单位：万美元、%

排序	产品代码	产品名称	占比	出口值
1	271111	液化天然气	49.365	240660.49
2	270900	石油原油	38.509	187734.66
3	290511	甲醇	2.522	12295.18
4	382490	其他编号未列名的化工产品	2.255	10993.45
5	840710	航空器内燃引擎（指点燃往复式或旋转式）	0.666	3247.01
6	880330	飞机及直升机用其他零件	0.607	2960.05
7	851762	交换机和路由器	0.592	2886.26
8	843143	其他凿井机用零件（子目 843041，843049 所列机械的）	0.287	1400.13
9	999999	未按种类指定的商品	0.174	846.89
10	720449	其他以钢铁为主的废五金材料	0.167	813.54
11	853810	品目 8537 货品用的其他盘、板等（未装有开关装置）	0.125	607.51
12	841350	其他往复式正排量泵	0.119	582.32

续表

排序	产品代码	产品名称	占比	出口值
13	847979	非机场用旅客登机（船）桥	0.119	580.44
14	842641	轮胎式起重机	0.105	512.45
15	853710	其他电力控制或分配的装置（电压不超过 1000 伏的线路）	0.105	509.81
16	843149	品目 8426、8429、8430 的其他零件	0.104	506.45
17	847989	其他机械和机械设备	0.103	501.01
18	847990	其他机械零件	0.101	493.73
19	880310	飞机用推进器、水平旋翼及零件	0.096	469.43
20	740400	铜废料和废料	0.080	389.40
21	721410	铁或非合金钢的锻造条、杆（除热加工外未进一步加工）	0.076	372.66
22	841229	其他液压动力发动机和马达	0.066	323.72
23	870590	其他特殊用途的机动车辆	0.062	303.83
24	730490	未列名无缝钢铁管及空心异型材（铸铁除外）	0.060	292.25
25	851150	其他发电机	0.059	287.68
26	841199	其他涡轮喷气机、涡轮螺旋桨和燃气轮机	0.058	282.92
27	880211	空载重量不超过 2 吨的直升机	0.054	262.11
28	842649	其他自推进起重机械	0.054	261.02
29	711419	其他贵金属制金银器及零件（不论是否包，镀贵金属）	0.051	250.96
30	940600	其他活动房屋	0.051	247.36
31	761090	其他铝制结构体及其部件（包括结构体用的已加工铝板、型材、管子及类似品）	0.048	232.61
32	902680	液体或气体的其他测量或检验仪器	0.046	223.72
33	732690	其他钢铁制品	0.045	219.22
34	841451	功率≤ 125 瓦的风扇	0.045	219.07
35	850131	其他输出功率≤ 750 瓦的直流电动机、发电机	0.045	218.90
36	843010	打桩机及拔桩机	0.043	207.73
37	901590	大地测量仪及装置的零、附件	0.042	206.02
38	903180	其他测量、检验仪器、器具及机器	0.041	200.27
39	420219	以钢纸或纸板作面的衣箱等（包括提箱，小手袋，公文箱，公文包，书包及类似容器）	0.040	195.94
40	760200	铝废碎料	0.040	194.70

续表

排序	产品代码	产品名称	占比	出口值
41	730900	容积＞300升钢铁制盛物容器（容积＞300升的囤、柜、桶、罐、听及类似容器）	0.039	191.39
42	851712	蜂窝网络或其他无线网络的电话机	0.037	182.10
43	848180	其他阀门（用于管道、锅炉、罐、桶或类似品的）	0.037	181.22
44	621132	棉制男式其他服装	0.037	179.46
45	441820	木门及其框架和门槛	0.036	174.13
46	730799	未列名钢铁制其他管子附件（不锈钢除外）	0.036	173.69
47	860900	集装箱（包括用于运输液体的容器）	0.035	168.60
48	220210	加味、加糖或其他甜物质的水	0.034	166.48
49	901580	其他测量仪器及装置	0.033	160.72
50	40690	其他乳酪	0.033	159.27
51	820719	带其他工作部件的凿岩工具（包括钻探工具）	0.033	158.86
52	901890	其他医疗、外科或兽医用仪器器具	0.032	157.20
53	848120	压油或气动变速器的阀门	0.031	150.47
54	840682	功率不超过40兆瓦的其他汽轮机（功率指输出功率）	0.030	148.26
55	30617	冻其他虾和对虾	0.030	146.01
56	903010	离子射线的测量或检验仪器及装置	0.030	144.97
57	848140	安全阀或溢流阀（用于管道、锅炉、罐、桶或类似品的）	0.028	137.24
58	841330	内燃机活塞用燃料、润滑或冷却介质泵	0.028	136.81
59	900490	其他眼	0.028	135.23
60	840910	航空器发动机用零件（指专用于或主要用于品目8407或8408所列航空器发动机的零件）	0.027	133.54
61	841182	功率＞5000千瓦的其他燃气轮机	0.026	126.30
62	841191	涡轮喷气或涡轮螺桨发动机用零件	0.025	124.23
63	851140	启动电机及两用启动发电机	0.025	120.04
64	871640	其他未列名挂车及半挂车	0.025	119.86
65	842539	其他电动卷扬机及绞盘	0.024	118.86
66	902610	测量、检验液体流量或液位的仪器	0.023	113.04
67	850650	锂的原电池及原电池组	0.023	112.21
68	848340	传动装置及变速装置（指齿轮及齿轮传动装置，齿轮箱和扭矩变换器）	0.023	111.42

续表

排序	产品代码	产品名称	占比	出口值
69	902690	液体或气体的测量或检验仪器零件	0.022	108.55
70	841319	其他装有或可装计量装置的泵	0.022	105.93
71	902790	检镜切片机、理化分析仪器零件	0.022	105.60
72	903289	其他自动调节或控制仪器及装置	0.021	103.83
73	854810	电池废碎料及废电池〔指原电池（组）和蓄电池的废碎料，废原电池（组）及废蓄电〕	0.021	102.70
74	842959	其他机械铲、挖掘机及机铲装载机	0.021	102.66
75	730419	其他石油或天然气钢铁管道	0.020	96.51
76	720410	铸铁废碎料	0.019	94.67
77	610990	其他针织或钩编 T 恤衫、汗衫等	0.019	94.30
78	903090	品目 9030 所属货品的零件及附件	0.019	93.85
79	848420	机械密封件	0.019	92.48
80	610910	棉制针织或钩编 T 恤衫、汗衫等	0.018	89.64
81	842820	气压升降机及输送机	0.018	88.79
82	820750	工作部件的钻孔工具（凿岩或钻探用的除外）	0.016	79.77
83	902620	测量、检验压力的仪器及装置	0.016	79.44
84	890790	其他浮动结构体	0.016	78.82
85	902300	专供示范的仪器、装置及模型	0.016	77.87
86	841370	其他离心泵	0.016	76.93
87	681091	水泥制建筑或土木工程用预制构件（包括混凝土或人造石制，不论是否加强）	0.016	76.63
88	820790	其他可互换工具（带有其他材料制的工作部件）	0.016	76.24
89	401110	汽车用新型橡胶充气轮胎	0.015	74.82
90	731100	装压缩或液化气的钢铁容器	0.015	72.58
91	842139	其他气体过滤、净化机器及装置	0.015	72.53
92	841581	热泵式空调器（装有制冷装置及一个冷热循环换向阀的）	0.015	71.38
93	843139	品目 8428 所列其他机械的零件（升降机，倒卸式起重机，自动梯的零件除外）	0.014	69.54
94	400942	加强或与其他材料合制硫化橡胶管（装有附件、硬质橡胶除外）	0.014	68.34

续表

排序	产品代码	产品名称	占比	出口值
95	851840	音频扩大器	0.014	67.64
96	852713	不需外接电源收录（放）音组合机	0.014	66.88
97	902780	其他理化分析仪器及装置（包括测量或检验黏性及类似性能的仪器及装置）	0.014	66.69
98	852859	其他监视器	0.014	66.53
99	731029	其他容积＜ 50 升的盛物容器（容积＜ 50 升的钢铁柜、桶、罐、听及类似容器）	0.013	64.99
100	870324	排气量＞ 4 升带点燃往复式活塞内燃发动机其他车	0.013	64.63

数据来源：由联合国商品贸易数据计算整理所得

从文莱出口主导产品的集中度来看，2006 年出口主导产品集中度很低，2016 年出口主导产品集中度极高。相比 2006 年，2016 年总体产品集中度有升高趋势。主要体现在：2006 年，排名前五的主导产品出口额为 2.10 亿美元，出口额占比为 12.50%；排名前十的主导产品出口额为 3.33 亿美元，出口额占比为 19.84%。2016 年，排名前五的主导产品出口额为 45.49 亿美元，比 2006 年增长 2071.15%（主要受液化天然气、石油原油出口拉动），出口额占比为 93.32%，比 2006 年增加 80.82%；排名前十的主导产品出口额为 46.38 亿美元，比 2006 年增长 1294.72%，出口额占比为 95.15%，比 2006 年增加 75.31%。

从出口主导产品种类来看，2006 年、2016 年文莱主要出口产品具有一致性特点，产品种类结构较稳定，主要出口矿产品；化学工业及其相关工业的产品；机器、机械器具、电气设备及其零件、录音机及放声机、电视图像、声音的录制和重放设备及其零件、附件等产品。

（二）文莱进口需求及其变化分析

表 BN-3 为 2006 年文莱进口额排名前 100 产品。从表中可以看出，2006 年文莱进口排名前十的产品是：1.5 升＜排量≤ 3 升装点燃往复式活塞内燃发动机的其他载人车辆；1 升＜排量≤ 1.5 升带点燃往复式活塞内燃发动机其他车；未漂白的其他棉织品（每平方米重≤ 200 克）；其他已配定剂量的药品；功率＞ 5000 千瓦的其他燃气轮机；飞机及直升机用其他零件；其他编号未列名的化工产品；汽油，包括航空汽油；精米；其他用于石油或天然气钻探的铸铁和钢管。其中排名第 1 位的 1.5 升＜排量≤ 3 升装点燃往复式活塞内燃发动机的其他载人车辆进口额 0.57 亿美元，占比 3.38%；排名第 2 位的 1 升＜排量≤ 1.5 升带点燃往复式活塞内燃发动机其他车进口额 0.404 亿美元，占比 2.42%；排名第 3 位的未漂白的其他棉织品（每平方米重≤ 200 克）进口额 0.402 亿美元，占比 2.40%，前 3 位产品进口额占比达到 8.20%。

从文莱进口前 100 产品种类来看，进口产品主要为车辆、航空器、船舶及有关运输设备；纺织原料及纺织制品；化学工业及其相关工业的产品。

从文莱进口前 100 产品的集中度来看，有较弱集中度。主要体现在：前五位进口产品进口额占比为 12.50%，前十位进口产品进口额占比为 19.84%。

表 BN-3　2006 年文莱进口排名前 100 产品

单位：万美元、%

排名	产品代码	产品名称	进口值	占比
1	870323	1.5 升＜排量≤ 3 升装点燃往复式活塞内燃发动机的其他载人车辆	5661.32	3.378
2	870322	1 升＜排量≤ 1.5 升带点燃往复式活塞内燃发动机其他车	4047.58	2.415
3	521211	未漂白的其他棉织品（每平方米重≤ 200 克）	4027.81	2.403
4	300490	其他已配定剂量的药品	3814.81	2.276
5	841182	功率＞ 5000 千瓦的其他燃气轮机	3401.96	2.03
6	880330	飞机及直升机用其他零件	2948.92	1.759
7	382490	其他编号未列名的化工产品	2457.88	1.466
8	271000	汽油，包括航空汽油	2347.8	1.401
9	100630	精米	2346.16	1.4
10	730620	其他用于石油或天然气钻探的铸铁和钢管	2202.42	1.314
11	840690	汽轮机用的零件	2183.64	1.303
12	230990	其他配制的动物饲料	2151.68	1.284
13	852510	广播电视、无线电话、无线电电报传输设备	1915.82	1.143
14	870332	1.5 升＜排量≤ 2.5 升装有压燃往复式活塞内燃发动机	1744.86	1.041
15	252310	水泥熟料	1698.32	1.013
16	847150	自动数据处理设备及其部件（不论是否在同一机壳内有一或两个存储，输入或输出部件）	1644.14	0.981
17	240310	烟丝萃取物	1605.73	0.958
18	820750	工作部件的钻孔工具（凿岩或钻探用的除外）	1593.8	0.951

续表

排名	产品代码	产品名称	进口值	占比
19	870333	排量＞2.5升装有压燃往复式活塞内燃发动机	1575.57	0.94
20	870324	排气量＞4升带点燃往复式活塞内燃发动机其他车	1524.46	0.909
21	600199	其他纺材制针织或钩编起绒织物	1388.04	0.828
22	220210	加味、加糖或其他甜物质的水	1303.19	0.777
23	840681	功率超过40兆瓦的其他汽轮机	1207.31	0.72
24	722230	其他不锈钢条、杆（除热加工或冷加工外未进一步加工的不锈钢条、杆）	1176.49	0.702
25	843041	其他自推进的凿井机械	1172.83	0.7
26	220290	其他无酒精饮料	1059.38	0.632
27	190590	其他面包，糕点，饼干及烘焙糕饼	935.39	0.558
28	841199	其他涡轮喷气机、涡轮螺旋桨和燃气轮机	922.6	0.55
29	730421	钻探石油和天然气的无缝钢管和铁钻杆	899.01	0.536
30	841490	压缩机进、排气阀片零件	881.39	0.526
31	290919	其他无环醚及其卤化等衍生物	768.27	0.458
32	999999	未按种类指定的商品	763.24	0.455
33	40221	脂肪量＞1.5%未加糖固状乳及奶油（指粉状、粒状或其他固体状态，浓缩，未加糖或其他甜物质）	750.76	0.448
34	721420	铁或非合金钢的热加工条、杆（带有轧制过程中产生变形，热加工指热轧、热拉拔或热挤压）	746.59	0.445
35	847110	模拟或混合自动数据处理机器	732.1	0.437
36	190219	其他未包馅或未制作的生面食	731.13	0.436
37	10290	非改良种用其他牛	698.22	0.417
38	732690	其他钢铁制品	692.21	0.413
39	870421	柴油型其他小型货车（装有压燃式活塞内燃发动机，小型指车辆总重量≤5吨）	665.66	0.397
40	854419	其他绕组电线（非铜制）	659.15	0.393
41	847160	计算机用终端（输入或输出部件，不论是否在同一机壳内有存储部件）	649.71	0.388
42	722860	其他合金钢条、杆（热加工或冷加工后经进一步加工）	644.79	0.385
43	210690	其他编号未列名的食品	632.68	0.377
44	481840	卫生纸和卫生棉条、婴儿纸尿裤、尿布衬里等	624.83	0.373
45	340220	零售包装有机表面活性剂制品	616.09	0.368

续表

排名	产品代码	产品名称	进口值	占比
46	848180	其他阀门（用于管道、锅炉、罐、桶或类似品的）	615.22	0.367
47	730799	未列名钢铁制其他管子附件（不锈钢除外）	610.91	0.364
48	851790	其他发送或接收声音、图像或其他数据用的设备	604.8	0.361
49	854459	无连接器的绝缘导体，80 伏≤电压≤ 1000 伏	592.75	0.354
50	210390	其他调味品	578.37	0.345
51	853710	其他电力控制或分配的装置（电压不超过 1000 伏的线路）	500.73	0.299
52	848590	其他机械部件，不包含电气连接器，绝缘体，线圈，触点或其他电气特性	492.87	0.294
53	392690	其他塑料制品	477.26	0.285
54	850300	其他电动机、发电机（组）零件	477.21	0.285
55	848140	安全阀或溢流阀（用于管道、锅炉、罐、桶或类似品的）	458.31	0.273
56	730429	其他钻探石油及天然气用的套管及导管（铸铁的除外）	451.86	0.27
57	845929	切削金属的其他钻床（但品目 8458 的车床除外）	447.73	0.267
58	730719	可锻性铸铁及铸钢管子附件	445.34	0.266
59	381190	其他矿物油用的配制添加剂	444.53	0.265
60	730439	其他冷轧的铁制无缝圆形截面管	430.15	0.257
61	40210	脂肪含量≤ 1.5% 固状乳及奶油（指粉状、粒状或其他固体状态，浓缩，加糖或其他甜物质）	421.39	0.251
62	730290	其他铁道电车道铺轨用钢铁材料	419.72	0.25
63	290121	乙烯	416.33	0.248
64	901890	其他医疗、外科或兽医用仪器器具	410.7	0.245
65	847330	品目 8471 所列其他机器零附件	401.87	0.24
66	482390	其他以纸或纸板为底制成的铺地制品	395.94	0.236
67	180620	每件净重超过 2 千克的含可可食品	393.86	0.235
68	853720	其他电力控制或分配的装置（电压超过 1000 伏的线路）	389.43	0.232
69	732290	非电热空气加热器、暖气分布器	387.38	0.231
70	180500	未加糖或其他甜物质的可可粉	380.78	0.227
71	870899	其他零件和附件	369	0.22
72	730490	未列名无缝钢铁管及空心异型材（铸铁除外）	361.83	0.216
73	870210	压燃式活塞内燃发动机的客车	361.28	0.216
74	730890	其他钢铁结构体及部件（包括结构体用的已加工钢板、型材、管子及类似品）	357.74	0.213
75	732620	铁丝或钢丝制品	354.96	0.212

续表

排名	产品代码	产品名称	进口值	占比
76	730459	其他圆截面合金钢	354.72	0.212
77	401110	汽车用新型橡胶充气轮胎	354.44	0.211
78	490700	新的邮票（包括支票、股票，债券及类似的所有权凭证）	351.8	0.21
79	392410	塑料制餐具及厨房用具	348.44	0.208
80	820790	其他可互换工具（带有其他材料制的工作部件）	344.97	0.206
81	842619	其他高架移动式起重吊运设备	344.79	0.206
82	847130	便携式自动数据处理设备（重量≤ 10 千克，至少由一个中央处理器、键盘和显示器组成）	341.82	0.204
83	610910	棉制针织或钩编 T 恤衫、汗衫等	339.85	0.203
84	740322	未锻轧的铜锡合金（青铜）	338.64	0.202
85	392329	其他塑料制的袋及包	337.13	0.201
86	852830	彩色、单色视频投影仪	331.78	0.198
87	330499	其他美容品或化妆品	328.23	0.196
88	320910	溶于水介质的聚丙烯酸油漆及清漆	327	0.195
89	170199	其他精制糖	319.91	0.191
90	210111	咖啡浓缩精汁	319.8	0.191
91	110100	小麦或混合麦的细粉	319.01	0.19
92	850421	额定容量≤ 650 千伏安液体介质变压器	317.26	0.189
93	690600	陶瓷套管，导管，槽管及管子配件	316.22	0.189
94	271320	石油沥青	316.12	0.189
95	580211	未漂棉毛巾织物及类似毛圈机织物（品目 5806 的狭幅织物除外）	311.35	0.186
96	841950	热交换装置	304.93	0.182
97	580190	其他材料制起绒机织物及绳绒织物（品目 5802 或 5806 的织物除外）	303.95	0.181
98	580610	其他材料狭幅起绒织物及绳绒织物（包括狭幅毛巾织物及类似毛圈织物，品目 5807 的货品除外）	300.85	0.179
99	381800	其他经掺杂用于工业的晶体切片	300.19	0.179
100	30269	新鲜、冷的鱼	299.6	0.179

数据来源：由联合国商品贸易数据计算整理所得

表 BN-4 为 2016 年文莱进口额排名前 100 产品。从表中可以看出，排名前十的进口产品是石油和油脂；1.5 升＜排量≤ 3 升装点燃往复式活塞内燃发动机的其他载人车辆；轻油及制品，不含生物柴油；飞机及直升机用其他零件；1 升＜排量≤ 1.5 升带点燃往复式活塞内燃发动机其他车；其他已配定剂量的药品；其他配制的动物饲料；其他编号未列名的化工产品；其他无酒精饮料；航空器内燃引擎（指点燃往复式或旋转式）。其中排名第 1 位的石油和油脂进口额 1.34 亿美元，占比 5.02%；排名第 2 位的 1.5 升＜排量≤ 3 升装点燃往复式活塞内燃发动机的其他载人车辆进口额 0.94 亿美元，占比 3.52%；排名第 3 位的轻油及制品，不含生物柴油进口额 0.89 亿美元，占比 3.34%。

从 2016 文莱进口前 100 产品种类来看，主要为矿产品；车辆、航空器、船舶及有关运输设备；化学工业及其相关工业的产品等。

从文莱进口前 100 产品的集中度来看，有较弱一定的集中度。主要体现在：前五位进口产品进口额占比为 16.28%，前十位进口产品进口额占比为 23.93%。

表 BN-4 2016 年文莱进口排名前 100 产品

单位：万美元、%

排名	产品代码	产品名称	进口值	占比
1	271019	石油和油脂	13443.48	5.019
2	870323	1.5 升＜排量≤ 3 升装点燃往复式活塞内燃发动机的其他载人车辆	9431.37	3.521
3	271012	轻油及制品，不含生物柴油	8942.98	3.339
4	880330	飞机及直升机用其他零件	5954.67	2.223
5	870322	1 升＜排量≤ 1.5 升带点燃往复式活塞内燃发动机其他车	5827.98	2.176
6	300490	其他已配定剂量的药品	5124.8	1.913
7	230990	其他配制的动物饲料	4129.38	1.542
8	382490	其他编号未列名的化工产品	4036.3	1.507
9	220290	其他无酒精饮料	3715.17	1.387
10	840710	航空器内燃引擎（指点燃往复式或旋转式）	3484.44	1.301
11	100630	精米	3208.97	1.198
12	730429	其他钻探石油及天然气用的套管及导管（铸铁的除外）	3159.57	1.18
13	848180	其他阀门（用于管道、锅炉、罐、桶或类似品的）	2747.25	1.026
14	851712	蜂窝网络或其他无线网络的电话机	2526	0.943
15	730490	未列名无缝钢铁管及空心异型材（铸铁除外）	2477.4	0.925
16	851762	交换机和路由器	2043.71	0.763

续表

排名	产品代码	产品名称	进口值	占比
17	190590	其他面包，糕点，饼干及烘焙糕饼	1885.29	0.704
18	841182	功率＞5000 千瓦的其他燃气轮机	1857.26	0.693
19	730424	其他不锈钢制钻探石油及天然气用的套管及导管	1813.21	0.677
20	681099	水泥，混凝土或人造石制其他制品	1782.51	0.665
21	401693	硫化橡胶制其他用垫片，垫圈（包括密封垫，硬质橡胶除外）	1715.01	0.64
22	847989	其他机械和机械设备	1614.52	0.603
23	730890	其他钢铁结构体及部件（包括结构体用的已加工钢板、型材、管子及类似品）	1545.92	0.577
24	252329	其他硅酸盐水泥	1544.25	0.577
25	732690	其他钢铁制品	1541.45	0.575
26	401110	汽车用新型橡胶充气轮胎	1502.73	0.561
27	847130	便携式自动数据处理设备（重量≤ 10 千克，至少由一个中央处理器、键盘和显示器组成）	1446.93	0.54
28	251710	卵石，砾石及碎石，圆石子及燧石	1442.33	0.538
29	820600	成套工具组成的零售包装货品（由品目 8202 至 8205 中两个或多个品目所列工具组成的）	1402.79	0.524
30	843143	其他凿井机用零件（子目 843041，843049 所列机械的）	1384.75	0.517
31	842619	其他高架移动式起重吊运设备	1362.05	0.509
32	252310	水泥熟料	1274.1	0.476
33	210390	其他调味品	1197.72	0.447
34	730799	未列名钢铁制其他管子附件（不锈钢除外）	1193.64	0.446
35	730531	纵向焊接的其他粗钢铁管（粗钢铁管指外径超过 406.4 毫米）	1160.49	0.433
36	870332	1.5 升＜排量≤ 2.5 升装有压燃往复式活塞内燃发动机	1138.12	0.425
37	870324	排气量＞4 升带点燃往复式活塞内燃发动机其他车	1133.03	0.423
38	853810	品目 8537 货品用的其他盘、板等（未装有开关装置）	1129.92	0.422
39	210690	其他编号未列名的食品	1128.96	0.421
40	841510	独立窗式或壁式空气调节器	1118.69	0.418
41	220210	加味、加糖或其他甜物质的水	1105.92	0.413
42	853710	其他电力控制或分配的装置（电压不超过 1000 伏的线路）	1084.17	0.405
43	20230	冻藏的去骨牛肉	1029.77	0.384
44	40229	脂肪量＞1.5% 的加糖固状乳及奶油（指粉状、粒状或其他固体状态，浓缩，加糖或其他甜物质）	978.86	0.365

续表

排名	产品代码	产品名称	进口值	占比
45	190219	其他未包馅或未制作的生面食	962.23	0.359
46	392690	其他塑料制品	958.18	0.358
47	730449	其他冷轧的不锈钢制无缝锅炉管	956.87	0.357
48	961900	卫生巾（护垫）及止血塞	903.48	0.337
49	842649	其他自推进起重机械	873.51	0.326
50	110100	小麦或混合麦的细粉	857.94	0.32
51	30289	其他鲜或冷鱼	856.01	0.32
52	230910	零售包装的狗食或猫食	845.79	0.316
53	870321	排量≤1升的带点燃往复式活塞内燃发动机的其他车辆	844.44	0.315
54	870333	排量＞2.5升装有压燃往复式活塞内燃发动机	834.52	0.312
55	848190	阀门用零件（用于管道、锅炉、罐、桶或类似品的）	832.57	0.311
56	40221	脂肪量＞1.5%未加糖固状乳及奶油（指粉状、粒状或其他固体状态，浓缩，未加糖或其他甜物质）	822.3	0.307
57	722230	其他不锈钢条、杆（除热加工或冷加工外未进一步加工的不锈钢条、杆）	776.25	0.29
58	841199	其他涡轮喷气机、涡轮螺旋桨和燃气轮机	769.43	0.287
59	903289	其他自动调节或控制仪器及装置	769.39	0.287
60	190230	其他面食	766.95	0.286
61	854420	同轴电缆及其他同轴电导体	758.95	0.283
62	841490	压缩机进、排气阀片零件	750.83	0.28
63	999999	未按种类指定的商品	742.2	0.277
64	722810	其他高速钢的条、杆	733.52	0.274
65	847170	计算机的存储部件	730.56	0.273
66	880521	空战模拟器及其零件	721.5	0.269
67	180620	每件净重超过2千克的含可可食品	704.29	0.263
68	841319	其他装有或可装计量装置的泵	694.02	0.259
69	282090	其他锰的氧化物	661.23	0.247
70	210111	咖啡浓缩精汁	638.23	0.238
71	490199	其他书籍，小册子及类似的印刷品（非单张的）	634.63	0.237
72	950300	三轮车、踏板车、踏板汽车和类似的带轮玩具；玩偶车	607.83	0.227
73	10229	非改良种用家牛	591.52	0.221

续表

排名	产品代码	产品名称	进口值	占比
74	690890	上釉的大陶瓷砖，瓦，块及类似品	576.43	0.215
75	340220	零售包装有机表面活性剂制品	546.9	0.204
76	180690	其他巧克力及含可可的食品	545.52	0.204
77	901890	其他医疗、外科或兽医用仪器器具	540.38	0.202
78	730539	其他方法焊接其他粗钢铁管（粗钢铁管指外径超过 406.4 毫米）	539.79	0.202
79	722830	其他合金钢热加工条、杆（除热轧，热拉拔或热挤压外未经进一步加工的）	524.54	0.196
80	180610	含糖或其他甜物质的可可粉	523.2	0.195
81	844399	其他印刷（打印）机、复印机及传真机的零件和附件	518.51	0.194
82	820750	工作部件的钻孔工具（凿岩或钻探用的除外）	518.18	0.193
83	320910	溶于水介质的聚丙烯酸油漆及清漆	510.59	0.191
84	330499	其他美容品或化妆品	498.83	0.186
85	20312	鲜或冷的带骨猪前腿、后腿及其肉块	496.25	0.185
86	851770	其他通信设备零件	495.6	0.185
87	392410	塑料制餐具及厨房用具	495.51	0.185
88	320890	其他基于合成聚合物为基本成分的溶于非水介质的油漆	489.04	0.183
89	880212	空载重量＞ 2 吨的直升机	486.16	0.182
90	940360	其他木家具	482.91	0.18
91	151620	氢化、酯化或反油酸化植物油、脂	482.5	0.18
92	481820	小卷（张）纸手帕及纸面巾（成卷或矩形成张的宽度≤ 36 厘米，或制成特殊形状的）	471.35	0.176
93	901839	导管、插管及类似品	470.45	0.176
94	841391	泵用零件	467.67	0.175
95	40690	其他乳酪	463.98	0.173
96	902610	测量、检验液体流量或液位的仪器	440.4	0.164
97	761090	其他铝制结构体及其部件（包括结构体用的已加工铝板、型材、管子及类似品）	440.34	0.164
98	340290	非零售包装有机表面活性剂制品	440.21	0.164
99	870899	其他零件和附件	434.58	0.162
100	852859	其他监视器	430.61	0.161

对比 2006 年及 2016 年文莱排名前十进口产品发现，进口具体产品具有一定的变化。2006、2016 年均排名前十的产品有 4 种，具体为：1.5 升<排量≤ 3 升装点燃往复式活塞内燃发动机的其他载人车辆；1 升<排量≤ 1.5 升带点燃往复式活塞内燃发动机其他车；其他已配定剂量的药品；其他编号未列名的化工产品。2016 年进口需求排第 1 位的石油和油脂进口额为 1.34 亿美元，未进入 2006 年前十进口产品目录；排第 2 位的 1.5 升<排量≤ 3 升装点燃往复式活塞内燃发动机的其他载人车辆进口额为 0.94 亿美元，在 2006 年进口中排第 1 位；排第 3 位的轻油及制品，不含生物柴油进口额为 0.89 亿美元，在 2006 年无进口。

从进口产品集中度来看，文莱进口产品集中度不高，相比 2006 年，2016 年进口产品集中度约有提高。2006 年文莱进口前五、前十的进口值分别为 2.10 亿美元、3.33 亿美元，进口值占比分别为 12.50%、19.84%。2016 年文莱进口前五、前十的进口值分别为 4.36 亿美元、6.41 亿美元，进口值占比分别为 16.28%、23.93%。

八、老挝出口比较优势分析与进口需求研究

（一）老挝出口比较优势分析

2016年老挝RCA值前100出口产品在国际市场中有较强竞争力。表LA-1显示了2016年老挝RCA值前100的产品，其中最高RCA值3335.43，最低RCA值9.50；2016年老挝排名前100的出口产品平均RCA值为138.58，远远高于国际竞争力很强的基准值2.5的水平。2016年RCA排名前十的产品是：高锰酸钾；焙烧黄铁矿；新鲜的香蕉，包括大蕉；滚压或制片的其他谷物；压电石英；非改良种用水牛；钼酸盐；抱子甘蓝、新鲜或冷藏；其他初级形状的天然橡胶；矿渣、浮渣及类似的工业残渣，其比较优势指数分别是3335.43、2094.07、1449.43、1017.68、529.03、522.07、470.34、362.78、356.42、254.00。从产品整体的种类来看，老挝的化学工业及其相关工业的产品；矿产品；植物产品等具有明显的比较优势。

表LA-1　2016年老挝比较优势指数排名前100产品

单位：万美元

排序	产品代码	产品名称	RCA指数	出口值
1	284161	高锰酸钾	3335.43	10647.83
2	260120	焙烧黄铁矿	2094.07	560.19
3	80310	新鲜的香蕉，包括大蕉	1449.43	18354.85
4	110419	滚压或制片的其他谷物	1017.68	3679.65
5	710410	压电石英	529.03	936.85
6	10239	非改良种用水牛	522.07	793.77
7	284170	钼酸盐	470.34	1647.48
8	70420	抱子甘蓝，新鲜或冷藏	362.78	1329.30

续表

排序	产品代码	产品名称	RCA 指数	出口值
9	400129	其他初级形状的天然橡胶（胶乳除外的初级形状或板，片，带状）	356.42	2657.98
10	251720	矿渣，浮渣及类似的工业残渣	254.00	130.16
11	71410	新鲜的，干的，冷冻木薯粉	231.51	6220.33
12	71420	红薯	222.16	1901.72
13	800200	锡废碎料	167.90	353.04
14	810600	铋及其制品，包括废料	154.58	375.73
15	260900	锡矿砂及其精矿	132.12	544.79
16	120241	其他未去壳花生	131.78	920.42
17	283524	钾的磷酸盐	112.31	594.50
18	740329	未锻轧的其他铜合金（铜母合金除外，包括未锻轧的白铜或德银）	110.33	721.35
19	851718	其他电话机	99.89	7834.26
20	440721	美洲桃花心木（经纵锯、纵切、刨切或旋切的，厚度超过 6 毫米）	98.00	170.29
21	240311	供吸用的水烟料	92.67	535.21
22	260300	铜矿砂及其精矿	77.46	72800.00
23	220290	其他无酒精饮料	72.17	15153.29
24	620349	其他纺织材料制男士短裤	63.94	2108.49
25	252010	生石膏，硬石膏	55.31	537.60
26	900699	照相闪光灯装置及闪光灯泡的零件	49.80	260.31
27	170310	甘蔗糖蜜	48.61	444.15
28	70490	其他鲜食或冷藏食用芥菜类蔬菜	47.57	1323.00
29	10620	爬行动物（包括蛇和海龟）	47.40	40.42
30	740311	精炼铜的阴极型材（未锻轧的）	46.10	36894.93
31	100890	其他谷物	44.07	149.32
32	610719	其他纺织材料制男内裤及三角裤（针织或钩编）	43.09	198.65
33	70690	甜菜根和其他类似的食用根，新鲜或冷藏	42.46	422.94
34	91020	藏红花	38.64	92.90
35	110814	木薯淀粉	36.72	898.21
36	620590	其他纺织材料制男式衬衫	32.80	623.24

续表

排序	产品代码	产品名称	RCA 指数	出口值
37	240391	再造烟草和均化烟草	32.24	295.28
38	530310	生或沤制黄麻，其他纺织韧皮纤维（不包括亚麻，大麻，苎麻）	32.10	25.67
39	620620	其他羊毛或动物细毛制女童衬衫	31.23	32.47
40	10229	非改良种用家牛	30.58	3643.89
41	100610	未脱壳稻谷	30.41	549.35
42	120730	蓖麻子	29.43	5.84
43	400122	技术分类天然橡胶（TSNR）〔初级形状（胶乳，烟胶片除外）或板，片，带〕	28.08	4126.35
44	630520	棉制货物包装袋	27.37	90.44
45	440810	饰面针叶木单板材（经纵锯，刨切或旋切的，厚度≤ 6 毫米）	26.31	282.71
46	130211	鸦片液汁及浸膏	26.07	4.94
47	852580	电视摄像机、数码相机和摄像机录像机	25.62	16809.85
48	440341	其他红柳桉木原木（指深红色红柳桉木，浅红色红柳桉及巴栲红色红柳桉木）	25.10	21.61
49	400110	天然胶乳（不论是否预硫化）	24.69	711.15
50	440290	其他木炭（包括果壳炭及果核炭，不论是否结块）	24.38	366.78
51	401390	其他用橡胶内胎	23.85	187.74
52	620343	合纤制男式短裤	23.72	2270.21
53	440729	其他未列名热带木板材（经纵锯、纵切、刨切或旋切的，厚度超过 6 毫米）	23.69	334.26
54	780420	铅及铅合金粉末、片状粉末	23.67	8.34
55	310590	其他肥料	23.14	824.66
56	282751	溴化钠及溴化钾	22.37	63.07
57	80711	鲜西瓜	21.99	641.08
58	810990	其他锆及其制品	21.91	87.62
59	80620	葡萄干	21.25	616.00
60	250490	其他天然石墨	20.99	14.95
61	842930	铲运机	20.49	26.40
62	90111	不烘焙或不含咖啡因的咖啡	20.46	6324.96

续表

排序	产品代码	产品名称	RCA 指数	出口值
63	620111	毛制男式大衣、斗篷及类似品（含短大衣、短斗篷，羊毛或动物细毛制）	19.82	265.93
64	621133	化纤制男式其他服装	19.64	769.97
65	280450	碲、硼	19.33	53.89
66	81090	新鲜水果	18.87	728.96
67	80450	新鲜或干燥的番石榴，杧果和山竹果	17.70	796.03
68	440420	其他非针叶木箍木等（包括木劈条，棒及类似品）	17.50	35.18
69	854330	电镀、电解或电泳设备及装置	17.12	374.54
70	240220	烟草制的卷烟	16.99	7227.88
71	252020	其他熟石膏	16.28	137.77
72	280469	其他含硅量 <99.99% 的硅	16.20	919.46
73	220720	任何浓度的其他酒精	15.73	482.81
74	440727	沙比利木板材（经纵锯、纵切、刨切或旋切的，厚度超过 6 毫米）	15.18	25.87
75	640610	其他鞋面及其零件	15.06	986.18
76	401320	自行车用橡胶内胎	14.10	97.12
77	440793	枫木厚板材（经纵锯、纵切、刨切或旋切，厚度超过 6 毫米）	13.90	54.81
78	670419	合成纺织材料制其他假发、须等（不包括整头假发）	13.39	192.44
79	120242	其他去壳花生，不论是否破碎	12.97	558.40
80	620413	合纤制女式西服套装	12.45	61.20
81	440839	其他饰面用单板（本章子目注释一所列其他热带木，厚度不超过 6 毫米）	12.21	40.68
82	170199	其他精制糖	11.39	3071.70
83	710813	非货币用半制成金（包括镀铂的金）	11.35	12983.19
84	780600	其他铅制品	11.29	88.38
85	330730	香浴盐及其他沐浴用制剂	11.20	252.64
86	441210	竹胶合板	11.19	22.94
87	440921	一边或面制成连续形状的其他竹材	10.90	61.02
88	292242	谷氨酸及其盐	10.88	232.55
89	90112	不含咖啡因的咖啡	10.84	153.58

续表

排序	产品代码	产品名称	RCA 指数	出口值
90	441879	已装拼的木制其他地板	10.77	71.44
91	400400	橡胶废碎料、下脚料及其粉、粒（硬质橡胶的除外）	10.74	39.95
92	610711	棉制针织或钩编男内裤及三角裤	10.74	710.85
93	130190	胶黄耆树胶	10.56	62.74
94	71140	保鲜黄瓜	10.55	24.76
95	780199	未锻轧的其他铅合金	10.33	282.96
96	851829	其他扬声器	10.10	870.62
97	210111	咖啡浓缩精汁	10.00	971.61
98	70890	其他豆科蔬菜，新鲜或冷藏	9.91	20.77
99	170114	未加香料或着色剂其他甘蔗原糖	9.50	2279.96
100	850740	镍铁蓄电池	9.40	22.00

数据来源：由联合国商品贸易数据计算整理所得

（二）老挝出口主导产业分析

1. 出口主导产业

出口主导产业是由产品出口额占国家总出口额的比例来衡量的，所占比例越大，表明其在出口中所占地位越重，同时表明，此国生产相应产品的能力越强或拥有相应丰富的资源。表 LA-2 及表 LA-3 分别表示 2010 年与 2016 年老挝出口值排名前 100 主导产品。

表 LA-2　2010 年老挝出口值排名前 100 产品

单位：万美元、%

排序	产品代码	产品名称	占比	出口值
1	260300	铜矿砂及其精矿	25.450	48577.33
2	740311	精炼铜的阴极型材（未锻轧的）	19.800	37793.06
3	100590	其他玉米	11.984	22875.13
4	710813	非货币用半制成金（包括镀铂的金）	5.861	11187.90
5	80260	鲜或干的其他坚果，不论是否去壳或去皮	3.728	7115.09
6	120740	芝麻	3.700	7061.47
7	740911	成卷的精炼铜板、片、带（厚度＞0.15 毫米）	3.434	6554.67

续表

排序	产品代码	产品名称	占比	出口值
8	90111	不烘焙或不含咖啡因的咖啡	1.303	2487.94
9	811299	其他基本金属	1.147	2189.03
10	240220	烟草制的卷烟	1.041	1986.35
11	620520	棉制男式衬衫	1.027	1960.68
12	740919	其他精炼铜板、片、带（厚度＞0.15 毫米）	1.005	1917.79
13	620343	合纤制男式短裤	0.985	1879.19
14	170111	生蔗糖不含添加调味剂或着色物质	0.951	1815.87
15	280469	其他含硅量 <99.99% 的硅	0.926	1768.19
16	270119	其他煤	0.869	1658.83
17	620342	棉质男式短裤	0.765	1460.04
18	854430	用于汽车、飞机或轮船的点火接线装置和其他接线装置	0.704	1343.27
19	610910	棉制针织或钩编 T 恤衫、汗衫等	0.697	1330.63
20	710410	压电石英	0.670	1278.87
21	610711	棉制针织或钩编男内裤及三角裤	0.668	1275.62
22	440710	针叶木厚板材（经纵锯、纵切、刨切或旋切的，厚度超过 6 毫米）	0.657	1253.54
23	610990	其他针织或钩编 T 恤衫、汗衫等	0.606	1156.73
24	710812	非货币用未锻造金	0.605	1155.13
25	640399	其他皮革制面的其他鞋靴（橡胶、塑料、再生皮革制外底，运动用鞋靴除外）	0.483	922.76
26	440921	一边或面制成连续形状的其他竹材	0.415	792.57
27	611090	其他纺材针织或钩编女套头衫等（包括开襟衫、背心及类似品）	0.379	723.40
28	611030	化纤针织或钩编套头衫（包括开襟衫、背心及类似品）	0.365	696.56
29	610590	其他纺材制针织或钩编男衬衫	0.355	676.82
30	900691	照相机的其他零件、附件	0.308	588.04
31	611020	棉制针织或钩编套头衫等（包括开襟衫、背心及类似品）	0.253	483.09
32	610342	棉制针织或钩编男裤等（包括马裤、短裤及其他长裤）	0.251	479.44
33	620349	其他纺织材料制男士短裤	0.235	448.79
34	620530	化纤制男士衬衫	0.232	443.29
35	610510	棉制针织或钩编男衬衫	0.213	407.06

续表

排序	产品代码	产品名称	占比	出口值
36	621210	胸罩（不论是否针织或钩编）	0.195	371.43
37	620891	棉制其他女式内衣式背心等（含三角裤、短衬裤）	0.190	363.04
38	440721	美洲桃花心木（经纵锯、纵切、刨切或旋切的，厚度超过 6 毫米）	0.185	353.27
39	240120	部分或全部去梗的烟草	0.184	350.45
40	100630	精米	0.168	320.81
41	80300	香蕉，包括大蕉，新鲜或干燥	0.155	296.41
42	621133	化纤制男式其他服装	0.151	287.91
43	611120	棉制针织钩编婴儿服装及衣着附件	0.150	286.04
44	610349	其他纺织制针织或钩编男裤（包括马裤 . 短裤及其他长裤）	0.146	279.58
45	711419	其他贵金属制金银器及零件（不论是否包，镀贵金属）	0.132	251.19
46	440793	枫木厚板材（经纵锯、纵切、刨切或旋切，厚度超过6毫米）	0.131	250.42
47	441871	已装拼的马赛克地板	0.123	235.63
48	620333	其他合成纤维制男式上衣	0.123	234.63
49	110814	木薯淀粉	0.116	221.32
50	252020	其他熟石膏	0.114	217.67
51	170310	甘蔗糖蜜	0.111	212.61
52	640319	其他运动鞋，鞋底由橡胶、塑料、皮革或合成材料制成皮革和皮革鞋帮	0.111	212.00
53	621111	男式游泳服	0.109	208.63
54	260700	铅矿砂及其精矿	0.105	199.74
55	610419	其他纺织材料制针织或钩编女式西服套装	0.102	195.05
56	610829	其他纺织材料制女三角裤及短衬裤	0.100	191.43
57	441210	竹胶合板	0.092	175.60
58	620462	羊毛或动物细毛制女式或女童裤等（非针织或钩编）	0.087	165.55
59	611510	渐紧压袜类（例如用以治疗静脉曲张的长筒袜，针织或钩编）	0.084	160.28
60	80820	鲜的苹果、梨及榅桲	0.082	156.80
61	71410	新鲜的，干的，冷冻木薯粉	0.080	152.27
62	620341	毛制男式短裤（羊毛或动物细毛制）	0.080	151.92
63	220300	麦芽酿造的啤酒	0.077	147.39
64	200899	未列名制作或保藏的水果、坚果	0.076	145.91

续表

排序	产品代码	产品名称	占比	出口值
65	621139	其他纺织材料制男式其他服装	0.076	145.43
66	740200	未精炼铜、电解精炼用铜阳极	0.070	133.38
67	940330	办公室用木家具	0.069	132.34
68	440729	其他未列名热带木板材（经纵锯、纵切、刨切或旋切的，厚度超过 6 毫米）	0.069	132.32
69	440929	沿其任何边缘、端部或面连续成形的木材	0.069	131.12
70	851660	其他电热炉（包括电热板、加热环、烧烤炉及烘烤器）	0.068	129.77
71	120210	壳，种子中的坚果	0.067	128.19
72	620113	化纤制男式大衣、斗篷及类似品（包括短大衣、短斗篷）	0.066	125.52
73	870894	其他铁路或电车道机车转向轮、转向柱和转向箱	0.066	125.13
74	610719	其他纺织材料制男内裤及三角裤（针织或钩编）	0.063	121.08
75	841451	功率≤ 125 瓦的风扇	0.063	119.88
76	610469	其他纺织材料针织或钩编女裤	0.063	119.66
77	310590	其他肥料	0.058	110.34
78	440110	薪柴（圆木段，块，枝，成捆或类似形状）	0.058	109.94
79	70490	白色和红色卷心菜，大头菜，kaleetc，新鲜或冷藏	0.057	109.24
80	200490	非用醋制作的其他冷冻蔬菜	0.055	104.90
81	440310	油漆，着色剂等处理的原木（包括用杂酚油或其他防腐剂处理）	0.054	102.76
82	620312	合纤制男式西服套装	0.053	100.88
83	850940	食品研磨机，搅拌器；水果或蔬菜的榨汁机	0.051	97.66
84	240210	烟草制的雪茄烟	0.051	97.00
85	800300	锡及锡合金条、杆、型材、丝	0.047	89.12
86	852990	其他电视接收机零件	0.046	88.57
87	630900	旧衣物	0.046	88.07
88	440799	其他木厚板材（经纵锯、纵切、刨切或旋切的，厚度超过 6 毫米）	0.044	83.20
89	611011	羊毛制套头衫等（针织或钩编，包括开襟衫、背心及类似品）	0.042	80.90
90	401390	其他用橡胶内胎	0.041	78.37
91	441860	其他木制柱和梁	0.040	75.51
92	620463	合纤制女式长、马、短裤	0.040	75.48

续表

排序	产品代码	产品名称	占比	出口值
93	70690	鲜或冷藏的小萝卜及类似食用根茎	0.039	73.60
94	610520	化纤制针织或钩编男衬衫	0.038	73.26
95	440122	其他非针叶木木片或木粒	0.038	72.17
96	710231	非工业用钻石（未加工或经简单锯开，劈开或粗磨，未镶嵌）	0.037	71.13
97	940370	塑料家具	0.037	69.94
98	610690	其他纺织材料制针织或钩编女衬衫	0.036	69.06
99	611130	合纤针织或钩编婴儿服装及衣着附件	0.036	68.29
100	120220	未焙炒或未烹煮的花生，不论是否去壳或破碎	0.035	67.61

数据来源：由联合国商品贸易数据计算整理所得

根据表 LA-2 及表 LA-3 可知，2010 年老挝出口主导产品种类为矿产品；贱金属及其制品；植物产品等。2016 年主要出口主导产品为矿产品；贱金属及其制品；植物产品等。对比 2010 年及 2016 年，老挝出口排名前十的产品种类发生变化不大，说明老挝主要出口产品结构相当稳定。

表 LA-3　2016 年老挝出口值排名前 100 产品

单位：万美元、%

排序	产品代码	产品名称	占比	出口值
1	260300	铜矿砂及其精矿	23.302	72800.00
2	740311	精炼铜的阴极型材（未锻轧的）	11.810	36894.93
3	80310	新鲜的香蕉，包括大蕉	5.875	18354.85
4	852580	电视摄像机、数码相机和摄像机录像机	5.381	16809.85
5	220290	其他无酒精饮料	4.850	15153.29
6	710813	非货币用半制成金（包括镀铂的金）	4.156	12983.19
7	284161	高锰酸钾	3.408	10647.83
8	851718	其他电话机	2.508	7834.26
9	240220	烟草制的卷烟	2.314	7227.88
10	90111	不烘焙或不含咖啡因的咖啡	2.025	6324.96
11	71410	新鲜的，干的，冷冻木薯粉	1.991	6220.33

续表

排序	产品代码	产品名称	占比	出口值
12	852990	其他电视接收机零件	1.673	5227.26
13	400122	技术分类天然橡胶（TSNR）〔初级形状（胶乳，烟胶片除外）或板，片，带〕	1.321	4126.35
14	110419	滚压或制片的其他谷物	1.178	3679.65
15	10229	非改良种用家牛	1.166	3643.89
16	170199	其他精制糖	0.983	3071.70
17	100590	其他玉米	0.940	2936.49
18	100630	精米	0.872	2724.19
19	400129	其他初级形状的天然橡胶（胶乳除外的初级形状或板，片，带状）	0.851	2657.98
20	170114	未加香料或着色剂其他甘蔗原糖	0.730	2279.96
21	620343	合纤制男式短裤	0.727	2270.21
22	620349	其他纺织材料制男士短裤	0.675	2108.49
23	220300	麦芽酿造的啤酒	0.645	2015.65
24	870333	排量＞ 2.5 升装有压燃往复式活塞内燃发动机	0.615	1920.56
25	71420	红薯	0.609	1901.72
26	284170	钼酸盐	0.527	1647.48
27	80390	干燥的香蕉	0.457	1426.50
28	640399	其他皮革制面的其他鞋靴（橡胶、塑料、再生皮革制外底，运动用鞋靴除外）	0.431	1346.31
29	70420	抱子甘蓝，新鲜或冷藏	0.425	1329.30
30	620520	棉制男式衬衫	0.424	1324.11
31	70490	白色和红色卷心菜，大头菜，kaleetc，新鲜或冷藏	0.423	1323.00
32	620342	棉质男式短裤	0.356	1112.06
33	854449	其他电压不超过 1000 伏的电导体	0.335	1047.41
34	640610	其他鞋面及其零件	0.316	986.18
35	210111	咖啡浓缩精汁	0.311	971.61
36	710410	压电石英	0.300	936.85
37	120241	其他未去壳花生	0.295	920.42
38	280469	其他含硅量 <99.99% 的硅	0.294	919.46
39	110814	木薯淀粉	0.288	898.21

续表

排序	产品代码	产品名称	占比	出口值
40	854430	用于汽车、飞机或轮船的点火接线装置和其他接线装置	0.284	886.91
41	851829	其他扬声器	0.279	870.62
42	310590	其他肥料	0.264	824.66
43	940190	其他座具的零件	0.256	799.78
44	80450	新鲜或干燥的番石榴，杧果和山竹果	0.255	796.03
45	10239	非改良种用水牛	0.254	793.77
46	310420	氯化钾	0.251	785.50
47	621133	化纤制男式其他服装	0.246	769.97
48	81090	新鲜荔枝，榴莲，龙眼，红毛丹，糖苹果，阳桃，打蜡苹果，火龙果，其他水果	0.233	728.96
49	740329	未锻轧的其他铜合金（铜母合金除外，包括未锻轧的白铜或德银）	0.231	721.35
50	400110	天然胶乳（不论是否预硫化）	0.228	711.15
51	610711	棉制针织或钩编男内裤及三角裤	0.228	710.85
52	260700	铅矿砂及其精矿	0.217	677.10
53	80711	西瓜，新鲜	0.205	641.08
54	871120	排量≤250毫升装往复式活塞内燃发动机摩托车及脚踏两用车	0.200	624.35
55	620590	其他纺织材料制男式衬衫	0.199	623.24
56	80620	葡萄干	0.197	616.00
57	283524	钾的磷酸盐	0.190	594.50
58	260120	焙烧黄铁矿	0.179	560.19
59	120242	其他去壳花生，不论是否破碎	0.179	558.40
60	900150	其他材料的眼镜镜片	0.177	552.62
61	100610	未脱壳稻谷	0.176	549.35
62	260900	锡矿砂及其精矿	0.174	544.79
63	252010	生石膏，硬石膏	0.172	537.60
64	240311	供吸用的水烟料	0.171	535.21
65	271020	石油及从沥青矿物提取的油类（但原油除外）以及以上述油为基本成分（按重量计≥70%）的其他税目未列名制品	0.169	527.49
66	260111	未烧结的铁矿石和精矿（焙烧黄铁矿除外）	0.162	506.04
67	220720	任何浓度的其他酒精	0.155	482.81

续表

排序	产品代码	产品名称	占比	出口值
68	961900	卫生巾（护垫）及止血塞	0.149	464.90
69	711319	其他贵金属制首饰及其零件（不论是否包、镀其他贵金属）	0.144	448.43
70	170310	甘蔗糖蜜	0.142	444.15
71	611030	化纤针织或钩编套头衫（包括开襟衫、背心及类似品）	0.142	442.95
72	220210	加味、加糖或其他甜物质的水	0.137	429.04
73	70690	鲜或冷藏的小萝卜及类似食用根茎	0.135	422.94
74	851660	其他电热炉（包括电热板、加热环、烧烤炉及烘烤器）	0.132	411.00
75	610910	棉制针织或钩编 T 恤衫、汗衫等	0.129	403.56
76	810600	铋及其制品，包括废料和废料	0.120	375.73
77	854330	电镀、电解或电泳设备及装置	0.120	374.54
78	440290	其他木炭（包括果壳炭及果核炭，不论是否结块）	0.117	366.78
79	800200	锡废碎料	0.113	353.04
80	220830	威士忌酒	0.109	339.91
81	721420	铁或非合金钢的热加工条、杆（带有轧制过程中产生变形，热加工指热轧、热拉拔或热挤压）	0.109	339.27
82	440729	其他未列名热带木板材（经纵锯、纵切、刨切或旋切的，厚度超过 6 毫米）	0.107	334.26
83	640391	其他皮革制面的短筒靴（过踝）	0.106	330.76
84	440929	沿其任何边缘、端部或面连续成形的木材	0.103	321.71
85	610990	其他针织或钩编 T 恤衫、汗衫等	0.103	320.57
86	847330	品目 8471 所列其他机器零附件	0.098	305.48
87	71290	酸竹笋干丝	0.096	300.84
88	240391	再造烟草和均化烟草	0.095	295.28
89	441820	木门及其框架和门槛	0.094	293.40
90	780199	未锻轧的其他铅合金	0.091	282.96
91	440810	饰面针叶木单板材（经纵锯，刨切或旋切的，厚度≤ 6 毫米）	0.090	282.71
92	610469	其他纺织材料针织或钩编女裤	0.089	277.90
93	620111	毛制男式大衣、斗篷及类似品（含短大衣、短斗篷，羊毛或动物细毛制）	0.085	265.93
94	900699	照相闪光灯装置及闪光灯泡的零件	0.083	260.31
95	620469	其他材料制女式长、马、短裤	0.083	259.65

续表

排序	产品代码	产品名称	占比	出口值
96	250100	盐、纯氯化钠、海水	0.082	256.02
97	330730	香浴盐及其他沐浴用制剂	0.081	252.64
98	611090	其他纺材针织或钩编女套头衫等（包括开襟衫、背心及类似品）	0.080	248.80
99	610510	棉制针织或钩编男衬衫	0.074	232.63
100	292242	谷氨酸及其盐	0.074	232.55

数据来源：由联合国商品贸易数据计算整理所得

从出口主导产品的集中度来看，2010 年排名前五的主导产品出口值为 12.75 亿美元，出口值占比为 66.82%；排名前十的主导产品出口值为 14.78 亿美元，出口值占比为 77.45%。2016 年排名前五的主导产品出口值为 16.00 亿美元，比 2010 年增长 25.45%，出口值占比为 51.22%，比 2010 年下降 15.61%；排名前十的主导产品出口值为 20.50 亿美元，比 2010 年增长 38.70%，出口值占比为 65.63%，比 2010 年下降 11.82%。相比于 2010 年，2016 年老挝前五、前十主导产品的出口额度都有所提升，但总体产品集中度却呈现下降趋势。

从出口主导产品种类来看，2010 年、2016 年老挝主要出口产品具有一致性特点，产品种类结构稳定。主要出口产品种类为矿产品；贱金属及其制品；植物产品等。

2. 出口主导产业与比较优势产业的一致性分析

表 LA–4 为 2016 年老挝排名前十的比较优势产品及出口主导产品。表中显示，老挝比较优势指数排名前列的产品种类主要为化学工业及其相关工业的产品；矿产品、植物产品。出口主导产品种类主要为矿产品；贱金属及其制品；植物产品。对比 2016 年老挝排名前十的比较优势产品及出口主导产品发现，比较优势排名前十的具体产品中有 2 类产品出现在出口主导产品名称中，同时其他排名虽然具体产品不相同，但是仍具有同一性质的类别，因此，可以得出老挝的比较优势产业与出口主导产业具有一定的一致性。

表 LA-4　2016 年老挝排名前十比较优势产品及出口主导产品

单位：%

排名	比较优势产品名称	RCA	排名	出口主导产品名称	占比
1	高锰酸钾	3335.43	1	铜矿砂及其精矿	23.302
2	焙烧黄铁矿	2094.07	2	精炼铜的阴极型材（未锻轧的）	11.810
3	新鲜的香蕉，包括大蕉	1449.43	3	新鲜的香蕉，包括大蕉	5.875
4	滚压或制片的其他谷物	1017.68	4	电视摄像机、数码相机和摄像机录像机	5.381
5	压电石英	529.03	5	其他无酒精饮料	4.850
6	非改良种用水牛	522.07	6	非货币用半制成金（包括镀铂的金）	4.156
7	钼酸盐	470.34	7	高锰酸钾	3.408
8	抱子甘蓝，新鲜或冷藏	362.78	8	其他电话机	2.508
9	其他初级形状的天然橡胶（胶乳除外的初级形状或板，片，带状）	356.42	9	烟草制的卷烟	2.314
10	矿渣，浮渣及类似的工业残渣	254.00	10	不烘焙或不含咖啡因的咖啡	2.025

（三）老挝进口需求及其变化分析

表 LA-5 显示 2010 年老挝进口额排名前 100 产品。从表中可以看出，排名前十的进口产品是石油和油脂；车用汽油、航空汽油；非货币用未锻造金；交换机和路由器；烟草制的卷烟；柴油型其他小型货车（装有压燃式活塞内燃发动机，小型指车辆总重量≤ 5 吨）；加味、加糖或其他甜物质的水；其他电动机、发电机（组）零件；排量≤ 250 毫升装往复式活塞内燃发动机摩托车及脚踏两用车；可锻性铸铁及铸钢研磨机的研磨球（包括其类似品）等。其中石油和油脂进口额最高，为 3.35 亿美元，占比达到 18.245%；其次是车用汽油、航空汽油和非货币用未锻造金，进口额分别 1.17 亿美元、0.75 亿美元，占比分别为 6.392%、4.061%。

从老挝 2010 年进口前 100 产品种类来看，主要为矿产品；天然或养殖珍珠、宝石或半宝石、贵金属、包贵金属及其制品；烟草、烟草及烟草代用品的制品备等。

从老挝 2010 年进口前 100 产品的集中度来看，前五位进口产品进口值占比为 33.86%，前十位进口产品进口值占比为 39.78%，因此可以看出老挝进口产品具有较强的集中性。

表 LA-5　2010 年老挝进口排名前 100 产品

单位：万美元、%

排名	产品代码	产品名称	进口值	占比
1	271019	石油和油脂	33508.95	18.245
2	271011	车用汽油、航空汽油	11740.18	6.392
3	710812	非货币用未锻造金	7458.56	4.061
4	851762	交换机和路由器	5650.29	3.076
5	240220	烟草制的卷烟	3823.83	2.082
6	870421	柴油型其他小型货车（装有压燃式活塞内燃发动机，小型指车辆总重量≤ 5 吨）	2916.05	1.588
7	220210	加味、加糖或其他甜物质的水	2196.27	1.196
8	850300	其他电动机、发电机（组）零件	2189.34	1.192
9	871120	排量≤ 250 毫升装往复式活塞内燃发动机摩托车及脚踏两用车	1844.14	1.004
10	732591	可锻性铸铁及铸钢研磨机的研磨球（包括其类似品）	1730.08	0.942
11	252329	其他硅酸盐水泥	1729.90	0.942
12	220830	威士忌酒	1680.23	0.915
13	870210	压燃式活塞内燃发动机的客车	1497.54	0.815
14	847490	品目 8474 所列机器的零件	1474.36	0.803
15	730820	钢铁制塔楼及格构杆	1448.61	0.789
16	721310	铁或非合金钢制热轧盘条（带有轧制过程中产生的变形）	1413.52	0.770
17	870422	柴油型其他货车（装有压燃式活塞内燃发动机，重型指 5 ≤车辆总重≤ 20 吨）	1348.75	0.734
18	401120	其他客或货车用新充气橡胶轮胎	1341.48	0.730
19	730890	其他钢铁结构体及部件（包括结构体用的已加工钢板、型材、管子及类似品）	1331.77	0.725
20	230990	其他配制的动物饲料	1320.06	0.719
21	10290	非改良种用其他牛	1286.60	0.701
22	811292	未加工金属垃圾和废料的粉末	1264.27	0.688
23	100630	精米	1099.16	0.598
24	280700	硫酸、发烟硫酸	1096.56	0.597
25	842930	的铲运机	1088.89	0.593

续表

排名	产品代码	产品名称	进口值	占比
26	870431	总重量≤ 5 吨的其他货车（汽油型，装有点燃式活塞内燃发动机）	1082.94	0.590
27	843790	品目 8437 所列机械的零件	1077.49	0.587
28	100300	大麦	1017.28	0.554
29	871419	其他摩托车零件	1011.61	0.551
30	843143	其他凿井机用零件（子目 843041，843049 所列机械的）	917.30	0.499
31	844399	其他印刷（打印）机、复印机及传真机的零件和附件	892.01	0.486
32	731419	其他钢丝制机织品	809.21	0.441
33	220290	其他无酒精饮料	808.07	0.440
34	843142	推土机或侧铲推土机用铲	795.98	0.433
35	851770	其他通信设备零件	790.04	0.430
36	870894	其他铁路或电车道机车转向轮、转向柱和转向箱	785.25	0.428
37	850431	额定容量≤ 1 千伏安的其他变压器	777.25	0.423
38	721669	冷加工的角材、型材及异型材（除冷加工外未经进一步加工）	776.56	0.423
39	870390	其他型载人车辆	770.08	0.419
40	310590	其他肥料	758.75	0.413
41	401110	汽车用新型橡胶充气轮胎	719.61	0.392
42	721320	其他易切削钢制热轧盘条（不带有轧制过程中产生的变形）	719.18	0.392
43	271600	电力	714.25	0.389
44	681019	水泥或混凝土制其他砖，瓦，扁平石（含类似品，不论是否加强）	707.13	0.385
45	252310	水泥熟料	704.90	0.384
46	720826	其他 4.75 毫米＞厚≥ 3 毫米热轧卷材	695.67	0.379
47	170199	其他精制糖	694.90	0.378
48	321290	制漆用颜料及零售包装染料、色料	681.46	0.371
49	70320	新鲜或冷藏大蒜	679.94	0.370
50	842959	其他机械铲、挖掘机及机铲装载机	662.31	0.361
51	390410	初级形状的纯聚氯乙烯	658.76	0.359
52	854411	铜制绕组电线	643.19	0.350
53	392330	塑料制坛，瓶及类似品	630.51	0.343
54	880330	飞机及直升机用其他零件	618.92	0.337

续表

排名	产品代码	产品名称	进口值	占比
55	840820	压缩点火内燃活塞发动机（柴油或半柴油机）	580.24	0.316
56	842199	过滤、净化装置用零件	565.87	0.308
57	854419	其他绕组电线（非铜制）	534.29	0.291
58	850490	静止式变流器及电感器零件	506.88	0.276
59	690810	上釉的小陶瓷砖，瓦，块及类似品（小指最大表面积以可置入边长＜7 厘米的方格为限）	479.63	0.261
60	950430	用特定支付方式工作的其他游戏用品，保龄球道设备除外	472.28	0.257
61	850422	650 千伏安＜额定电压≤ 10 兆伏安液体介质变压器	471.61	0.257
62	870810	缓冲器（保险杠）及其零件（品目 8701 至 8705 的车辆用）	470.04	0.256
63	721430	易切削钢的热加工条、杆（不带有轧制过程中产生变形，热加工指热轧、热拉拔、热挤压）	455.28	0.248
64	722230	其他不锈钢条、杆（除热加工或冷加工外未进一步加工的不锈钢条、杆）	444.53	0.242
65	870410	非公路用货运自卸车	430.58	0.234
66	841330	内燃机活塞用燃料、润滑或冷却介质泵	427.94	0.233
67	300490	其他已配定剂量的药品	414.48	0.226
68	870323	1.5 升＜排量≤ 3 升装点燃往复式活塞内燃发动机的其他载人车辆	414.13	0.225
69	850440	静态转换器	402.84	0.219
70	842952	挖掘机（上部结构可转 360 度的）	399.45	0.217
71	870870	道路车轮及其零件和附件	397.62	0.216
72	330510	洗发剂	395.41	0.215
73	190230	其他面食	395.05	0.215
74	843149	品目 8426、8429、8430 的其他零件	382.29	0.208
75	842940	压路机	382.11	0.208
76	300220	人用疫苗	374.97	0.204
77	870840	铁路或电车道机车齿轮箱及其零件	372.33	0.203
78	841821	压缩式家用型冷藏箱	371.54	0.202
79	854442	额定电压≤ 1000 伏有接头电导体	361.93	0.197
80	730300	铸铁管及空心型材	347.75	0.189
81	210390	其他调味品	336.96	0.183
82	901890	其他医疗、外科或兽医用仪器器具	336.04	0.183

续表

排名	产品代码	产品名称	进口值	占比
83	841510	独立窗式或壁式空气调节器	335.15	0.182
84	382440	水泥、灰泥及混凝土用添加剂	334.79	0.182
85	870432	其他点燃式活塞内燃发动机（总重量超过 5 吨）	327.61	0.178
86	854470	光缆	326.08	0.178
87	340220	零售包装有机表面活性剂制品	324.74	0.177
88	282590	其他金属的氧化物及氢氧化物	303.16	0.165
89	853810	品目 8537 货品用的其他盘、板等（未装有开关装置）	302.49	0.165
90	851761	移动通信基地站	300.71	0.164
91	841391	泵用零件	300.21	0.163
92	283719	其他氰化物及氧氰化物	298.55	0.163
93	151190	其他棕榈油及其分离品	294.59	0.160
94	790500	锌板、片、带、箔	286.51	0.156
95	285200	汞的无机或有机化合物，汞齐除外	286.47	0.156
96	392310	塑料制盒，箱及类似品	285.13	0.155
97	721420	铁或非合金钢的热加工条、杆（带有轧制过程中产生变形，热加工指热轧、热拉拔或热挤压）	284.92	0.155
98	843890	食品、饮料工业用机器的零件（品目 8438 所列机械的）	284.61	0.155
99	841370	其他离心泵	279.99	0.152
100	730810	钢铁制桥梁及桥梁体段	278.10	0.151

数据来源：由联合国商品贸易数据计算整理所得

表 LA-6 为 2016 年老挝进口值排名前 100 产品。从表中可以看出，排名前十的进口产品是石油及从沥青矿物提取的油类（但原油除外）以及以上述油为基本成分（按重量计≥ 70%）的其他税目未列名制品；其他电视接收机零件；排量＞ 2.5 升装有压燃往复式活塞内燃发动机；其他无酒精饮料；轻油及制品，不含生物柴油；1.5 升＜排量≤ 2.5 升装有压燃往复式活塞内燃发动机；其他未列名的具有独立功能的电气设备及装置；精米；柴油型其他小型货车（装有压燃式活塞内燃发动机，小型指车辆总重量≤ 5 吨）；非货币用半制成金（包括镀铂的金）。其中石油及从沥青矿物提取的油类（但原油除外）以及以上述油为基本成分（按重量计≥ 70%）的其他税目未列名制品进口值最高，为 3.86 亿美元，占比为 9.39%，其次为其他电视接收机零件和排量＞ 2.5 升装有压燃往复式活塞内燃发动机，进口值分别为 2.10 亿美元、1.78

亿美元，占比分别为 5.13%、4.33%。

从老挝 2016 年进口前 100 产品种类来看，主要为矿产品；机器、机械器具、电气设备及其零件、录音机及放声机、电视图像、声音的录制和重放设备及其零件、附件；车辆、航空器、船舶及有关运输设备等产品。

从老挝 2016 进口前 100 产品的集中度来看，前五位进口产品进口值占比为 26.45%，前十位进口产品进口值占比为 36.52%，因此，老挝进口需求依然集中在部分产品上，进口产品表现相对集中。

表 LA-6　2016 年老挝进口排名前 100 产品

单位：万美元、%

排名	产品代码	产品名称	进口值	占比
1	271020	石油及从沥青矿物提取的油类（但原油除外）以及以上述油为基本成分（按重量计≥ 70%）的其他税目未列名制品	38573.1759	9.392
2	852990	其他电视接收机零件	21048.7062	5.125
3	870333	排量＞ 2.5 升装有压燃往复式活塞内燃发动机	17790.5619	4.332
4	220290	其他无酒精饮料	17566.7202	4.277
5	271012	轻油及制品，不含生物柴油	13635.4146	3.320
6	870332	1.5 升＜排量≤ 2.5 升装有压燃往复式活塞内燃发动机	11373.4861	2.769
7	854370	其他未列名的具有独立功能的电气设备及装置	8449.287	2.057
8	100630	精米	7585.5663	1.847
9	870421	柴油型其他小型货车（装有压燃式活塞内燃发动机，小型指车辆总重量≤ 5 吨）	6983.9352	1.700
10	710813	非货币用半制成金（包括镀铂的金）	6966.4158	1.696
11	252329	其他硅酸盐水泥	6049.7146	1.473
12	871410	摩托车其他零件、附件	4792.6566	1.167
13	170199	其他精制糖	4439.4644	1.081
14	847490	品目 8474 所列机器的零件	4124.6502	1.004
15	870323	1.5 升＜排量≤ 3 升装点燃往复式活塞内燃发动机的其他载人车辆	4095.0488	0.997
16	854411	铜制绕组电线	3987.6182	0.971
17	271600	电力	3856.2105	0.939
18	843149	品目 8426、8429、8430 的其他零件	3745.43	0.912
19	870322	1 升＜排量≤ 1.5 升带点燃往复式活塞内燃发动机其他车	3457.961	0.842
20	730820	钢铁制塔楼及格构杆	3440.324	0.838

续表

排名	产品代码	产品名称	进口值	占比
21	10229	非改良种用家牛	3212.5452	0.782
22	732591	可锻性铸铁及铸钢研磨机的研磨球（包括其类似品）	3139.8725	0.765
23	481910	瓦楞纸或纸板制的箱，盒，匣	3127.9675	0.762
24	230990	其他配制的动物饲料	2828.6041	0.689
25	871120	排量≤250毫升装往复式活塞内燃发动机摩托车及脚踏两用车	2402.3235	0.585
26	870410	非公路用货运自卸车	2396.6664	0.584
27	240220	烟草制的卷烟	2229.2264	0.543
28	853229	其他固定电容器	2226.9981	0.542
29	854420	同轴电缆及其他同轴电导体	2208.9199	0.538
30	252310	水泥熟料	2098.2494	0.511
31	870422	柴油型其他货车（装有压燃式活塞内燃发动机，重型指5吨≤车辆总重≤20吨）	1939.1286	0.472
32	271019	石油和油脂	1912.7446	0.466
33	721550	其他冷加工或冷成形的条、杆	1823.7358	0.444
34	850421	额定容量≤650千伏安液体介质变压器	1716.5855	0.418
35	690890	上釉的大陶瓷砖，瓦，块及类似品	1712.4077	0.417
36	721621	截面高度＜80毫米角钢	1670.7517	0.407
37	870210	压燃式活塞内燃发动机的客车	1612.9019	0.393
38	851762	交换机和路由器	1590.9566	0.387
39	730890	其他钢铁结构体及部件（包括结构体用的已加工钢板、型材、管子及类似品）	1568.7882	0.382
40	870490	装有其他发动机的货车	1468.15	0.357
41	851718	其他电话机	1445.8748	0.352
42	721310	铁或非合金钢制热轧盘条（带有轧制过程中产生的变形）	1418.5231	0.345
43	854442	额定电压≤1000伏有接头电导体	1382.5959	0.337
44	847420	破碎或磨粉用机器（用于泥土、石料、矿石或其他固体物质的）	1355.4273	0.330
45	721650	其他角材、型材及异型材	1349.567	0.329
46	843143	其他凿井机用零件（子目843041，843049所列机械的）	1295.4483	0.315
47	843890	食品、饮料工业用机器的零件（品目8438所列机械的）	1238.493	0.302
48	110710	未焙制麦芽	1201.0572	0.292

续表

排名	产品代码	产品名称	进口值	占比
49	902830	电量计	1192.2274	0.290
50	870850	驱动桥及其零件（装有差速器的，不论是否装有其他传动件）	1166.5055	0.284
51	482320	切成形的滤纸及纸板	1160.2332	0.282
52	310590	其他肥料	1158.3469	0.282
53	853720	其他电力控制或分配的装置（电压超过 1000 伏的线路）	1144.3146	0.279
54	360300	其他安全导火索导爆索等引爆器件	1135.2825	0.276
55	853710	其他电力控制或分配的装置（电压不超过 1000 伏的线路）	1119.2667	0.273
56	220300	麦芽酿造的啤酒	1112.0676	0.271
57	551219	聚酯短纤其他织物（纯聚酯布指按重量计聚酯短纤含量在 85% 及以上）	1111.4838	0.271
58	842952	挖掘机（上部结构可转 360 度的）	1084.7941	0.264
59	551411	与棉混纺漂白或未漂白的聚酯短纤平布（混纺为含聚酯短纤 85% 以下，重质指每平方米重＞ 170 克）	1078.2194	0.263
60	850440	静态转换器	1058.9898	0.258
61	870324	排气量＞ 4 升带点燃往复式活塞内燃发动机其他车	1029.2866	0.251
62	310100	经化学处理的动植物肥料	1014.5261	0.247
63	730840	钢铁制脚手架模板坑凳用支柱及类似设备	1014.1428	0.247
64	721420	铁或非合金钢的热加工条、杆（带有轧制过程中产生变形，热加工指热轧、热拉拔或热挤压）	1013.4039	0.247
65	847410	分类、筛选、分离或洗涤机器（用于泥土、石料、矿石或其他固体物质的）	997.7752	0.243
66	842930	铲运机	995.3512	0.242
67	280700	硫酸、发烟硫酸	961.3325	0.234
68	940600	其他活动房屋	954.5483	0.232
69	840820	压缩点火内燃活塞发动机（柴油或半柴油机）	938.5407	0.229
70	240120	部分或全部去梗的烟草	918.7589	0.224
71	852580	电视摄像机、数码相机和摄像机录像机	908.8526	0.221
72	80450	新鲜或干燥的番石榴，杧果和山竹果	888.2871	0.216
73	321290	制漆用颜料及零售包装染料、色料	877.3192	0.214
74	10239	非改良种用水牛	863.062	0.210
75	283190	其他连二亚硫酸盐及次硫酸盐	860.5012	0.210

续表

排名	产品代码	产品名称	进口值	占比
76	270119	其他煤	854.8488	0.208
77	252210	生石灰	818.7542	0.199
78	853890	品目 8535、8536、8537 装置的零件（专用于或主要用于）	812.9146	0.198
79	854790	其他电气设备的绝缘配件	793.4212	0.193
80	851711	无绳电话机	773.0641	0.188
81	722699	其他合金钢窄平板轧材（宽度＜ 600 毫米）	765.3778	0.186
82	870894	其他铁路或电车道机车转向轮、转向柱和转向箱	762.6214	0.186
83	721430	易切削钢的热加工条、杆（不带有轧制过程中产生变形，热加工指热轧、热拉拔、热挤压）	762.1595	0.186
84	730810	钢铁制桥梁及桥梁体段	745.2342	0.181
85	847810	其他的烟草加工及制作机器（本章其他编号未列名的）	719.9992	0.175
86	841090	水轮机及水轮的调节器	716.5497	0.174
87	300490	其他已配定剂量的药品	716.1369	0.174
88	240110	未去梗的烟草	710.5244	0.173
89	20130	鲜或冷藏的去骨牛肉	709.8399	0.173
90	690510	陶瓷制屋顶瓦	680.8145	0.166
91	271112	液化丙烷	680.1833	0.166
92	841510	独立窗式或壁式空气调节器	677.1334	0.165
93	551422	与棉混纺染色的重质聚酯斜纹布（混纺为含聚酯短纤 85% 以下，重质指每平方米重＞ 170 克）	676.7339	0.165
94	761410	带钢芯的铝制绞股线、缆、编带（非绝缘的）	670.0339	0.163
95	310510	制成片状及类似形状或零售包装的第 31 章其他货品	669.3921	0.163
96	721410	铁或非合金钢的锻造条、杆（除热加工外未进一步加工）	663.5546	0.162
97	840681	功率超过 40 兆瓦的其他汽轮机	642.24	0.156
98	841391	泵用零件	638.3432	0.155
99	720810	轧有花纹的热轧卷材（除热轧外未进一步加工的）	634.6223	0.155
100	870870	道路车轮及其零件和附件	628.5708	0.153

数据来源：由联合国商品贸易数据计算整理所得

对比 2010 年及 2016 年老挝排名前十的进口产品发现，种类变动幅度较大。2010 年、2016 年进口产品只有一样同时位居前十名，即柴油型其他小型货车（装有压燃式活塞内燃发动机，小型指车辆总重量≤ 5 吨），进口值为 6983 万美元，排名由2010年的第6降为2016年的第9。

从进口产品的集中度来看，老挝2010年前五位进口产品进口值为6.22亿美元，占比为33.86%，前十位进口产品进口值为7.31亿美元占比为39.78%，2016年前五位进口产品进口值为10.86亿美元，占比为26.45%，前十位进口产品进口值为15.00亿美元，占比为36.52%。相比于2010年，2016年老挝前五、前十进口产品的总体集中度呈现下降趋势。

从老挝进口前100产品种类来看，2010年主要进口产品种类有6类，具体为矿产品；天然或养殖珍珠、宝石或半宝石、贵金属、包贵金属及其制品、仿首饰、硬币；机器、机械器具、电气设备及其零件、录音机及放声机、电视图像、声音的录制和重放设备及其零件、附件；食品、饮料、酒及醋、烟草及烟草代用品的制品；车辆、航空器、船舶及有关运输设备；贱金属及其制品。2016主要进口产品种类有6类，具体为矿产品；机器、机械器具、电气设备及其零件、录音机及放声机、电视图像、声音的录制和重放设备及其零件、附件；车辆、航空器、船舶及有关运输设备；食品、饮料、酒及醋、烟草及烟草代用品的制品；植物产品；天然或养殖珍珠、宝石或半宝石、贵金属、包贵金属及其制品、仿首饰、硬币。对比2010年、2016年，进口排名前十的产品中有5类产品相同，因此2010年与2016年，老挝进口产品种类变动较小，具有一致性。

九、缅甸出口比较优势分析与进口需求研究

（一）缅甸出口比较优势分析

2016年缅甸RCA值前100出口产品在国际市场中有较强竞争力。表MM-1显示了2016年缅甸RCA值前100的产品。从2016年缅甸出口产品前100的产品来看，所有产品的比较优势指数RCA都大于2.5，即这100种产品相对于其他产品在国家贸易中更具竞争优势，其中最高RCA值为1242.50，最低RCA值为14.22。2016年缅甸排名前100的出口产品平均RCA值为123.45，远高于国际竞争力很强的基准值2.5的水平。2016年RCA值排名前十的出口产品是：鲜或冷鲶鱼〔（鱼芒）鲶属、鲶属、胡鲶属、真鮰属〕；种用花生；干豆、去壳豆类种子、其他干豆类〔vigna mungo（1）辣椒等〕；其他干豆科蔬菜及种子；其他鲜或冷比目鱼（鲽科、鲆科、舌鳎科、鳎科、菱鲆科、刺鲆科）；与棉混纺印花合纤短纤其他布（混纺为含其他合短纤＜85%，重质指每平方米重＞170克）；蓖麻子；未加工宝石或半宝石；其他材料制男式大衣、斗篷及类似品（包括短大衣、短斗篷）；其他材料制男式上衣。其比较优势指数分别是1242.50、1156.40、863.14 、727.67、509.70、470.57、440.18、409.53、374.46、333.56。从产品整体的种类来看，缅甸的活动物、动物产品；植物产品；纺织原料及其纺织制品等产品具有明显的比较优势。

表MM-1　2016年缅甸比较优势指数排名前100产品

单位：万美元

排序	产品代码	产品名称	RCA指数	出口值
1	30272	鲜或冷鲶鱼〔（鱼芒）鲶属、鲶属、胡鲶属、真鮰属〕	1242.50	10699.41
2	120230	种用花生	1156.40	11061.02
3	71331	干豆，去壳 豆类种子，其他干豆类〔vigna mungo（1）辣椒等〕	863.14	111339.34

续表

排序	产品代码	产品名称	RCA 指数	出口值
4	71390	其他干豆科蔬菜及种子	727.67	23817.56
5	30229	其他鲜或冷比目鱼（鲽科、鲆科、舌鳎科、鳎科、菱鲆科、刺鲆科）	509.70	11148.20
6	551449	与棉混纺印花合纤短纤其他布（混纺为含其他合短纤＜85%，重质指每平方米重＞170 克）	470.57	1437.95
7	120730	蓖麻子	440.18	326.39
8	710310	未加工宝石或半宝石	409.53	39138.43
9	620119	其他材料制男式大衣、斗篷及类似品（包括短大衣、短斗篷）	374.46	9731.19
10	620339	其他材料制男式上衣	333.56	24333.65
11	100620	糙米	328.19	33925.01
12	621120	滑雪套装	275.35	2811.42
13	121293	鲜、冷、冻或干的甘蔗	268.10	731.15
14	30629	其他活、鲜、冷、干、盐腌或盐渍的带壳或去壳甲壳动物	241.83	2944.04
15	30579	其他可食用鱼杂碎	204.66	637.13
16	30329	冻黑鱼和尼罗河鲈鱼	178.74	555.37
17	30111	观赏用淡水鱼	172.85	3202.95
18	620349	其他纺织材料制男士短裤	169.80	20919.65
19	391212	初级形状的已塑化醋酸纤维素	166.00	564.90
20	610290	其他纺织料针织或钩编女式防风衣（包括防寒短上衣 . 防风短上衣及类似品）	165.34	1652.53
21	120740	芝麻	164.89	16600.14
22	80280	其他坚果	148.56	5009.70
23	460122	藤制的席子、席料及帘子	139.72	37.82
24	240290	烟草代用品制的卷烟、雪茄烟	132.38	849.50
25	400121	天然橡胶烟胶片	110.36	10378.25
26	170199	其他精制糖	105.60	106352.26
27	900140	玻璃镜片	102.24	2177.85
28	620219	其他材料制女大衣（含短大衣、斗篷、短斗篷）	101.23	2164.62
29	30239	其他新鲜或冷藏金枪鱼	97.48	535.93
30	620199	其他材料制男式其他防寒上衣（羊毛或动物细毛制）	92.67	1704.56
31	100640	碎米	80.19	9285.99

续表

排序	产品代码	产品名称	RCA 指数	出口值
32	30192	活鳗鱼	79.13	2551.92
33	50100	未经加工的人发（含浪费部分，不论是否洗涤）	76.02	503.27
34	720260	镍铁	75.74	12389.59
35	630510	黄麻制其他货物包装袋（含品目 5303 的其他韧皮纤维制）	72.90	1151.59
36	440729	其他未列名热带木板材（经纵锯、纵切、刨切或旋切的，厚度超过 6 毫米）	72.21	3807.08
37	842123	内燃发动机的滤油器	69.55	30114.66
38	80711	西瓜，新鲜	67.25	7323.95
39	620819	其他材料制女式长衬裙及衬裙	63.25	355.46
40	851718	其他电话机	62.92	18436.75
41	610190	其他纺织材料制男大衣、斗篷、防风衣等	62.71	913.74
42	440810	饰面针叶木单板材（经纵锯，刨切或旋切的，厚度≤6毫米）	62.55	2511.09
43	620192	棉质男式其他防寒上衣（羊毛或动物细毛制）	62.21	7106.24
44	91030	姜黄	58.01	1103.18
45	30559	其他干鱼，食用杂碎除外	55.92	2503.15
46	30243	鲜或冷沙丁鱼（沙丁鱼、沙瑙鱼属）、小沙丁鱼属、黍鲱或西鲱	53.10	353.96
47	620829	其他材料制女式内衣式背心等（含三角裤、短衬裤）	51.80	366.02
48	271111	液化天然气	50.41	317021.22
49	140120	藤	43.86	52.92
50	441239	其他薄板制胶合板（每层厚度≤ 6 毫米，竹制除外）	43.09	7601.99
51	620312	合纤制男式西服套装	41.43	1816.31
52	620690	其他纺织材料制女式衬衫	40.90	2878.03
53	620520	棉制男式衬衫	39.51	27720.02
54	620930	合成纤维制婴儿服装及衣着附件	36.15	1596.15
55	620319	其他材料制男式西服套装	36.06	1678.17
56	30626	活、鲜、冷、干、盐腌或盐渍的带壳或去壳冷水虾和对虾（北极甜虾、褐虾）	34.86	1107.44
57	620439	其他材料制女式上衣	34.29	3906.37
58	440399	其他未列名原木（用油漆，着色剂，杂酚油或其他防腐剂处理的除外）	33.35	6404.79

续表

排序	产品代码	产品名称	RCA 指数	出口值
59	590691	用橡胶处理的针织或钩编其他纺织物	33.12	333.91
60	620411	毛制女式西服套装（羊毛或动物细毛制）	32.96	57.38
61	30614	冻蟹	30.66	5276.12
62	30811	活、鲜或冷的海参（仿刺参、海参纲）	30.61	16.49
63	170191	加有香料或着色剂的糖	28.24	259.39
64	640351	其他皮革制外底的皮革面短筒靴（过踝）	27.93	5078.26
65	30241	鲜或冷鲱鱼（大西洋鲱鱼、太平洋鲱鱼）	27.92	261.94
66	230500	花生饼及类似油渣	27.70	35.56
67	90831	豆蔻	27.41	742.87
68	71430	木薯，竹芋，红薯和类似的根	26.45	306.00
69	620213	化纤制女大衣、斗篷及类似品（含短大衣、短斗篷）	26.27	5697.03
70	121130	古柯叶	25.88	10.51
71	71220	干洋葱	25.05	762.54
72	620419	其他材料制女式西服套装	23.92	833.22
73	730423	其他钻管（钻探石油及天然气用铸铁的除外）	23.37	1070.88
74	30510	供人食用的鱼粉及团粒	23.31	105.65
75	960310	用枝条或其他植物材料捆扎成的帚	21.15	257.83
76	30624	鲜、冷、干、盐腌或盐渍的带壳或去壳蟹	21.13	1336.77
77	620311	毛制男式西服套装	20.98	2851.18
78	630533	聚乙烯或聚丙烯制其他货物包装袋（针织或钩编的，用扁条及类似材料制成）	20.69	2591.61
79	30274	鲜或冷鳗鱼	19.53	24.04
80	100821	种用谷子	19.43	27.03
81	620719	其他材料制男式内裤及三角裤	19.39	145.36
82	620333	其他合成纤维制男式上衣	19.25	3397.39
83	30382	冻魟鱼及鳐鱼（鳐科）	18.83	85.07
84	100510	种用玉米	18.70	3390.79
85	80719	新鲜西瓜，哈密瓜，甜瓜，加利亚甜瓜，其他甜瓜	17.72	2181.45
86	410190	其他生马皮生牛皮（包括整张或半张的背皮及腹皮）	17.69	340.65
87	610413	合成纤维制针织或钩编女西服套装	17.39	56.01
88	460212	藤编制的篮筐及其他制品	17.19	161.37
89	620341	毛制男式短裤（羊毛或动物细毛制）	16.70	1060.69
90	520299	其他废棉	16.49	336.64

续表

排序	产品代码	产品名称	RCA 指数	出口值
91	711620	宝石或半宝石制品（包括天然，合成或再造的）	16.48	1337.07
92	71320	干的去壳鹰嘴豆 种子鹰嘴豆 其他干鹰嘴豆	16.05	2437.56
93	90421	胡椒、辣椒类果实	15.64	1040.64
94	30289	其他鲜或冷鱼	15.45	1492.64
95	610419	其他纺织材料制针织或钩编女式西服套装	14.68	200.60
96	30616	冻冷水虾和对虾（北极甜虾、褐虾）	14.50	1661.33
97	440839	其他饰面用单板（本章子目注释一所列其他热带木，厚度不超过 6 毫米）	14.47	180.10
98	190540	面包干，吐司及类似的烤面包	14.26	717.60
99	140190	其他主要用作编结用的植物材料	14.22	50.36
100	847890	烟草加工及其零件	13.36	337.46

数据来源：由联合国商品贸易数据计算整理所得

（二）缅甸出口主导产业分析

1. 出口主导产业

出口主导产业是由产品出口额占国家总出口额的比例来衡量的，所占比例越大，表明其在出口中所占地位越重，同时表明，此国生产相应产品的能力越强或拥有相应丰富的资源。表 MM-2 及表 MM-3 分别表示 2010 年与 2016 年缅甸出口值排名前 100 主导产品。

表 MM-2　2010 年缅甸出口值排名前 100 产品

单位：万美元、%

排序	产品代码	产品名称	占比	出口值
1	271121	气态天然气	38.504	293600.57
2	710310	未加工宝石或半宝石	24.395	186014.21
3	71331	干豆，去壳豆类种子，其他干豆类〔vignamungo（1）辣椒等〕	9.829	74946.92
4	440349	其他本章子目注释所列热带原木（用油漆，着色剂，杂酚油或其他防腐剂处理的除外）	3.787	28876.21
5	440399	其他未列名原木（用油漆，着色剂，杂酚油或其他防腐剂处理的除外）	3.477	26515.97

续表

排序	产品代码	产品名称	占比	出口值
6	30269	新鲜、冷的鱼	2.663	20309.15
7	400121	天然橡胶烟胶片	2.556	19493.61
8	100630	精米	2.046	15604.93
9	71390	其他干豆科蔬菜及种子	1.666	12707.14
10	120740	芝麻	0.888	6772.54
11	30613	冻虾仁	0.820	6253.79
12	620339	其他材料制男式上衣	0.798	6083.33
13	740311	精炼铜的阴极型材（未锻轧的）	0.685	5226.19
14	640359	皮革制外底的皮革面其他鞋靴	0.674	5138.20
15	621132	棉制男式其他服装	0.664	5061.20
16	620530	化纤制男士衬衫	0.471	3593.34
17	620990	其他纺织材料制婴儿服装及衣着附件（除棉、合成纤维、羊毛或动物细毛外其他纺织材料制）	0.387	2947.90
18	440729	其他未列名热带木板材（经纵锯、纵切、刨切或旋切的，厚度超过 6 毫米）	0.384	2926.85
19	620520	棉制男式衬衫	0.372	2837.90
20	999999	未按种类指定的商品	0.331	2524.54
21	30199	其他活鱼	0.238	1814.49
22	620439	其他材料制女式上衣	0.208	1586.30
23	620319	其他材料制男式西服套装	0.208	1584.33
24	21020	干、熏、盐制的其他牛肉	0.204	1554.59
25	620432	棉制女式上衣	0.201	1530.36
26	621149	其他纺织材料制女式其他服装	0.186	1420.23
27	30614	冻蟹	0.159	1212.11
28	100590	其他玉米	0.154	1175.64
29	30559	其他干鱼，食用杂碎除外	0.151	1151.32
30	620112	棉制男式大衣、斗篷及类似品（包括短大衣、短斗篷）	0.127	965.69
31	620342	棉质男式短裤	0.110	841.19
32	170191	加有香料或着色剂的糖	0.109	828.99
33	900290	其他光学仪器用未列名光学元件	0.099	757.74
34	621210	胸罩（不论是否针织或钩编）	0.099	752.10

续表

排序	产品代码	产品名称	占比	出口值
35	71340	扁豆	0.098	744.72
36	91030	姜黄	0.096	729.82
37	520300	已梳的棉花	0.095	721.78
38	710122	已加工的养殖珍珠	0.092	702.03
39	410120	规定重量整张生马皮或生牛皮（指每张，简单干燥≤ 8 千克，干盐渍≤ 10 千克，鲜或湿盐≤ 16 千克）	0.082	627.37
40	620590	其他纺织材料制男式衬衫	0.081	619.83
41	620212	棉制女式大衣、斗篷及类似品（包括短大衣、短斗篷）	0.081	617.04
42	470693	其他纤维状纤维素半化学浆	0.080	607.35
43	71320	干的去壳鹰嘴豆种子鹰嘴豆其他干鹰嘴豆	0.077	590.20
44	240220	烟草制的卷烟	0.073	554.99
45	250590	其他天然砂	0.069	525.91
46	620791	棉制男式其他内衣	0.066	502.97
47	30622	活、鲜、冷、干、盐腌或盐渍的带壳或去壳大螯虾	0.065	492.34
48	610910	棉制针织或钩编 T 恤衫、汗衫等	0.060	457.57
49	260700	铅矿砂及其精矿	0.058	440.19
50	710391	经其他加工的红，蓝，绿宝石（未成串或镶嵌）	0.051	388.40
51	50100	未经加工的人发（含浪费部分，不论是否洗涤）	0.047	354.88
52	621142	棉制女式其他服装	0.046	353.49
53	630533	聚乙烯或聚丙烯制其他货物包装袋（针织或钩编的，用扁条及类似材料制成）	0.045	341.31
54	260900	锡矿砂及其精矿	0.042	319.11
55	30192	活鳗鱼	0.042	318.11
56	91010	姜、番红花、姜黄、麝香草、月桂叶、咖喱及其他调味香料	0.040	304.10
57	620891	棉制其他女式内衣式背心等（含三角裤、短衬裤）	0.035	263.23
58	620462	羊毛或动物细毛制女式或女童裤等（非针织或钩编）	0.034	258.41
59	440799	其他木厚板材（经纵锯、纵切、刨切或旋切的，厚度超过 6 毫米）	0.034	256.41
60	620799	其他材料制男式其他内衣	0.034	255.56
61	620119	其他材料制男式大衣、斗篷及类似品（包括短大衣、短斗篷）	0.033	248.33
62	620690	其他纺织材料制女式衬衫	0.028	212.66

续表

排序	产品代码	产品名称	占比	出口值
63	80290	鲜或干的其他坚果，不论是否去壳或去皮	0.026	197.84
64	620219	其他材料制女大衣（含短大衣、斗篷、短斗篷）	0.024	186.61
65	670411	合成纺织材料制整头假发	0.023	173.33
66	901839	导管、插管及类似品	0.022	166.97
67	140490	其他编号未列名植物产品	0.022	166.57
68	852290	其他音频配件	0.022	166.32
69	620630	棉制女式衬衫	0.021	160.07
70	40900	天然蜂蜜	0.020	154.89
71	261710	锑矿砂及其精矿	0.020	154.46
72	970300	其他各种材料制的雕塑品原件	0.020	154.09
73	100820	荞麦、谷子及加那利草子；其他谷物	0.019	143.26
74	30239	其他新鲜或冷藏金枪鱼	0.018	140.59
75	890710	充气筏	0.018	138.26
76	640320	其他皮革条带为鞋面的皮底鞋（皮革条带交叉于脚背并绕大脚趾的）	0.017	131.83
77	210690	其他编号未列名的食品	0.017	129.47
78	170199	其他精制糖	0.015	116.03
79	620192	棉质男式其他防寒上衣（羊毛或动物细毛制）	0.015	111.93
80	940161	装软垫的木框架的坐具	0.014	106.26
81	120999	其他种植用的种子、果实及孢子	0.013	101.08
82	30510	供人食用的鱼粉及团粒	0.013	99.29
83	71290	干蔬菜，整个、切块、切片、破碎或制成粉状，但未经进一步加工的	0.013	96.29
84	940360	其他木家具	0.011	86.12
85	960310	用枝条或其他植物材料捆扎成的帚	0.011	82.97
86	392111	泡沫聚苯乙烯板，片，带，箔，扁条	0.011	80.85
87	50800	珊瑚及其他水产品壳、骨的粉末及废料（包括介、贝壳，棘皮动物壳，墨鱼骨的粉末及废料）	0.010	79.03
88	560729	剑麻或龙舌兰纤维制其他线绳索缆（可编织或编结，可用橡胶或塑料浸渍、涂布，包覆，套裹）	0.010	77.69
89	51199	其他动物精液（牛的精液除外）	0.010	76.03
90	120720	其他含油子仁及果实，不论是否破	0.010	74.84

续表

排序	产品代码	产品名称	占比	出口值
91	890392	其他汽艇（装有舷外发动机的除外）	0.010	72.56
92	260800	锌矿砂及其精矿	0.009	71.60
93	220300	麦芽酿造的啤酒	0.009	68.59
94	620459	其他材料制女式裙子及裙裤	0.008	61.12
95	120929	其他饲料植物种子	0.008	57.21
96	960910	铅笔和蜡笔	0.007	56.75
97	262019	其他主要含锌的矿渣、矿灰及残渣	0.007	54.81
98	620920	棉制婴儿服装及衣着附件	0.007	52.41
99	620899	其他材料制女式内衣式背心等（含三角裤、短衬裤）	0.007	51.46
100	80132	腰果（去壳）	0.007	51.14

数据来源：由联合国商品贸易数据计算整理所得

根据 MM-2、表 MM-3 得知，2010 年缅甸出口主导产品气态天然气；未加工宝石或半宝石；干豆、去壳豆类种子、其他干豆类等产品。2016 年缅甸出口主导产品为液化天然气；干豆、去壳豆类种子、其他干豆类；其他精制糖；未加工宝石或半宝石等产品。对比 2010 年及 2016 年，缅甸排名前十的主导产品种类变动幅度较小，表明缅甸主要出口产品结构较为稳定。

表 MM-3　2016 年缅甸出口值排名前 100 产品

单位：万美元、%

排序	产品代码	产品名称	占比	出口值
1	271111	液化天然气	27.159	317021.22
2	71331	干豆，去壳豆类种子，其他干豆类〔vignamungo(1）辣椒等〕	9.538	111339.34
3	170199	其他精制糖	9.111	106352.26
4	710310	未加工宝石或半宝石	3.353	39138.43
5	100620	糙米	2.906	33925.01
6	842123	内燃发动机的滤油器	2.580	30114.66
7	620520	棉制男式衬衫	2.375	27720.02
8	740311	精炼铜的阴极型材（未锻轧的）	2.247	26223.13
9	620339	其他材料制男式上衣	2.085	24333.65
10	71390	其他干豆科蔬菜及种子	2.040	23817.56

续表

排序	产品代码	产品名称	占比	出口值
11	620349	其他纺织材料制男士短裤	1.792	20919.65
12	100590	其他玉米	1.624	18954.31
13	851718	其他电话机	1.579	18436.75
14	120740	芝麻	1.422	16600.14
15	999999	未按种类指定的商品	1.221	14249.87
16	720260	镍铁	1.061	12389.59
17	30229	其他鲜或冷比目鱼（鲽科、鲆科、舌鳎科、鳎科、菱鲆科、刺鲆科）	0.955	11148.20
18	120230	种用花生	0.948	11061.02
19	30272	鲜或冷鲶鱼〔（鱼芒）鲶属、鲶属、胡鲶属、真鮰属〕	0.917	10699.41
20	400121	天然橡胶烟胶片	0.889	10378.25
21	620119	其他材料制男式大衣、斗篷及类似品（包括短大衣、短斗篷）	0.834	9731.19
22	100640	碎米	0.796	9285.99
23	441239	其他薄板制胶合板（每层厚度≤6毫米，竹制除外）	0.651	7601.99
24	80711	西瓜，新鲜	0.627	7323.95
25	620192	棉质男式其他防寒上衣（羊毛或动物细毛制）	0.609	7106.24
26	440399	其他未列名原木（用油漆，着色剂，杂酚油或其他防腐剂处理的除外）	0.549	6404.79
27	271019	石油和油脂	0.537	6265.29
28	620213	化纤制女大衣、斗篷及类似品（含短大衣、短斗篷）	0.488	5697.03
29	30614	冻蟹	0.452	5276.12
30	620193	化纤制男式其他防寒上衣（羊毛或动物细毛制）	0.451	5261.83
31	270900	石油原油	0.444	5181.13
32	640351	其他皮革制外底的皮革面短筒靴（过踝）	0.435	5078.26
33	80280	其他坚果	0.429	5009.70
34	80390	干燥的香蕉	0.412	4804.35
35	640399	其他皮革制面的其他鞋靴（橡胶、塑料、再生皮革制外底，运动用鞋靴除外）	0.360	4206.81
36	620439	其他材料制女式上衣	0.335	3906.37
37	440729	其他未列名热带木板材（经纵锯、纵切、刨切或旋切的，厚度超过6毫米）	0.326	3807.08

续表

排序	产品代码	产品名称	占比	出口值
38	400122	技术分类天然橡胶（TSNR）〔初级形状（胶乳，烟胶片除外）或板，片，带〕	0.323	3765.87
39	843143	其他凿井机用零件（子目 843041，843049 所列机械的）	0.318	3706.49
40	30617	冻其他虾和对虾	0.306	3576.51
41	900219	其他物镜	0.293	3422.59
42	620333	其他合成纤维制男式上衣	0.291	3397.39
43	100510	种用玉米	0.290	3390.79
44	620630	棉制女式衬衫	0.281	3285.58
45	30111	观赏用淡水鱼	0.274	3202.95
46	620462	羊毛或动物细毛制女式或女童裤等（非针织或钩编）	0.270	3156.04
47	621210	胸罩（不论是否针织或钩编）	0.264	3077.24
48	880240	飞机和其他飞机的空载重量超过 15000 公斤	0.254	2965.20
49	30629	其他活、鲜、冷、干、盐腌或盐渍的带壳或去壳甲壳动物	0.252	2944.04
50	620690	其他纺织材料制女式衬衫	0.247	2878.03
51	620311	毛制男式西服套装	0.244	2851.18
52	621120	滑雪套装	0.241	2811.42
53	630533	聚乙烯或聚丙烯制其他货物包装袋（针织或钩编的，用扁条及类似材料制成）	0.222	2591.61
54	30192	活鳗鱼	0.219	2551.92
55	440810	饰面针叶木单板材（经纵锯，刨切或旋切的，厚度≤6毫米）	0.215	2511.09
56	30559	其他干鱼，食用杂碎除外	0.214	2503.15
57	620293	化纤制女式其他防寒上衣	0.210	2452.73
58	71320	干的去壳鹰嘴豆种子鹰嘴豆其他干鹰嘴豆	0.209	2437.56
59	80719	新鲜西瓜，哈密瓜，甜瓜，加利亚甜瓜，其他甜瓜	0.187	2181.45
60	900140	玻璃镜片	0.187	2177.85
61	620219	其他材料制女大衣（含短大衣、斗篷、短斗篷）	0.185	2164.62
62	710122	已加工的养殖珍珠	0.163	1898.39
63	620312	合纤制男式西服套装	0.156	1816.31
64	640419	纺织材料制鞋面胶底的其他鞋靴（橡胶或塑料制外底，运动用鞋靴除外）	0.156	1816.31
65	620199	其他材料制男式其他防寒上衣（羊毛或动物细毛制）	0.146	1704.56
66	620319	其他材料制男式西服套装	0.144	1678.17

续表

排序	产品代码	产品名称	占比	出口值
67	30616	冻冷水虾和对虾（北极甜虾、褐虾）	0.142	1661.33
68	610290	其他纺织料针织或钩编女式防风衣（包括防寒短上衣．防风短上衣及类似品）	0.142	1652.53
69	820750	工作部件的钻孔工具（凿岩或钻探用的除外）	0.141	1639.99
70	620930	合成纤维制婴儿服装及衣着附件	0.137	1596.15
71	30289	其他鲜或冷鱼	0.128	1492.64
72	551449	与棉混纺印花合纤短纤其他布（混纺为含其他合短纤＜85%，重质指每平方米重＞170克）	0.123	1437.95
73	841381	其他泵；液体电梯	0.117	1366.46
74	260700	铅矿砂及其精矿	0.115	1338.90
75	711620	宝石或半宝石制品（包括天然，合成或再造的）	0.115	1337.07
76	30624	鲜、冷、干、盐腌或盐渍的带壳或去壳蟹	0.115	1336.77
77	611490	其他纺织材料制其他服装	0.112	1304.73
78	841229	其他液压动力发动机和马达	0.109	1276.89
79	441820	木门及其框架和门槛	0.102	1192.97
80	70310	新鲜或冷藏的葱	0.102	1191.57
81	80450	新鲜或干燥的番石榴，杧果和山竹果	0.100	1163.89
82	630510	黄麻制其他货物包装袋（含品目5303的其他韧皮纤维制）	0.099	1151.59
83	30626	活、鲜、冷、干、盐腌或盐渍的带壳或去壳冷水虾和对虾（北极甜虾、褐虾）	0.095	1107.44
84	91030	姜黄	0.095	1103.18
85	640219	橡胶、塑料制底及面的其他运动鞋靴	0.094	1096.89
86	902590	比重计，温度计等类似仪器的零件	0.092	1078.74
87	392310	塑料制盒，箱及类似品	0.092	1072.35
88	730423	其他钻管（钻探石油及天然气用铸铁的除外）	0.092	1070.88
89	71333	干芸豆，包括白豌豆豆，去壳芸豆种子其他干芸豆	0.091	1063.21
90	620341	毛制男式短裤（羊毛或动物细毛制）	0.091	1060.69
91	610822	化纤制其他女三角裤及短衬裤	0.091	1057.69
92	30749	其他冻、干、盐制的墨鱼及鱿鱼	0.090	1055.51
93	90421	胡椒、辣椒类果实	0.089	1040.64
94	901590	大地测量仪及装置的零、附件	0.089	1035.49

续表

排序	产品代码	产品名称	占比	出口值
95	441810	木制木窗，落地窗及其框架	0.086	1004.00
96	610190	其他纺织材料制男大衣、斗篷、防风衣等	0.078	913.74
97	81340	干燥龙眼和龙眼果肉，柿子，晒干中国红枣，晒干荔枝，其他水果	0.074	865.82
98	121190	鲜或干的植物种子或果实（作香料、药料、杀虫、杀菌等类似用途）	0.073	857.73
99	240290	烟草代用品制的卷烟、雪茄烟	0.073	849.50
100	850490	静止式变流器及电感器零件	0.072	844.83

数据来源：由联合国商品贸易数据计算整理所得

从出口主导产品的集中度来看，2010 年，排名前五的主导产品出口值为 61.00 亿美元，出口值占比为 79.99%；排名前十的主导产品出口值为 68.48 亿美元，出口值占比为 89.81%。2016 年，排名前五的主导产品出口值为 60.78 亿美元，与 2010 年基本持平，出口值占比为 52.01%，比 2010 年下降 27.93%；排名前十的主导产品出口值为74.00亿美元，比2010年增长8.05%，出口值占比为63.39%，比2010年下降。相比于 2010 年，2016 年缅甸前 5、前 10 主导产品的出口值产品占比均下滑，说明缅甸出口产品具有很强的集中度，但出口产品集中度呈下降趋势。

从出口主导产品种类来看，2010 年与 2016 年，缅甸出口主导产品变动幅度较小，具有一致性。主要出口矿产品；天然或养殖珍珠、宝石或半宝石、贵金属、包贵金属及其制品、仿首饰、硬币；植物产品等产品。

2. 出口主导产业与比较优势产业的一致性分析

表 MM-4 为 2016 年缅甸排名前十的比较优势产品及出口主导产品。表中显示，缅甸比较优势指数排名前列的产品主要为活动物、动物产品；植物产品；出口主导产品主要为矿产品；植物产品；纺织原料及纺织制品。对比 2016 年缅甸排名前十的比较优势产品及出口主导产品发现，比较优势排名前十的具体产品中有 3 样产品出现在主导产品前十的列表中，同时比较优势产品种类和出口主导产品种类趋同。因此，可以得出缅甸的比较优势产品与出口主导产品具有一定的一致性。

表 MM-4 2016 年缅甸排名前十比较优势产品及出口主导产品

单位：%

排名	比较优势产品名称	RCA	排名	出口主导产品名称	占比
1	鲜或冷鲶鱼〔(鱼芒)鲶属、鲶属、胡鲶属、真鮰属〕	1242.50	1	液化天然气	27.159
2	种用花生	1156.40	2	干豆，去壳豆类种子，其他干豆类〔vignamungo(1)辣椒等〕	9.538
3	干豆，去壳豆类种子，其他干豆类〔vigna mungo (1) 辣椒等〕	863.14	3	其他精制糖	9.111
4	其他干豆科蔬菜及种子	727.67	4	未加工宝石或半宝石	3.353
5	其他鲜或冷比目鱼（鲽科、鲆科、舌鳎科、鳎科、菱鲆科、刺鲆科）	509.70	5	糙米	2.906
6	与棉混纺印花合纤短纤其他布（混纺为含其他合短纤＜85%，重质指每平方米重＞170 克）	470.57	6	内燃发动机的滤油器	2.580
7	蓖麻子	440.18	7	棉制男式衬衫	2.375
8	未加工宝石或半宝石	409.53	8	精炼铜的阴极型材（未锻轧的）	2.247
9	其他材料制男式大衣、斗篷及类似品（包括短大衣、短斗篷）	374.46	9	其他材料制男式上衣	2.085
10	其他材料制男式上衣	333.56	10	其他干豆科蔬菜及种子	2.040

数据来源：由联合国商品贸易数据计算整理所得

（三）缅甸进口需求及其变化分析

表 MM-5 为 2010 年缅甸进口值排名前 100 产品。从表中可以看出，主要进口产品是石油和油脂；浮动或潜水式钻探或生产平台；其他棕榈油及其分离品；其他已配定剂量的药品；其他机械铲、挖掘机及机铲装载机；与棉混纺印花合纤短纤其他布；初级形状的聚丙烯；其他石油或天然气钢铁管道；其他硅酸盐水泥；其他钢铁结构体及部件，其中排名第 1 位的石油和油脂进口值 9.08 亿美元，占比 21.81%；排名第 2 位的浮动或潜水式钻探或生产平台进口值 1.69 亿美元，占比 4.06%；排名第 3 位的其他棕榈油及其分离品进口值 1.68 亿美元，占比 4.03%，前 3 位产品进口值占比达到 29.89%。

从缅甸进口前 100 产品种类来看，主要为矿产品；车辆、航空器、船舶及有关运输设备；动、植物油和脂及其分解产品、精制的食用油脂、动、植物蜡等产品。

从缅甸进口前100产品的集中度来看，有明显集中度。进口产品排名前五位进口值占比为36.76%，排名前十位进口值占比为47.50%。

表MM-5　2010年缅甸进口排名前100产品

单位：万美元、%

排名	产品代码	产品名称	进口值	占比
1	271019	石油和油脂	90815.19	21.808
2	890520	浮动或潜水式钻探或生产平台	16886.28	4.055
3	151190	其他棕榈油及其分离品	16774.04	4.028
4	300490	其他已配定剂量的药品	14459.28	3.472
5	842959	其他机械铲、挖掘机及机铲装载机	14159.94	3.4
6	551449	与棉混纺印花合纤短纤其他布（混纺为含其他合短纤＜85%，重质指每平方米重＞170克）	11391.8	2.736
7	390210	初级形状的聚丙烯	10440.77	2.507
8	730419	其他石油或天然气钢铁管道	9094.19	2.184
9	252329	其他硅酸盐水泥	7919.1	1.902
10	730890	其他钢铁结构体及部件（包括结构体用的已加工钢板、型材、管子及类似品）	5882.04	1.412
11	110419	滚压或制片的其他谷物	5761.41	1.384
12	840820	压缩点火内燃活塞发动机（柴油或半柴油机）	4962.82	1.192
13	401110	汽车用新型橡胶充气轮胎	4598.04	1.104
14	580790	其他纺织材料制非绣制的标签等（包括徽章及类似品，成匹，成条或裁成一定形状或尺寸）	4110.12	0.987
15	870410	非公路用货运自卸车	3508.39	0.842
16	721049	镀锌的其他形铁或非合金钢宽板材（电镀锌的除外，宽≥600毫米）	3419.9	0.821
17	40299	浓缩并已加糖的非固状乳及奶油（加其他甜物质）	3269.07	0.785
18	841199	其他涡轮喷气机、涡轮螺旋桨和燃气轮机	3259.23	0.783
19	721310	铁或非合金钢制热轧盘条（带有轧制过程中产生的变形）	2763.26	0.664
20	551219	聚酯短纤其他织物（纯聚酯布指按重量计聚酯短纤含量在85%及以上）	2661.13	0.639
21	842940	捣固机械及压路机	2485.16	0.597
22	842919	其他推土机	2385.83	0.573

续表

排名	产品代码	产品名称	进口值	占比
23	870421	柴油型其他小型货车（装有压燃式活塞内燃发动机，小型指车辆总重量≤ 5 吨）	2027.08	0.487
24	390120	初级形状比重≥ 0.94 的聚乙烯	1884.54	0.453
25	841510	独立窗式或壁式空气调节器	1821.73	0.437
26	730210	钢轨	1790.51	0.43
27	731210	非绝缘的钢铁绞股线、绳、缆	1755.77	0.422
28	271290	其他矿物蜡，不论是否着色	1640.51	0.394
29	210690	其他编号未列名的食品	1630.69	0.392
30	851590	电气等焊接机器及装置零件（包括激光，其他光，光子束，超声波，电子束磁脉冲等）	1573.77	0.378
31	300450	已配剂量含有维生素等的其他药品	1506.1	0.362
32	870899	其他零件和附件	1454.5	0.349
33	843149	品目 8426、8429、8430 的其他零件	1414.13	0.34
34	854460	其他电压超过 1000 伏的电导体	1408.28	0.338
35	870290	10 座及以上机动车	1385.9	0.333
36	551419	与棉混纺未漂白或漂白其他织布（其他合纤短纤＜ 85%，每平方米重＞ 170 克，指其他机织物）	1371.86	0.329
37	551329	与棉混纺染色聚酯短纤其他机织物（合成短纤 85% 以下，每平方米重≤ 170 克）	1280.48	0.307
38	720825	厚≥ 4.75 毫米其他经酸洗的热轧卷材（除热轧外未进一步加工，宽≥ 600 毫米，未包、镀、涂层）	1276.3	0.306
39	870422	柴油型其他货车（装有压燃式活塞内燃发动机，重型指 5 吨≤车辆总重≤ 20 吨）	1243.81	0.299
40	721420	铁或非合金钢的热加工条、杆（带有轧制过程中产生变形，热加工指热轧、热拉拔或热挤压）	1226.97	0.295
41	852872	其他颜色的电视接收机	1177.85	0.283
42	390410	初级形状的纯聚氯乙烯	1156.3	0.278
43	721633	截面高度 >80 毫米 H 型钢	1148.28	0.276
44	730791	未列名钢铁制法兰（不锈钢除外）	1118.8	0.269
45	40210	脂肪含量≤ 1.5% 固状乳及奶油（指粉状、粒状或其他固体状态，浓缩，加糖或其他甜物质）	1109.21	0.266
46	390110	初级形状比重＜ 0.94 的聚乙烯	1076.57	0.259

续表

排名	产品代码	产品名称	进口值	占比
47	271490	其他沥青	1019.28	0.245
48	850610	二氧化锰的原电池及原电池组	1005.3	0.241
49	841989	其他利用温度变化处理材料的机器	999.24	0.24
50	854419	其他绕组电线（非铜制）	984.03	0.236
51	852550	无线电广播、电视用发送设备	977.82	0.235
52	851770	其他通信设备零件	966.74	0.232
53	850131	其他输出功率≤ 750 瓦的直流电动机、发电机	916.34	0.22
54	850720	其他铅酸蓄电池（启动活塞式发动机用铅酸蓄电池除外）	897.96	0.216
55	731100	装压缩或液化气的钢铁容器	896.41	0.215
56	701090	其他玻璃器皿	892.51	0.214
57	730820	钢铁制塔楼及格构杆	868.52	0.209
58	252321	白水泥，不论是否人工着色	862.36	0.207
59	720916	3 毫米 > 厚 >1 毫米冷轧卷材（宽≥ 600 毫米）	858.33	0.206
60	901819	其他电诊断仪	856.4	0.206
61	721911	厚度＞ 10 毫米热轧不锈钢卷板（宽度≥ 600 毫米）	852.15	0.205
62	841013	功率＞ 10000 千瓦的水轮机及水轮	848.86	0.204
63	851761	移动通信基地站	836.88	0.201
64	520790	供零售用混纺棉纱线（混棉纱线指按重量计含棉量＜ 85%，缝纫线除外）	834.39	0.2
65	110710	未焙制麦芽	833.77	0.2
66	731290	非绝缘钢铁编带、吊索及类似品	817.88	0.196
67	721590	铁及非合金钢的其他条、杆	801.17	0.192
68	520852	印花的全棉平纹织布（100 克＜每平方米重量≤ 200 克，含棉 85% 及以上）	795.82	0.191
69	380850	零售包装含第 38 章子目注释一所列物质的货品	779.87	0.187
70	870840	铁路或电车道机车齿轮箱及其零件	776.09	0.186
71	631010	经分拣的碎织物等（包括废线，绳，索，缆及其制品）	766.84	0.184
72	850680	其他原电池及原电池组	734.79	0.176
73	850710	启动活塞式发动机用铅酸蓄电池	731.41	0.176
74	170199	其他精制糖	700.4	0.168
75	880240	飞机和其他飞机的空载重量超过 15000 公斤	700	0.168

续表

排名	产品代码	产品名称	进口值	占比
76	870790	车辆以外的其他铁路或电车道机车及其零件和附件	695.33	0.167
77	842820	气压升降机及输送机	667.72	0.16
78	853650	电压≤ 1000 伏的其他开关	663.89	0.159
79	410719	其他整张牛马皮革（经鞣制或半硝后进一步加工，羊皮纸化处理）	651.3	0.156
80	551599	其他合纤短纤其他机织物	649.04	0.156
81	722100	不锈钢热轧条、杆	636.66	0.153
82	481013	涂无机物的其他书写 / 印刷或类似用途纸 / 纸板（成卷的，所含用机械或化学 – 机械法制得的纤维≤ 10%"）	635.79	0.153
83	210111	咖啡浓缩精汁	629.76	0.151
84	843143	其他凿井机用零件（子目 843041，843049 所列机械的）	628.83	0.151
85	850432	1 千伏安＜额定容量≤ 16 千伏安的其他变压器	625.71	0.15
86	960621	塑料制纽扣（未用纺织材料包裹的）	613.48	0.147
87	853720	其他电力控制或分配的装置（电压超过 1000 伏的线路）	605.01	0.145
88	860799	铁道及电车道非机车用其他零件	604.94	0.145
89	880330	飞机及直升机用其他零件	604.09	0.145
90	870829	其他身体部分和附件（包括驾驶室）	600.75	0.144
91	382490	其他编号未列名的化工产品	594	0.143
92	851762	交换机和路由器	578.64	0.139
93	848180	其他阀门（用于管道、锅炉、罐、桶或类似品的）	571.68	0.137
94	850220	装有点燃式活塞发动机的发电机组（内燃的）	558.11	0.134
95	410711	全粒面未剖层整张牛马皮（经鞣制或半硝后进一步加工，羊皮纸化处理）	542.13	0.13
96	721399	其他热轧盘条（不带有轧制过程中产生的变形）	539.59	0.13
97	720890	其他热轧铁或非合金钢宽平板轧材（除热轧外经进一步加工，宽≥ 600 毫米，未经包，渡，涂层）	537.62	0.129
98	843780	谷物磨粉业加工机器（包括谷物、干豆加工机器，但农业用机器除外）	535.11	0.128
99	870110	手扶拖拉机	531.9	0.128
100	310590	其他肥料	527.67	0.127

数据来源：由联合国商品贸易数据计算整理所得

表 MM-6 为 2016 年缅甸进口值排名前 100 产品。从表中可以看出，排名前十的进口产是其他精制糖；石油和油脂；非公路用货运自卸车；轻油及制品，不含生物柴油；氢化、酯化或反油酸化植物油、脂；排量≤ 250 毫升装往复式活塞内燃发动机摩托车及脚踏两用车；1.5 升＜排量≤ 3 升装点燃往复式活塞内燃发动机的其他载人车辆；与棉混纺印花合纤短纤其他布；压燃式活塞内燃发动机的客车；其他已配定剂量的药品。其中排名第 1 位的其他精制糖进口值 13.40 亿美元，占比 8.54%；排名第 2 位的石油和油脂进口值 10.03 亿美元，占比 6.39%；排名第 3 位的非公路用货运自卸车进口值 9.04 亿美元，占比 5.76%，前 3 位产品进口值占比达到 20.69%。

从 2016 年进口前 100 产品种类来看，主要为食品、饮料、酒及醋、烟草及烟草代用品的制品；矿产品；车辆、航空器、船舶及有关运输设备。

从 2016 年缅甸进口排名前 100 产品来看，进口产品具有一定集中度。进口产品排名前五位进口值占比为 28.11%，进口产品排名前十位进口值占比为 38.67%。

表 MM-6　2016 年缅甸进口排名前 100 产品

单位：万美元、%

排名	产品代码	产品名称	进口值	占比
1	170199	其他精制糖	133996.39	8.537
2	271019	石油和油脂	100265.83	6.388
3	870410	非公路用货运自卸车	90438.85	5.762
4	271012	轻油及制品，不含生物柴油	63712.69	4.059
5	151620	氢化、酯化或反油酸化植物油、脂	52785.47	3.363
6	871120	排量≤ 250 毫升装往复式活塞内燃发动机摩托车及脚踏两用车	35660.10	2.272
7	870323	1.5 升＜排量≤ 3 升装点燃往复式活塞内燃发动机的其他载人车辆	35159.14	2.240
8	551449	与棉混纺印花合纤短纤其他布（混纺为含其他合短纤＜ 85%，重质指每平方米重＞ 170 克）	32355.48	2.061
9	870210	压燃式活塞内燃发动机的客车	30163.40	1.922
10	300490	其他已配定剂量的药品	27683.10	1.764
11	390210	初级形状的聚丙烯	23029.52	1.467
12	252329	其他硅酸盐水泥	20987.92	1.337
13	722830	其他合金钢热加工条、杆（除热轧，热拉拔或热挤压外未经进一步加工的）	17953.19	1.144

续表

排名	产品代码	产品名称	进口值	占比
14	851718	其他电话机	13478.13	0.859
15	841199	其他涡轮喷气机、涡轮螺旋桨和燃气轮机	11826.98	0.754
16	110419	滚压或制片的其他谷物	11272.42	0.718
17	210690	其他编号未列名的食品	11265.16	0.718
18	870110	手扶拖拉机	11089.20	0.707
19	843351	联合收割机	10095.10	0.643
20	310210	尿素	9985.76	0.636
21	842959	其他机械铲、挖掘机及机铲装载机	9912.55	0.632
22	851769	其他通信设备	9279.41	0.591
23	380850	零售包装含第 38 章子目注释一所列物质的货品	9210.58	0.587
24	870190	其他拖拉机	8949.54	0.570
25	851770	其他通信设备零件	8492.59	0.541
26	730890	其他钢铁结构体及部件（包括结构体用的已加工钢板、型材、管子及类似品）	8462.78	0.539
27	401110	汽车用新型橡胶充气轮胎	8301.69	0.529
28	230400	提炼豆油所得的油饼和其他固体残渣	7691.24	0.490
29	730300	铸铁管及空心型材	7337.24	0.467
30	722100	不锈钢热轧条、杆	7310.31	0.466
31	843143	其他凿井机用零件（子目 843041，843049 所列机械的）	6984.68	0.445
32	840890	其他压缩点火内燃活塞发动机（柴油或半柴油机）	6939.42	0.442
33	551219	聚酯短纤其他织物（纯聚酯布指按重量计聚酯短纤含量在 85% 及以上）	6599.67	0.420
34	310590	其他肥料	6414.27	0.409
35	310520	化学肥料或矿物肥料（含氮、磷、钾三种肥效元素）	6230.48	0.397
36	999999	未按种类指定的商品	6201.98	0.395
37	841370	其他离心泵	6050.67	0.385
38	580790	其他纺织材料制非绣制的标签等（包括徽章及类似品，成匹，成条或裁成一定形状或尺寸）	6034.37	0.384
39	190190	麦精、粮食粉等制食品及乳制食品	6027.76	0.384
40	730820	钢铁制塔楼及格构杆	5926.18	0.378
41	721070	涂漆或涂塑的铁或非合金钢宽板材（宽度≥ 600 毫米）	5841.81	0.372
42	610190	其他纺织材料制男大衣、斗篷、防风衣等	5677.93	0.362

续表

排名	产品代码	产品名称	进口值	占比
43	841510	独立窗式或壁式空气调节器	5508.17	0.351
44	230990	其他配制的动物饲料	5333.19	0.340
45	841490	压缩机进、排气阀片零件	5209.66	0.332
46	850610	二氧化锰的原电池及原电池组	5172.20	0.330
47	851640	电熨斗	5066.49	0.323
48	850131	其他输出功率≤ 750 瓦的直流电动机、发电机	4636.43	0.295
49	220290	其他无酒精饮料	4534.53	0.289
50	730810	钢铁制桥梁及桥梁体段	4534.12	0.289
51	330499	其他美容品或化妆品	4353.92	0.277
52	730661	矩形或正方形截面的其他焊缝管	4279.13	0.273
53	721710	未镀或涂层的铁或非合金钢丝（不论是否抛光）	4258.20	0.271
54	850300	其他电动机、发电机（组）零件	4149.75	0.264
55	701090	其他玻璃器皿	4139.78	0.264
56	851712	蜂窝网络或其他无线网络的电话机	4023.64	0.256
57	761290	其他容积≤ 300 升的铝制囤、罐等容器（盛装物料用的，装压缩气体或液化气体的除外）	4011.09	0.256
58	721049	镀锌的其他形铁或非合金钢宽板材（电镀锌的除外，宽≥ 600 毫米）	3909.32	0.249
59	310221	硫酸铵	3854.72	0.246
60	871110	带有往复式内燃机活塞发动机的摩托车，汽缸容积 <= 50 立方厘米	3818.32	0.243
61	80510	橘子	3645.27	0.232
62	292242	谷氨酸及其盐	3588.22	0.229
63	901819	其他电诊断仪	3554.11	0.226
64	71310	干豌豆，去壳种子其他干豌豆	3540.37	0.226
65	240130	烟草废料	3466.03	0.221
66	721633	截面高度 >80 毫米 H 型钢	3429.04	0.218
67	40299	浓缩并已加糖的非固状乳及奶油（加其他甜物质）	3058.38	0.195
68	330510	洗发剂	3042.86	0.194
69	520939	染色的其他全棉机织物（指每平方米重超过 200 克，含棉 85% 及以上）	2914.80	0.186
70	854470	光缆	2880.03	0.183

续表

排名	产品代码	产品名称	进口值	占比
71	761090	其他铝制结构体及其部件（包括结构体用的已加工铝板、型材、管子及类似品）	2876.64	0.183
72	722870	其他合金钢角材、型材及异型材	2778.52	0.177
73	842481	农业或园艺用喷射、喷雾机械器具	2773.52	0.177
74	851310	其他自供能源手提式电灯	2744.26	0.175
75	854140	光敏半导体器件、发光二极管	2740.53	0.175
76	722540	宽≥600毫米热轧其他合金钢材（除热轧外未经进一步加工）	2727.92	0.174
77	690890	上釉的大陶瓷砖，瓦，块及类似品	2663.97	0.170
78	271290	其他矿物蜡，不论是否着色	2637.08	0.168
79	721631	截面高度≥ 80 毫米槽钢	2622.58	0.167
80	842691	供装于公路车辆的其他起重机械	2596.22	0.165
81	843149	品目 8426、8429、8430 的其他零件	2563.87	0.163
82	853650	电压≤ 1000 伏的其他开关	2534.94	0.162
83	854449	其他电压不超过 1000 伏的电导体	2520.63	0.161
84	210111	咖啡浓缩精汁	2512.13	0.160
85	722790	不规则盘卷的其他合金钢热轧条杆	2474.24	0.158
86	903289	其他自动调节或控制仪器及装置	2461.01	0.157
87	691190	其他家用或盥洗用瓷器	2429.59	0.155
88	871410	摩托车其他零件、附件	2426.51	0.155
89	852872	其他颜色的电视接收机	2398.95	0.153
90	481310	成小本或管状的卷烟纸	2356.90	0.150
91	40210	脂肪含量≤ 1.5% 固状乳及奶油（指粉状、粒状或其他固体状态，浓缩，加糖或其他甜物质）	2344.29	0.149
92	940600	其他活动房屋	2323.95	0.148
93	720918	厚度＜ 0.5 毫米的非合金钢冷轧卷材（未进一步加工，宽≥ 600 毫米，未包、镀、涂层）	2322.08	0.148
94	271490	其他沥青	2306.89	0.147
95	701400	玻璃器皿和玻璃光学元件	2247.52	0.143
96	540794	印花的其他混纺合成纤维布	2188.29	0.139
97	854442	额定电压≤ 1000 伏有接头电导体	2131.22	0.136
98	870510	起重车	2107.07	0.134

续表

排名	产品代码	产品名称	进口值	占比
99	721011	镀（涂）锡的非合金钢厚宽平板轧材（厚≥ 0.5 毫米，宽≥ 600 毫米）	2089.39	0.133
100	271320	石油沥青	2066.68	0.132

数据来源：由联合国商品贸易数据计算整理所得

对比 2010 年及 2016 年缅甸排名前十的进口产品发现，产品变动幅度较大。2010 年、2016 年均排名前十的产品有 3 种，为石油和油脂；其他已配定剂量的药品；与棉混纺印花合纤短纤其他布（混纺为含其他合短纤< 85%，重质指每平方米重> 170 克）。其中 2016 年进口需求排第 1 位的其他精制糖进口值为 13.40 亿美元，在 2010 年排第 74 位，进口值仅 0.07 亿美元；排名第 2 位的石油和油脂进口值为 10.03 亿美元，在 2010 年排进口中排第 1 位，进口值为 9.08 亿美元；排第 3 位的非公路用货运自卸车进口值为 9.04 亿美元，在 2010 年排第 15 位，进口值仅 0.35 亿美元。

从进口产品的集中度来看，2010 年进口产品排名前五的额度占比为 36.76%，排名前十的额度占缅甸进口总额的 47.50%；2016 年进口产品排名前五的额度占比为 28.11%，排名前十的额度占缅甸进口总额的 38.37%。相比于 2010 年，2016 年缅甸前五、前十进口产品的总体集中度呈现下降趋势。

从缅甸进口前 100 产品种类来看，2010 年与 2016 年，缅甸进口产品种类变动较小，具有一致性。主要进口产品种类为矿产品；车辆、航空器、船舶及有关运输设备；动、植物油和脂及其分解产品、精制的食用油脂、动、植物蜡等产品。

十、柬埔寨出口比较优势分析与进口需求研究

（一）柬埔寨出口比较优势分析

2005年柬埔寨RCA值前100出口产品在国际市场中有很强竞争力，但RCA值差异较大。表KH-1显示了2005年柬埔寨RCA值前100的产品，RCA值均大于2.5，其中最高RCA值2312.52，最低RCA值3.32，指数差距较大，其中有24种出口产品RCA值大于100，说明在国际市场中有极强竞争力，有30种出口产品RCA值在10以下，受少数高RCA值的影响，100种出口产品的平均RCA值为181.55，远高于国际贸易服务竞争力很强的基准值2.5的水平。2005年柬埔寨比较优势指数排名前十的产品是：其他纺织材料制女睡衣及睡衣裤；其他纺材制针织或钩编男睡衣裤；其他纺织材料制针织或钩编女式西服套装；其他纺织材料针织或钩编女裤；针织或钩编男用或男用其他纺织材料的套装；其他纺材制针织或钩编裙子及裙裤；其他纺织制针织或钩编男裤（包括马裤、短裤及其他长裤）；新的邮票（包括支票、股票、债券及类似的所有权凭证）；其他纺材针织或钩编女套头衫等（包括开襟衫、背心及类似品）；其他纺织材料制针织或钩编女衬衫。其比较优势指数分别是：2313.52、1879.78、1791.53、1549.61、1281.83、850.96、847.68、839.61、539.22、488.66。从产品整体的种类来看，柬埔寨的纺织原料及纺织制品；木浆及其他纤维状纤维素浆、回收（废碎）纸或纸板、纸、纸板及其制品等产品具有很强的比较优势。

表KH-1　2005年柬埔寨比较优势指数排名前100产品

单位：万美元

排序	产品代码	产品名称	RCA指数	出口值
1	610839	其他纺织材料制女睡衣及睡衣裤	2313.52	14328.25
2	610729	其他纺材制针织或钩编男睡衣裤	1879.78	3259.40

续表

排序	产品代码	产品名称	RCA 指数	出口值
3	610419	其他纺织材料制针织或钩编女式西服套装	1791.53	9658.60
4	610469	其他纺织材料针织或钩编女裤	1549.61	29725.26
5	610319	针织或钩编男用或男用其他纺织材料的套装	1281.83	7203.31
6	610459	其他纺材制针织或钩编裙子及裙裤	850.96	5588.94
7	610349	其他纺织制针织或钩编男裤（包括马裤、短裤及其他长裤）	847.68	9903.96
8	490700	新的邮票（包括支票、股票，债券及类似的所有权凭证）	839.61	58027.39
9	611090	其他纺材针织或钩编女套头衫等（包括开襟衫、背心及类似品）	539.22	56519.33
10	610690	其他纺织材料制针织或钩编女衬衫	488.66	12163.51
11	610339	其他纺织料制针织或钩编男式上衣	445.88	3212.66
12	610449	其他纺织材料制针织或钩编连衣裙	417.47	2217.65
13	640320	其他皮革条带为鞋面的皮底鞋（皮革条带交叉于脚背并绕大脚趾的）	398.94	3284.55
14	610342	棉制针织或钩编男裤等（包括马裤、短裤及其他长裤）	378.69	12563.87
15	610590	其他纺材制针织或钩编男衬衫	342.53	4731.10
16	611190	其他纺织材料制婴儿服装及衣着附件（针织或钩编）	329.21	2892.08
17	550959	非零售与其他混纺聚酯短纤纱线（混纺指按重量计聚酯短纤含量在 85% 以下）	327.84	902.21
18	551529	腈纶短纤与其他纤维混织物	327.40	631.11
19	610439	其他纺织材料制针织或钩编女式上衣	249.08	2089.07
20	630800	机织物及纱线构成的成套物品（零售包装的）	243.52	710.07
21	611249	其他纺织材料制针织或钩编女游泳服	183.32	738.16
22	610452	棉制针织裙子及裙裤	161.73	1525.89
23	610721	棉制针织或钩编男长睡衣及睡衣裤	148.50	2065.18
24	610462	棉制针织或钩编女裤	107.68	6515.90
25	620792	人造纤维制男式背心，浴衣，晨衣及类似制品，不是针织或钩编的	94.61	158.53
26	611490	其他纺织材料制其他服装	84.23	2164.45
27	620590	其他纺织材料制男式衬衫	75.01	2653.15
28	620729	其他材料制男式内衣	67.72	44.96
29	610829	其他纺织材料制女三角裤及短衬裤	64.79	627.29
30	400300	初级形状或板、片、带状再生橡胶	60.72	179.64

续表

排序	产品代码	产品名称	RCA 指数	出口值
31	620910	羊毛或动物细毛制婴儿服装及服装配件（非针织或钩编）	57.48	56.68
32	610190	其他纺织材料制男大衣、斗篷、防风衣等	57.39	222.71
33	400129	其他初级形状的天然橡胶（胶乳除外的初级形状或板，片，带状）	54.65	3472.20
34	610290	其他纺织料针织或钩编女式防风衣（包括防寒短上衣．防风短上衣及类似品）	53.77	250.22
35	610510	棉制针织或钩编男衬衫	50.93	5162.43
36	610831	棉制针织或钩编女睡衣及睡衣裤	43.43	1601.77
37	620219	其他材料制女大衣（含短大衣、斗篷、短斗篷）	39.78	301.38
38	610799	其他纺织材料制其他男睡衣裤	37.34	27.31
39	611110	婴儿服装和服装配件，羊毛或动物细毛，针织或钩编	33.30	84.14
40	620690	其他纺织材料制女式衬衫	33.30	1017.61
41	610899	其他纺织材料制其他女浴衣、晨衣等	32.88	45.93
42	970600	其他超过一百年的古物	31.46	3488.15
43	600490	其他纺材宽 >30 厘米针织或钩编织物（按重量计含弹性纱线或橡胶线≥ 5%）	31.37	362.06
44	611220	针织或钩编滑雪服	29.85	30.00
45	220590	其他包装的味美思酒及类似酒	27.80	21.57
46	620349	其他纺织材料制男士短裤	27.44	1209.72
47	610429	其他纺材针织或钩编女式便服套装	27.42	87.74
48	620469	其他材料制女式长、马、短裤	25.47	2355.62
49	30329	冻黑鱼和尼罗河鲈鱼	25.38	189.30
50	610412	棉针织或钩编女式套装	25.27	50.59
51	611020	棉制针织或钩编套头衫等（包括开襟衫、背心及类似品）	22.98	7268.63
52	620119	其他材料制男式大衣、斗篷及类似品（包括短大衣、短斗篷）	22.91	168.23
53	120710	棕榈果及棕榈仁	22.76	32.44
54	621290	其他吊裤带、吊袜带、束袜带等（不论是否针织或钩编）	22.47	443.46
55	620811	人造制长衬裙及衬裙	20.78	35.65
56	630130	棉制毯子及旅行毯	18.92	156.05
57	620829	其他材料制女式内衣式背心等（含三角裤、短衬裤）	18.88	79.04
58	610442	棉制针织或钩编连衣裙	17.95	186.36

续表

排序	产品代码	产品名称	RCA 指数	出口值
59	610329	其他纺织料针织或钩编男便服套装	16.40	24.87
60	620819	其他材料制女式长衬裙及衬裙	15.59	24.32
61	140200	蔬菜馅或填充材料	14.37	2.29
62	30211	鲜或冷鳟鱼（河鳟、虹鳟、克拉克大麻哈鱼、阿瓜大麻哈鱼、吉雨大麻哈鱼、亚利桑那大麻哈鱼、金腹大麻哈鱼）	13.75	61.34
63	900720	投影机	12.98	66.62
64	650590	针织或钩编帽子和其他头饰	11.98	800.67
65	310390	其他矿物磷肥或化学磷肥	11.12	20.86
66	610443	其他合纤制针织或钩编连衣裙	10.67	114.91
67	631010	经分拣的碎织物等（包括废线，绳，索，缆及其制品）	10.33	57.98
68	100620	糙米	10.30	120.55
69	630291	棉制其他盥洗及厨房织物制品	10.13	141.00
70	240130	烟草废料	10.12	60.00
71	110814	木薯淀粉	9.68	92.98
72	640590	其他材料的其他鞋类配件	9.44	389.33
73	540239	其他合成纤维长丝变形纱线（非供零售用）	9.29	115.86
74	610610	棉制针织或钩编女衬衫	9.06	1002.42
75	900719	电影摄影机	9.04	34.90
76	930700	剑，刀，长矛和类似的武器及其零件	8.86	8.96
77	901530	水平仪	8.59	104.45
78	610990	其他针织或钩编 T 恤衫、汗衫等	8.44	1438.86
79	620212	棉制女式大衣、斗篷及类似品（包括短大衣、短斗篷）	8.28	138.75
80	120210	壳，种子中的坚果	8.28	35.52
81	620459	其他材料制女式裙子及裙裤	8.15	372.71
82	440799	其他木厚板材（经纵锯、纵切、刨切或旋切的，厚度超过 6 毫米）	8.04	788.99
83	120730	蓖麻子	8.02	1.60
84	621112	女式游泳服	7.67	44.20
85	630239	其他材料制其他床上用织物制品	6.72	50.99
86	621010	毛制、棉或麻制、化纤制、其他纺织材料制用税目 56.02 或 56.03 的织物制成的服装	6.51	185.18
87	610312	针织或钩编的合成纤维男或男童套装	6.47	9.33

续表

排序	产品代码	产品名称	RCA 指数	出口值
88	600390	其他纺材宽≤ 30 厘米针织或钩编织物（按重量计弹性纱线或橡胶线含量 <5%）	6.34	3.98
89	121220	海缠结	6.34	70.98
90	441299	其他木质多层板	6.32	159.02
91	620892	化纤制女式内衣式背心等（含三角裤、短衬裤）	6.26	63.72
92	611219	其他纺织材料制运动套装	5.23	13.77
93	551519	聚酯短纤其他织物	5.06	35.03
94	30110	活观赏鱼	4.42	31.79
95	610832	化纤制针织或钩编女睡衣及睡衣裤	4.17	68.70
96	620510	非针织或钩编的羊毛或动物细毛的男式或男式衬衫	4.08	12.04
97	940490	其他材料制寝具及类似品	4.05	526.29
98	621111	男式游泳服	3.50	21.95
99	611241	合纤制针织或钩编女式游泳服	3.36	160.72
100	840110	核反应堆	3.32	1.39

数据来源：由联合国商品贸易数据计算整理所得

2016 年柬埔寨 RCA 值前 100 出口产品在国际市场中有很强竞争力，但 RCA 值差距较大。KH-2 显示了 2016 年柬埔寨 RCA 值前 100 的产品，RCA 值均大于 2.5，其中最高 RCA 值 1101.48，最低 RCA 值 13.48，指数差距较大，其中有 26 种出口产品 RCA 值指数大于 100，说明这部分出口产品在国际市场中有极强的比较优势，受少数出口产品高 RCA 值的影响，100 种出口产品的平均 RCA 值为 153.75，远高于国际贸易服务比较优势基准值 2.5 的水平。2016 年柬埔寨 RCA 值排名前十的产品是：其他皮革条带为鞋面的皮底鞋（皮革条带交叉于脚背并绕大脚趾的）；其他纺织制针织或钩编男裤（包括马裤、短裤及其他长裤）；其他纺织料制针织或钩编男式上衣；其他纺织材料制女睡衣及睡衣裤；其他纺织材料针织或钩编女裤；其他材料制针织或钩编男式游泳服；其他纺织料针织或钩编男便服套装；其他纺材制针织或钩编男睡衣裤；已鞣未缝制的整张水貂皮；其他初级形状的天然橡胶，其比较优势指数分别为 1101.48、830.95、777.60、750.16、713.49、687.06、655.13、629.02、609.51、552.34。从产品整体种类来看，2016 年柬埔寨的纺织原料及纺织品；鞋、帽、伞、杖、鞭及其零件、已加工的羽毛及其制品、人造花、人发制品；生皮、皮革、毛皮及其制品、鞍具及挽具、旅行用品、手提包及类似品、动物肠线（蚕胶丝除外）制品等具有比较优势。

表 KH-2　2016 年柬埔寨比较优势指数排名前 100 产品

单位：万美元

排序	产品代码	产品名称	RCA 指数	出口值
1	640320	其他皮革条带为鞋面的皮底鞋（皮革条带交叉于脚背并绕大脚趾的）	1101.48	47704.74
2	610349	其他纺织制针织或钩编男裤（包括马裤、短裤及其他长裤）	830.95	73313.90
3	610339	其他纺织料制针织或钩编男式上衣	777.60	30017.71
4	610839	其他纺织材料制女睡衣及睡衣裤	750.16	17785.55
5	610469	其他纺织材料针织或钩编女裤	713.49	105832.45
6	611239	其他材料制针织或钩编男式游泳服	687.06	2458.31
7	610329	其他纺织料针织或钩编男便服套装	655.13	6513.83
8	610729	其他纺材制针织或钩编男睡衣裤	629.02	6780.90
9	430211	已鞣未缝制的整张水貂皮（不论是否带头，尾或爪）	609.51	17206.44
10	400129	其他初级形状的天然橡胶（胶乳除外的初级形状或板，片，带状）	552.34	13275.98
11	610819	其他纺织材料制女式长衬裙及衬裙	539.25	2860.71
12	611249	其他纺织材料制针织或钩编女游泳服	504.87	5062.82
13	611190	其他纺织材料制婴儿服装及衣着附件（针织或钩编）	501.72	15331.92
14	610449	其他纺织材料制针织或钩编连衣裙	451.49	19207.30
15	630229	其他材料制床上用织物制品	428.31	3160.51
16	610719	其他纺织材料制男内裤及三角裤（针织或钩编）	414.95	6165.97
17	611090	其他纺材针织或钩编女套头衫等（包括开襟衫、背心及类似品）	405.00	54919.65
18	610439	其他纺织材料制针织或钩编女式上衣	375.65	17295.64
19	610429	其他纺材针织或钩编女式便服套装	348.75	3834.64
20	611219	其他纺织材料制运动套装	335.42	1950.82
21	610690	其他纺织材料制针织或钩编女衬衫	330.09	12324.60
22	420229	以钢纸或纸板作面的手提包（不论是否有背带，包括无把手的）	252.42	8721.72
23	610459	其他纺材制针织或钩编裙子及裙裤	239.44	6593.25
24	610590	其他纺材制针织或钩编男衬衫	224.83	11067.22
25	610829	其他纺织材料制女三角裤及短衬裤	216.31	5537.45

续表

排序	产品代码	产品名称	RCA 指数	出口值
26	611699	其他纺材制针织或钩编手套	129.93	1612.18
27	620930	合成纤维制婴儿服装及衣着附件	98.31	3744.94
28	611211	棉制针织或钩编运动套装	94.08	1876.86
29	392530	塑料制窗板，百叶窗及类似制品	78.23	6819.89
30	610910	棉制针织或钩编 T 恤衫、汗衫等	66.76	91584.10
31	640420	纺织材料制鞋面皮革底的鞋靴（皮革或再生皮革制外底，包括运动用鞋靴）	66.05	2881.34
32	610290	其他纺织料针织或钩编女式防风衣（包括防寒短上衣 . 防风短上衣及类似品）	64.41	555.32
33	620799	其他材料制男式其他内衣	62.42	554.57
34	610791	棉制针织或钩编其他睡衣裤	60.20	524.53
35	871200	非机动自行车	59.65	34536.17
36	610419	其他纺织材料制针织或钩编女式西服套装	57.40	676.69
37	350510	糊精及其他改性淀粉	55.06	10553.47
38	960310	用枝条或其他植物材料捆扎成的帚	54.65	574.63
39	630800	机织物及纱线构成的成套物品（零售包装的）	50.96	307.45
40	611490	其他纺织材料制其他服装	50.72	5733.15
41	610831	棉制针织或钩编女睡衣及睡衣裤	41.58	3879.02
42	610899	其他纺织材料制其他女浴衣、晨衣等	41.42	300.29
43	620119	其他材料制男式大衣、斗篷及类似品（包括短大衣、短斗篷）	40.82	915.04
44	620829	其他材料制女式内衣式背心等（含三角裤、短衬裤）	40.21	245.11
45	940159	柳条及类似材料制的坐具	38.82	139.65
46	400121	天然橡胶烟胶片	37.68	3056.79
47	551599	其他合纤短纤其他机织物	35.59	475.79
48	610990	其他针织或钩编 T 恤衫、汗衫等	35.29	33091.42
49	551529	腈纶短纤与其他纤维混织物	34.75	181.91
50	610721	棉制针织或钩编男长睡衣及睡衣裤	33.77	1398.87
51	621111	男式游泳服	33.38	839.14
52	610821	棉制针织或钩编女三角裤及短衬裤	32.94	5380.10
53	610610	棉制针织或钩编女衬衫	31.57	3563.73
54	610811	化纤制针织或钩编长衬裙及衬裙	31.13	170.30

续表

排序	产品代码	产品名称	RCA 指数	出口值
55	100630	精米	30.83	30354.43
56	291815	柠檬酸盐及柠檬酸酯	29.04	753.87
57	610190	其他纺织材料制男大衣、斗篷、防风衣等	28.67	360.34
58	590190	其他纺织物制描图布，帽里硬衬布（包括类似硬挺纺织物）	28.44	662.84
59	630629	其他纺织材料制帐篷	28.22	621.81
60	170310	甘蔗糖蜜	27.33	804.96
61	911190	表壳的零件	26.63	649.43
62	630239	其他材料制其他床上用织物制品	26.52	1659.63
63	611300	由 59.03、59.06 或 59.07 的针织或钩编织物制成的服装及服饰附件	25.76	1688.12
64	620690	其他纺织材料制女式衬衫	25.47	1545.86
65	600490	其他纺材宽 >30 厘米针织或钩编织物（按重量计含弹性纱线或橡胶线≥ 5%）	25.33	456.82
66	611120	棉制针织钩编婴儿服装及衣着附件	25.16	8062.01
67	71410	新鲜的，干的，冷冻木薯粉	24.63	2133.27
68	610462	棉制针织或钩编女裤	23.92	7734.07
69	620312	合纤制男式西服套装	23.84	901.69
70	620349	其他纺织材料制男士短裤	23.22	2467.85
71	611529	其他纺织材料制针织或钩编连裤袜及紧身裤袜（除合成纤维、棉外其他纺织材料制）	22.48	874.18
72	611530	其他材料制女筒袜（单丝细度在 67 分特以下）	22.29	515.62
73	830510	活页夹或宗卷夹的附件	21.80	277.55
74	600690	其他纺材制针织或钩编织物	20.80	900.82
75	240290	烟草代用品制的卷烟、雪茄烟	20.67	114.41
76	610331	毛制针织或钩编男式上衣	19.72	118.62
77	401590	其他硫化橡胶制衣着用品及附件（硬化橡胶的除外）	19.54	250.38
78	610891	其他棉制其他针织或钩编女浴衣、晨衣等	19.28	764.31
79	630510	黄麻制其他货物包装袋（含品目 5303 的其他韧皮纤维制）	18.87	257.16
80	610220	棉制针织或钩编女式大衣（包括短大衣、斗篷、短斗篷及类似品）	18.78	918.34
81	610342	棉制针织或钩编男裤等（包括马裤、短裤及其他长裤）	18.75	4161.34
82	620219	其他材料制女大衣（含短大衣、斗篷、短斗篷）	18.44	340.23

续表

排序	产品代码	产品名称	RCA 指数	出口值
83	961620	施敷脂粉或化妆品用粉扑及粉拍	18.30	382.16
84	440929	沿其任何边缘、端部或面连续成形的木材	17.42	2842.82
85	110814	木薯淀粉	16.95	1336.55
86	850431	额定容量≤1千伏安的其他变压器	16.86	5236.82
87	620311	毛制男式西服套装	16.21	1900.40
88	620469	其他材料制女式长、马、短裤	16.18	2953.37
89	640419	纺织材料制鞋面胶底的其他鞋靴（橡胶或塑料制外底，运动用鞋靴除外）	15.96	18602.09
90	611220	针织或钩编滑雪服	15.69	34.56
91	853929	其他白炽灯泡	15.66	1037.72
92	620821	棉制女式睡衣及睡衣裤	15.35	388.12
93	610711	棉制针织或钩编男内裤及三角裤	15.26	3257.54
94	610120	棉制针织或钩编男式大衣（包括短大衣、斗篷、短斗篷及类似品）	14.54	721.75
95	430219	已鞣未缝制的其他毛皮	14.33	446.05
96	631010	经分拣的碎织物等（包括废线，绳，索，缆及其制品）	14.03	249.91
97	620339	其他材料制男式上衣	13.91	875.66
98	610323	合纤制针织或钩编其他男便服套装	13.89	394.45
99	950669	其他球（但高尔夫球及乒乓球除外）	13.78	485.97
100	621143	人造纤维制服装	13.48	3297.25

数据来源：由联合国商品贸易数据计算整理所得

2005 年至 2016 年，柬埔寨出口比较优势有所变化。从比较优势指数来分析，2005 年有 106 种出口产品 RCA 值在 2.5 以上，均值为 25.28。2016 年有 233 种出口产品，均值为 13.15。RCA 值在 2.5 以上，均值为具有很强比较优势的产品数量增加了 127 种，增幅 119.81%，RCA 均值下降了 12.13，降幅 47.98%，这表明柬埔寨在国际上具比较优势的产品的竞争力逐渐减弱。

从比较优势指数排名前十的产品种类来看，出口排名前列的产品种类比较稳定，主要是纺织原料及纺织制品。

（二）柬埔寨出口主导产业分析

1. 出口主导产业

表 KH-3 及表 KH-4 分别表示 2005 年与 2016 年柬埔寨出口值排名前 100 主导产品。

表 KH-3　2005 年柬埔寨出口值排名前 100 产品

单位：万美元、%

排序	产品代码	产品名称	占比	出口值
1	490700	新的邮票（包括支票、股票，债券及类似的所有权凭证）	19.223	58027.39
2	611090	其他纺材针织或钩编女套头衫等（包括开襟衫、背心及类似品）	18.724	56519.33
3	610469	其他纺织材料针织或钩编女裤	9.847	29725.26
4	610839	其他纺织材料制女睡衣及睡衣裤	4.747	14328.25
5	610342	棉制针织或钩编男裤等（包括马裤、短裤及其他长裤）	4.162	12563.87
6	610690	其他纺织材料制针织或钩编女衬衫	4.030	12163.51
7	610349	其他纺织制针织或钩编男裤（包括马裤、短裤及其他长裤）	3.281	9903.96
8	610419	其他纺织材料制针织或钩编女式西服套装	3.200	9658.60
9	611020	棉制针织或钩编套头衫等（包括开襟衫、背心及类似品）	2.408	7268.63
10	610319	针织或钩编男用或男用其他纺织材料的套装	2.386	7203.31
11	610462	棉制针织或钩编女裤	2.159	6515.90
12	610459	其他纺材制针织或钩编裙子及裙裤	1.851	5588.94
13	610510	棉制针织或钩编男衬衫	1.710	5162.43
14	610590	其他纺材制针织或钩编男衬衫	1.567	4731.10
15	970600	其他超过一百年的古物	1.156	3488.15
16	400129	其他初级形状的天然橡胶（胶乳除外的初级形状或板，片，带状）	1.150	3472.20
17	640320	其他皮革条带为鞋面的皮底鞋（皮革条带交叉于脚背并绕大脚趾的）	1.088	3284.55
18	610729	其他纺材制针织或钩编男睡衣裤	1.080	3259.40
19	610339	其他纺织料制针织或钩编男式上衣	1.064	3212.66
20	611190	其他纺织材料制婴儿服装及衣着附件（针织或钩编）	0.958	2892.08
21	620590	其他纺织材料制男式衬衫	0.879	2653.15
22	620469	其他材料制女式长、马、短裤	0.780	2355.62

续表

排序	产品代码	产品名称	占比	出口值
23	610449	其他纺织材料制针织或钩编连衣裙	0.735	2217.65
24	611490	其他纺织材料制其他服装	0.717	2164.45
25	610439	其他纺织材料制针织或钩编女式上衣	0.692	2089.07
26	610721	棉制针织或钩编男长睡衣及睡衣裤	0.684	2065.18
27	610831	棉制针织或钩编女睡衣及睡衣裤	0.531	1601.77
28	610452	棉制针织裙子及裙裤	0.505	1525.89
29	610990	其他针织或钩编 T 恤衫、汗衫等	0.477	1438.86
30	710813	非货币用半制成金（包括镀铂的金）	0.474	1430.95
31	620349	其他纺织材料制男士短裤	0.401	1209.72
32	620462	羊毛或动物细毛制女式或女童裤等（非针织或钩编）	0.377	1137.48
33	610910	棉制针织或钩编 T 恤衫、汗衫等	0.365	1102.64
34	620690	其他纺织材料制女式衬衫	0.337	1017.61
35	610610	棉制针织或钩编女衬衫	0.332	1002.42
36	550959	非零售与其他混纺聚酯短纤纱线（混纺指按重量计聚酯短纤含量在 85% 以下）	0.299	902.21
37	650590	针织或钩编帽子和其他头饰	0.265	800.67
38	440799	其他木厚板材（经纵锯、纵切、刨切或旋切的，厚度超过 6 毫米）	0.261	788.99
39	611249	其他纺织材料制针织或钩编女游泳服	0.245	738.16
40	30613	冻虾仁	0.235	710.52
41	630800	机织物及纱线构成的成套物品（零售包装的）	0.235	710.07
42	551529	腈纶短纤与其他纤维混织物	0.209	631.11
43	610829	其他纺织材料制女三角裤及短衬裤	0.208	627.29
44	940490	其他材料制寝具及类似品	0.174	526.29
45	621290	其他吊裤带、吊袜带、束袜带等（不论是否针织或钩编）	0.147	443.46
46	640590	其他材料的其他鞋类配件	0.129	389.33
47	620459	其他材料制女式裙子及裙裤	0.123	372.71
48	600490	其他纺材宽 >30 厘米针织或钩编织物（按重量计含弹性纱线或橡胶线 ≥ 5%）	0.120	362.06
49	870323	1.5 升 < 排量 ≤ 3 升装点燃往复式活塞内燃发动机的其他载人车辆	0.111	335.66
50	240120	部分或全部去梗的烟草	0.109	329.81

续表

排序	产品代码	产品名称	占比	出口值
51	620219	其他材料制女大衣（含短大衣、斗篷、短斗篷）	0.100	301.38
52	240220	烟草制的卷烟	0.099	299.36
53	620342	棉质男式短裤	0.093	281.99
54	610290	其他纺织料针织或钩编女式防风衣（包括防寒短上衣、防风短上衣及类似品）	0.083	250.22
55	610190	其他纺织材料制男大衣、斗篷、防风衣等	0.074	222.71
56	611120	棉制针织钩编婴儿服装及衣着附件	0.063	189.40
57	30329	冻黑鱼和尼罗河鲈鱼	0.063	189.30
58	610442	棉制针织或钩编连衣裙	0.062	186.36
59	621010	毛制、棉或麻制、化纤制、其他纺织材料制用税目 56.02 或 56.03 的织物制成的服装	0.061	185.18
60	400300	初级形状或板、片、带状再生橡胶	0.060	179.64
61	100630	精米	0.059	177.20
62	120100	大豆种子	0.058	175.21
63	620119	其他材料制男式大衣、斗篷及类似品（包括短大衣、短斗篷）	0.056	168.23
64	611241	合纤制针织或钩编女式游泳服	0.053	160.72
65	441299	其他木质多层板	0.053	159.02
66	620792	人造纤维制男式背心，浴衣，晨衣及类似制品，不是针织或钩编的	0.053	158.53
67	630900	旧衣物	0.052	157.27
68	630130	棉制毯子及旅行毯	0.052	156.05
69	630291	棉制其他盥洗及厨房织物制品	0.047	141.00
70	620212	棉制女式大衣、斗篷及类似品（包括短大衣、短斗篷）	0.046	138.75
71	731100	装压缩或液化气的钢铁容器	0.040	120.83
72	100620	糙米	0.040	120.55
73	540239	其他合成纤维长丝变形纱线（非供零售用）	0.038	115.86
74	610443	其他合纤制针织或钩编连衣裙	0.038	114.91
75	392690	其他塑料制品	0.038	113.51
76	999999	未按种类指定的商品	0.036	107.39
77	901530	水平仪	0.035	104.45
78	240110	未去梗的烟草	0.034	104.00

续表

排序	产品代码	产品名称	占比	出口值
79	621210	胸罩（不论是否针织或钩编）	0.032	96.31
80	110814	木薯淀粉	0.031	92.98
81	620452	棉制女式裙子及裙裤	0.029	88.17
82	100590	其他玉米	0.029	87.82
83	610429	其他纺材针织或钩编女式便服套装	0.029	87.74
84	611110	婴儿服装和服装配件，羊毛或动物细毛，针织或钩编	0.028	84.14
85	620829	其他材料制女式内衣式背心等（含三角裤、短衬裤）	0.026	79.04
86	620449	丝制女式连衣裙	0.026	77.46
87	640359	皮革制外底的皮革面其他鞋靴	0.025	76.86
88	845229	其他非自动缝纫机（家用型除外）	0.025	76.52
89	121220	海缠结	0.024	70.98
90	300490	其他已配定剂量的药品	0.023	70.81
91	844720	缝编机	0.023	70.04
92	610832	化纤制针织或钩编女睡衣及睡衣裤	0.023	68.70
93	151110	初榨的棕榈油	0.023	68.69
94	900720	投影机	0.022	66.62
95	620892	化纤制女式内衣式背心等（含三角裤、短衬裤）	0.021	63.72
96	30211	鲜或冷鳟鱼（河鳟、虹鳟、克拉克大麻哈鱼、阿瓜大麻哈鱼、吉雨大麻哈鱼、亚利桑那大麻哈鱼、金腹大麻哈鱼）	0.020	61.34
97	240130	烟草废料	0.020	60.00
98	631010	经分拣的碎织物等（包括废线，绳，索，缆及其制品）	0.019	57.98
99	480439	每平方米重量≤150克的其他牛皮纸及纸板	0.019	56.85
100	620910	羊毛或动物细毛制婴儿服装及服装配件（非针织或钩编）	0.019	56.68

数据来源：由联合国商品贸易数据计算整理所得

根据表 KH-4、KH-5 可知，2005 年柬埔寨出口主导产品为木浆及其他纤维状纤维素浆、回收（废碎）纸或纸板、纸、纸板及其制品；纺织原料及纺织制品等。2016 年出口主导产品为鞋、帽、伞、杖、鞭及其零件、已加工的羽毛及其制品、人造花、人发制品；车辆、航空器、船舶及有关运输设备；纺织原料及纺织制品等。对比 2005 年及 2016 年，柬埔寨出口排名前十的具体产品只有 3 种一样，其余出口产品种类有一定变化，表明柬埔寨排名前十的主导产品种类有一定变动。

表 KH-4 2016 年柬埔寨出口值排名前 100 产品

单位：万美元、%

排序	产品代码	产品名称	占比	出口值
1	610469	其他纺织材料针织或钩编女裤	10.510	105832.45
2	610910	棉制针织或钩编 T 恤衫、汗衫等	9.095	91584.10
3	610349	其他纺织制针织或钩编男裤（包括马裤、短裤及其他长裤）	7.281	73313.90
4	611090	其他纺材针织或钩编女套头衫等（包括开襟衫、背心及类似品）	5.454	54919.65
5	640320	其他皮革条带为鞋面的皮底鞋（皮革条带交叉于脚背并绕大脚趾的）	4.738	47704.74
6	871200	非机动自行车	3.430	34536.17
7	610990	其他针织或钩编 T 恤衫、汗衫等	3.286	33091.42
8	100630	精米	3.015	30354.43
9	610339	其他纺织料制针织或钩编男式上衣	2.981	30017.71
10	610449	其他纺织材料制针织或钩编连衣裙	1.908	19207.30
11	710812	非货币用未锻造金	1.851	18637.66
12	640419	纺织材料制鞋面胶底的其他鞋靴（橡胶或塑料制外底，运动用鞋靴除外）	1.847	18602.09
13	610839	其他纺织材料制女睡衣及睡衣裤	1.766	17785.55
14	610439	其他纺织材料制针织或钩编女式上衣	1.718	17295.64
15	430211	已鞣未缝制的整张水貂皮（不论是否带头，尾或爪）	1.709	17206.44
16	611190	其他纺织材料制婴儿服装及衣着附件（针织或钩编）	1.523	15331.92
17	400129	其他初级形状的天然橡胶（胶乳除外的初级形状或板，片，带状）	1.318	13275.98
18	851770	其他通信设备零件	1.285	12941.01
19	610690	其他纺织材料制针织或钩编女衬衫	1.224	12324.60
20	610590	其他纺材制针织或钩编男衬衫	1.099	11067.22
21	350510	糊精及其他改性淀粉	1.048	10553.47
22	854430	用于汽车、飞机或轮船的点火接线装置和其他接线装置	1.028	10351.27
23	420229	以钢纸或纸板作面的手提包（不论是否有背带，包括无把手的）	0.866	8721.72
24	611120	棉制针织钩编婴儿服装及衣着附件	0.801	8062.01
25	610462	棉制针织或钩编女裤	0.768	7734.07

续表

排序	产品代码	产品名称	占比	出口值
26	620462	羊毛或动物细毛制女式或女童裤等（非针织或钩编）	0.741	7463.18
27	392530	塑料制窗板，百叶窗及类似制品	0.677	6819.89
28	610729	其他纺材制针织或钩编男睡衣裤	0.673	6780.90
29	610459	其他纺材制针织或钩编裙子及裙裤	0.655	6593.25
30	610329	其他纺织料针织或钩编男便服套装	0.647	6513.83
31	610719	其他纺织材料制男内裤及三角裤（针织或钩编）	0.612	6165.97
32	621210	胸罩（不论是否针织或钩编）	0.582	5862.40
33	611490	其他纺织材料制其他服装	0.569	5733.15
34	610829	其他纺织材料制女三角裤及短衬裤	0.550	5537.45
35	610821	棉制针织或钩编女三角裤及短衬裤	0.534	5380.10
36	850431	额定容量≤ 1 千伏安的其他变压器	0.520	5236.82
37	611020	棉制针织或钩编套头衫等（包括开襟衫、背心及类似品）	0.511	5146.42
38	611249	其他纺织材料制针织或钩编女游泳服	0.503	5062.82
39	610342	棉制针织或钩编男裤等（包括马裤、短裤及其他长裤）	0.413	4161.34
40	610831	棉制针织或钩编女睡衣及睡衣裤	0.385	3879.02
41	610429	其他纺材针织或钩编女式便服套装	0.381	3834.64
42	620930	合成纤维制婴儿服装及衣着附件	0.372	3744.94
43	620342	棉质男式短裤	0.366	3688.91
44	610610	棉制针织或钩编女衬衫	0.354	3563.73
45	610463	合成纤维制针织或钩编女裤	0.353	3559.27
46	621143	人造纤维制服装	0.327	3297.25
47	610711	棉制针织或钩编男内裤及三角裤	0.324	3257.54
48	620520	棉制男式衬衫	0.322	3243.94
49	630229	其他材料制床上用织物制品	0.314	3160.51
50	640399	其他皮革制面的其他鞋靴（橡胶、塑料、再生皮革制外底，运动用鞋靴除外）	0.305	3075.83
51	400121	天然橡胶烟胶片	0.304	3056.79
52	620469	其他材料制女式长、马、短裤	0.293	2953.37
53	640420	纺织材料制鞋面皮革底的鞋靴（皮革或再生皮革制外底，包括运动用鞋靴）	0.286	2881.34
54	610819	其他纺织材料制女式长衬裙及衬裙	0.284	2860.71

续表

排序	产品代码	产品名称	占比	出口值
55	440929	沿其任何边缘、端部或面连续成形的木材	0.282	2842.82
56	611030	化纤针织或钩编套头衫（包括开襟衫、背心及类似品）	0.270	2714.16
57	854449	其他电压不超过 1000 伏的电导体	0.269	2710.95
58	850110	输出功率≤ 37.5 瓦电动机	0.264	2662.60
59	610510	棉制针织或钩编男衬衫	0.260	2622.18
60	170199	其他精制糖	0.257	2586.22
61	640411	纺织材料制鞋面的运动鞋靴（橡胶或塑料制外底，包括球类、体操、训练鞋及类似鞋）	0.250	2519.13
62	620349	其他纺织材料制男士短裤	0.245	2467.85
63	611239	其他材料制针织或钩编男式游泳服	0.244	2458.31
64	710231	非工业用钻石（未加工或经简单锯开，劈开或粗磨，未镶嵌）	0.227	2285.77
65	71410	新鲜的，干的，冷冻木薯粉	0.212	2133.27
66	420292	塑料片或纺织材料作面的其他容器	0.198	1988.75
67	852990	其他电视接收机零件	0.195	1964.83
68	611219	其他纺织材料制运动套装	0.194	1950.82
69	392321	乙烯聚合物制袋及包	0.190	1915.97
70	620311	毛制男式西服套装	0.189	1900.40
71	611211	棉制针织或钩编运动套装	0.186	1876.86
72	847170	计算机的存储部件	0.184	1848.07
73	240220	烟草制的卷烟	0.180	1816.15
74	611300	由 59.03、59.06 或 59.07 的针织或钩编织物制成的服装及服饰附件	0.168	1688.12
75	630239	其他材料制其他床上用织物制品	0.165	1659.63
76	230910	零售包装的狗食或猫食	0.161	1626.14
77	611699	其他纺材制针织或钩编手套	0.160	1612.18
78	620690	其他纺织材料制女式衬衫	0.154	1545.86
79	650500	针织帽类及用其他纺织物制成帽类	0.146	1471.16
80	940530	圣诞树用的成套灯具	0.140	1414.11
81	610721	棉制针织或钩编男长睡衣及睡衣裤	0.139	1398.87
82	610442	棉制针织或钩编连衣裙	0.139	1397.34

续表

排序	产品代码	产品名称	占比	出口值
83	854442	额定电压≤ 1000 伏有接头电导体	0.133	1336.67
84	110814	木薯淀粉	0.133	1336.55
85	390290	其他初级形状的烯烃聚合物	0.129	1301.50
86	610343	合纤制针织或钩编男裤（包括马裤、短裤及其他长裤）	0.129	1300.31
87	151110	初榨的棕榈油	0.128	1288.85
88	940490	其他材料制寝具及类似品	0.128	1288.61
89	640299	其他塑料及橡胶制鞋面的其他鞋靴	0.126	1269.55
90	170114	未加香料或着色剂其他甘蔗原糖	0.124	1245.22
91	600532	染色合成纤维制经编织物	0.119	1200.82
92	620343	合纤制男式短裤	0.113	1132.75
93	853929	其他白炽灯泡	0.103	1037.72
94	420211	以皮革，再生皮革作面的箱包（包括提箱、公文包、书包及类似容器）	0.099	998.18
95	610432	棉制针织或钩编女式上衣	0.095	957.34
96	610220	棉制针织或钩编女式大衣（包括短大衣、斗篷、短斗篷及类似品）	0.091	918.34
97	420222	以塑料片或纺织材料作面的手提包（不论是否有背带，包括无把手的）	0.091	915.73
98	620119	其他材料制男式大衣、斗篷及类似品（包括短大衣、短斗篷）	0.091	915.04
99	610832	化纤制针织或钩编女睡衣及睡衣裤	0.091	911.87
100	853650	电压≤ 1000 伏的其他开关	0.090	911.00

数据来源：由联合国商品贸易数据计算整理所得

从出口主导产品的集中度来看，2005 年，排名前五的主导产品出口值为 17.12 亿美元，出口值占比为 56.70%；排名前十的主导产品出口值为 21.74 亿美元，出口值占比为 72.01%。2016 年，排名前五的主导产品出口值为 37.34 亿美元，比 2005 年增长 118.13%，出口值占比为 37.08%；排名前十的主导产品出口值为 52.06 亿美元，比 2005 年增长 139.49%，出口值占比为 51.70%。相比于 2005 年，2016 年柬埔寨前五、前十主导产品的出口值都有较快增长，但出口产品占比均有下滑，出口产品集中度有下降趋势。

从出口主导产品种类来看，2005 年柬埔寨出口排名前十的产品种类有 2 类，为木浆及其他纤维状纤维素浆、回收（废碎）纸或纸板、纸、纸板及其制品；纺织原料及纺织制品。2016 年柬埔寨出口排名前十的产品种类有 4 类，为纺织原料及纺织制品；鞋、帽、伞、杖、鞭及其零件、已加工的羽毛及其制品、人造花、人发制品；车辆、航空器、船舶及有关运输设备；植物产品。相比 2005 年、2016 年柬埔寨出口主导产品有一定变动，2016 年新增了鞋、帽、伞、杖、鞭及其零件、已加工的羽毛及其制品、人造花、人发制品；车辆、航空器、船舶及有关运输设备；植物产品，但纺织原料及纺织制品一直都是柬埔寨的出口主导产品。

2. 出口主导产业与比较优势产业的一致性分析

表 KH-5 为 2016 年柬埔寨排名前十的比较优势产品及出口主导产品。表中显示，2016 年柬埔寨比较优势指数排名前列的产品种类主要是鞋、帽、伞、杖、鞭及其零件、已加工的羽毛及其制品、人造花、人发制品；纺织原料及纺织制品；生皮、皮革、毛皮及其制品、鞍具及挽具、旅行用品、手提包及类似品、动物肠线（蚕胶丝除外）制品等。2016 年柬埔寨出口排名前列的产品种类主要是纺织原料及纺织制品；鞋、帽、伞、杖、鞭及其零件、已加工的羽毛及其制品、人造花、人发制品；车辆、航空器、船舶及有关运输设备等。对比 2016 年柬埔寨排名前十的比较优势产品与出口主导产品，有两大类产品相同，因此柬埔寨比较优势产业与出口主导产业具有一定一致性。

表 KH-5　2016 年柬埔寨排名前十比较优势产品及出口主导产品

单位：%

排名	比较优势产品名称	RCA	排名	出口主导产品名称	占比
1	其他皮革条带为鞋面的皮底鞋（皮革条带交叉于脚背并绕大脚趾的）	1101.48	1	其他纺织材料针织或钩编女裤	10.510
2	其他纺织制针织或钩编男裤（包括马裤．短裤及其他长裤）	830.95	2	棉制针织或钩编 T 恤衫、汗衫等	9.095
3	其他纺织料制针织或钩编男式上衣	777.60	3	其他纺织制针织或钩编男裤（包括马裤、短裤及其他长裤）	7.281
4	其他纺织材料制女睡衣及睡衣裤	750.16	4	其他纺材针织或钩编女套头衫等（包括开襟衫、背心及类似品）	5.454
5	其他纺织材料针织或钩编女裤	713.49	5	其他皮革条带为鞋面的皮底鞋（皮革条带交叉于脚背并绕大脚趾的）	4.738
6	其他材料制针织或钩编男式游泳服	687.06	6	非机动自行车	3.430

续表

排名	比较优势产品名称	RCA	排名	出口主导产品名称	占比
7	其他纺织料针织或钩编男便服套装	655.13	7	其他针织或钩编T恤衫、汗衫等	3.286
8	其他纺材制针织或钩编男睡衣裤	629.02	8	精米	3.015
9	已鞣未缝制的整张水貂皮（不论是否带头，尾或爪）	609.51	9	其他纺织料制针织或钩编男式上衣	2.981
10	其他初级形状的天然橡胶（胶乳除外的初级形状或板，片，带状）	552.34	10	其他纺织材料制针织或钩编连衣裙	1.908

数据来源：由联合国商品贸易数据计算整理所得

（三）柬埔寨出口比较优势变化分析

1. 描述性分析

依据表 KH–1 及表 KH–2，对比分析 2005 年及 2016 年柬埔寨比较优势指数排名前 100 产品，我们可以得出以下信息：

第一，柬埔寨国整体的比较优势有减弱趋势。2005 年柬埔寨排名前 100 产品平均比较优势指数为 181.55，2016 年为 153.75。

第二，柬埔寨具比较优势的产品种类呈现扩大态势。2005 年，比较优势指数大于 1 的产品共有 149 类，大于 2.5 的产品共有 106 类；而 2016 年，比较优势指数大于 1 的产品有 329 类，大于 2.5 的产品共有 233 类。表明柬埔寨在国际上具有比较优势产品种类逐渐扩大。

第三，比较优势排名前十的具体产品虽有变化，但是产品种类相对稳定。分析 2005 年、2016 年比较优势指数排名前十的产品，2005 年 RCA 排名第一、二、三、四、五、六、七、九、十的产品都属于针织或钩编的服装及衣着附件，2016 年 RCA 排名第二、三、四、五、六、七、八的产品也为针织或钩编的服装及衣着附件，说明柬埔寨的针织或钩编的服装及衣着附件在国际贸易中具有不可替代的比较优势。

2. 回归分析

把 2016 年柬埔寨产品比较优势指数作为被解释变量，把 2005 年柬埔寨产品比较优势指数作为自变量，对其作简单的回归分析。若回归系数 >1，则在 2005 年至 2016 年间，柬埔寨具比较优势的产业强化了，而其他产业弱化了；若 0< 回归系数 <1，则产业比较优势减弱；若回归系数 <0，则柬埔寨比较优势产业发生了相反的质

变，即柬埔寨的比较优势产业种类发生了变化。使用最小二乘法对其进行回归，得出结果如表 KH-6 所示。

表 KH-6 回归结果

变量	Coef.	Std.Err.	t	P>|t|
2005 年比较优势指数	0.3375824	0.691176	4,88	0.00
常数项	6.630884	1.237452	5.36	0.00
R^2=0.2950 F-statistics=23.86				

从表中可以看出，回归系数为 0.3375824，介于 0 和 1 之间，因此说明相对于 2005 年，2016 年柬埔寨具有比较优势的产业弱化了，与以上描述分析一致。

（四）柬埔寨进口需求及其变化分析

表 KH-7 为 2005 年柬埔寨进口值排名前 100 产品。从表中可以看出，排名前十的进口产品是：其他纺材宽 >30 厘米针织或钩编织物（按重量计含弹性纱线或橡胶线≥ 5%）；腈纶短纤与其他纤维混织物；石油和油脂；电影摄影机；烟草制的卷烟；排量≤ 250 毫升装往复式活塞内燃发动机摩托车及脚踏两用车；其他硅酸盐水泥；车用汽油、航空汽油；旧衣物；其他已配定剂量的药品。其中其他纺材宽 >30 厘米针织或钩编织物（按重量计含弹性纱线或橡胶线≥ 5%）进口值最高，为 4.06 亿美元，占比达到 15.90%；其次腈纶短纤与其他纤维混织物、石油和油脂，进口值分别为 3.25 亿美元、1.29 亿美元，占比分别为 12.72%、5.07%。

从 2005 年柬埔寨前 100 进口产品种类来看，主要为纺织原料及纺织制品；矿产品；光学、照相、电影、计量、检验、医疗或外科用仪器及设备、精密仪器及设备、钟表、乐器、上述物品的零件、附件等。

从柬埔寨进口前 100 产品的集中度来看，进口产品排名前五的进口值占比为 41.60%，排名前十的进口值占比为 50.48%，因此可以看出 2005 年柬埔寨进口值前 100 产品有很强集中度。

表 KH-7　2005 年柬埔寨进口排名前 100 产品

单位：万美元、%

排名	产品代码	产品名称	进口值	占比
1	600490	其他纺材宽 >30 厘米针织或钩编织物（按重量计含弹性纱线或橡胶线≥ 5%）	40566.63	15.896
2	551529	腈纶短纤与其他纤维混织物	32465.37	12.722
3	271019	石油和油脂	12940.67	5.071
4	900719	电影摄影机	11560.41	4.530
5	240220	烟草制的卷烟	8620.40	3.378
6	871120	排量≤ 250 毫升装往复式活塞内燃发动机摩托车及脚踏两用车	4930.91	1.932
7	252329	其他硅酸盐水泥	4721.97	1.850
8	271011	车用汽油、航空汽油	4675.34	1.832
9	630900	旧衣物	4404.74	1.726
10	300490	其他已配定剂量的药品	3945.55	1.546
11	550959	非零售与其他混纺聚酯短纤纱线（混纺指按重量计聚酯短纤含量在 85% 以下）	3761.85	1.474
12	621790	服装或衣着零件（指非针织非钩编）	3649.06	1.430
13	520919	未漂白的其他全棉机织物（指每平方米重超过 200 克，含棉 85% 及以上）	3435.36	1.346
14	870323	1.5 升＜排量≤ 3 升装点燃往复式活塞内燃发动机的其他载人车辆	2963.88	1.161
15	852520	无线电广播、电视发送设备等包含接收装置或声音录制的传送设备	2404.79	0.942
16	970600	其他超过一百年的古物	2264.45	0.887
17	540769	其他聚酯长丝布（聚酯长丝含量≥ 85%）	2251.01	0.882
18	845229	其他非自动缝纫机（家用型除外）	2104.03	0.824
19	392690	其他塑料制品	2032.29	0.796
20	230990	其他配制的动物饲料	1930.11	0.756
21	600290	其他纺材宽≤ 30 厘米针织或钩编织物（按重量计含弹性纱线或橡胶线≥ 5%）	1886.62	0.739
22	590320	用聚氨基甲酸酯浸渍的纺织物（包括用聚氨基甲酸酯涂布，包覆或层压的）	1811.93	0.710
23	551519	聚酯短纤其他织物	1740.51	0.682

续表

排名	产品代码	产品名称	进口值	占比
24	482110	纸或纸板印制的各种标签	1735.75	0.680
25	580710	其他纺织材料制机织非绣制标签等（包括徽章及类似品，成匹、成条或裁成一定形状或尺寸）	1718.57	0.673
26	521142	色织与化纤混纺牛仔布（每平方米重超过 200 克，含棉 85% 以下）	1645.81	0.645
27	761290	其他容积≤ 300 升的铝制囤、罐等容器（盛装物料用的，装压缩气体或液化气体的除外）	1503.91	0.589
28	870421	柴油型其他小型货车（装有压燃式活塞内燃发动机，小型指车辆总重量≤ 5 吨）	1463.72	0.574
29	550810	合成纤维短纤缝纫线	1409.48	0.552
30	844720	缝编机	1398.27	0.548
31	292242	谷氨酸及其盐	1317.56	0.516
32	960719	其他拉链	1211.44	0.475
33	690890	上釉的大陶瓷砖，瓦，块及类似品	1173.46	0.460
34	960711	装有贱金属齿的拉链	1163.30	0.456
35	580639	其他材料制其他狭幅机织物（品目 5807 的货品除外）	1057.19	0.414
36	870210	压燃式活塞内燃发动机的客车	989.05	0.388
37	401590	其他硫化橡胶制衣着用品及附件（硬化橡胶的除外）	958.70	0.376
38	871200	非机动自行车	939.34	0.368
39	271111	液化天然气	903.01	0.354
40	841960	液化空气或其他气体用的机器	899.76	0.353
41	844711	圆筒直径≤ 165 毫米的圆形针织机	889.60	0.349
42	730840	钢铁制脚手架模板坑凳用支柱及类似设备	875.78	0.343
43	411510	再生皮革（以皮革或皮革纤维为基本成分，成块，张，条，不论是否成卷）	874.57	0.343
44	870324	排气量＞ 4 升带点燃往复式活塞内燃发动机其他车	873.83	0.342
45	840890	其他压缩点火内燃活塞发动机（柴油或半柴油机）	808.28	0.317
46	580429	其他纺织材料制机制花边（成卷成条或成小块图案的，但品目 6002 的织物除外）	756.44	0.296
47	960621	塑料制纽扣（未用纺织材料包裹的）	736.49	0.289
48	30613	冻虾仁	672.32	0.263
49	300420	已配剂量含有其他抗菌素的药品	665.58	0.261

续表

排名	产品代码	产品名称	进口值	占比
50	850300	其他电动机、发电机（组）零件	663.09	0.260
51	843229	其他耙、松土机等耕作机械（包括中耙机、除草机及耕耘机）	641.54	0.251
52	520100	未梳的棉花	638.40	0.250
53	730810	钢铁制桥梁及桥梁体段	615.57	0.241
54	220300	麦芽酿造的啤酒	604.33	0.237
55	842959	其他机械铲、挖掘机及机铲装载机	588.01	0.230
56	844790	其他簇绒机	587.11	0.230
57	170111	生蔗糖不含添加调味剂或着色物质	554.34	0.217
58	151190	其他棕榈油及其分离品	553.19	0.217
59	852990	其他电视接收机零件	544.65	0.213
60	690790	未上釉的大陶瓷砖，瓦，块及类似品（大指最大表面积超过子目 690710 所列规格的）	539.39	0.211
61	310390	其他矿物磷肥或化学磷肥	539.11	0.211
62	870422	柴油型其他货车（装有压燃式活塞内燃发动机，重型指 5 吨≤车辆总重≤ 20 吨）	522.09	0.205
63	300450	已配剂量含有维生素等的其他药品	517.21	0.203
64	854790	其他电气设备的绝缘配件	515.20	0.202
65	300410	已配剂量含有青霉素或链霉素药品	511.68	0.201
66	730431	其他冷轧的铁制无缝圆形截面管（冷拔或冷轧的铁或非合金钢制的）	497.79	0.195
67	481850	纸制衣服及衣着附件（纸浆，纸，纤维素絮纸和纤维素纤维网纸制的）	489.19	0.192
68	721420	铁或非合金钢的热加工条、杆（带有轧制过程中产生变形，热加工指热轧、热拉拔或热挤压）	486.48	0.191
69	830990	盖子、瓶帽、螺口塞封志等包装用附件（贱金属制）	482.83	0.189
70	330510	洗发剂	468.96	0.184
71	190110	供婴幼儿食用的零售包装配方奶粉	466.47	0.183
72	340290	非零售包装有机表面活性剂制品	463.77	0.182
73	511220	与人造长丝混纺其他毛制机织物（精梳羊毛或动物细毛含量 <85%）	463.06	0.181
74	710813	非货币用半制成金（包括镀铂的金）	462.32	0.181
75	100190	小麦或马斯林种子不含硬粒小麦	439.74	0.172

续表

排名	产品代码	产品名称	进口值	占比
76	720918	厚度＜0.5毫米的非合金钢冷轧卷材（未进一步加工，宽≥600毫米，未包、镀、涂层）	439.15	0.172
77	190190	麦精、粮食粉等制食品及乳制食品	439.01	0.172
78	392321	乙烯聚合物制袋及包	430.14	0.169
79	871690	挂车、半挂车及非机动车用零件	426.27	0.167
80	110710	未焙制麦芽	424.69	0.166
81	871110	带有往复式内燃机活塞发动机的摩托车，汽缸容积<=50立方厘米	418.73	0.164
82	901890	其他医疗、外科或兽医用仪器器具	417.14	0.163
83	300220	人用疫苗	401.72	0.157
84	480256	40克<每平方米重≤150克未涂布纸，成张（书写印刷，长≤435毫米，宽≤297毫米含机械或半化学浆≤10%）	393.64	0.154
85	870431	总重量≤5吨的其他货车（汽油型，装有点燃式活塞内燃发动机）	384.88	0.151
86	841510	独立窗式或壁式空气调节器	383.09	0.150
87	852910	无线电设备天线及其零件（品目8525至8528所列其他装置或设备的，包括天线反射器）	382.48	0.150
88	540751	未漂白或漂白的其他机织物（涤纶长丝含量≥85%）	381.30	0.149
89	851750	光线路终端装置	368.40	0.144
90	854389	具有独立功能的电机和设备	366.98	0.144
91	520929	漂白的其他全棉机织物（指每平方米重超过200克，含棉85%及以上）	362.72	0.142
92	730890	其他钢铁结构体及部件（包括结构体用的已加工钢板、型材、管子及类似品）	353.17	0.138
93	410411	全粒面未剖层或粒面剖层湿牛皮（包括蓝湿牛皮，经鞣制不带毛）	346.48	0.136
94	310551	含有硝酸盐及磷酸盐的肥料	345.19	0.135
95	960622	金属制纽扣（未用纺织材料包裹的）	327.21	0.128
96	721410	铁或非合金钢的锻造条、杆（除热加工外未进一步加工）	319.76	0.125
97	870110	手扶拖拉机	312.65	0.123
98	850213	输出功率＞375千伏安柴油发电机组（包括半柴油发电机组）	312.35	0.122
99	720890	其他热轧铁或非合金钢宽平板轧材（除热轧外经进一步加工，宽≥600毫米，未经包，渡，涂层）	311.48	0.122
100	841370	其他离心泵	306.24	0.120

数据来源：由联合国商品贸易数据计算整理所得

表 KH-8 为 2016 年柬埔寨进口值排名前 100 产品。从表中可以看出，2016 年柬埔寨排名前十的进口产品是其他纺材制针织或钩编织物；其他纺材宽 >30 厘米针织或钩编织物（按重量计含弹性纱线或橡胶线≥ 5%）；石油和油脂；其他合纤短纤其他机织物；轻油及制品，不含生物柴油；非货币用未锻造金；排量≤ 250 毫升装往复式活塞内燃发动机摩托车及脚踏两用车；烟草制的卷烟；腈纶短纤与其他纤维混织物；1.5 升＜排量≤ 3 升装点燃往复式活塞内燃发动机的其他载人车辆。其中其他纺材制针织或钩编织物进口值最高，为 10.43 亿美元，占比为 8.43%；其次是其他纺材宽 >30 厘米针织或钩编织物（按重量计含弹性纱线或橡胶线≥ 5%）、石油和油脂，进口值分别为 9.80 亿美元、5.84 亿美元，占比分别为 7.92%、4.72%。

从 2016 年柬埔寨前 100 进口产品种类来看，主要为纺织原料及纺织制品；矿产品；天然或养殖珍珠、宝石或半宝石、贵金属、包贵金属及其制品、仿首饰、硬币等。

从 2016 年柬埔寨进口前 100 产品的集中度来看，排名前五的进口产品占柬埔寨进口值的 27.64%，排名前十的占 36.11%，因此可以看出 2016 年柬埔寨进口产品具有集中度。

表 KH-8 2016 年柬埔寨进口排名前 100 产品

单位：万美元、%

排名	产品代码	产品名称	进口值	占比
1	600690	其他纺材制针织或钩编织物	104260.6039	8.428
2	600490	其他纺材宽 >30 厘米针织或钩编织物（按重量计含弹性纱线或橡胶线≥ 5%）	98011.9536	7.923
3	271019	石油和油脂	58406.9748	4.721
4	551599	其他合纤短纤其他机织物	50754.9969	4.103
5	271012	轻油及制品，不含生物柴油	30484.7544	2.464
6	710812	非货币用未锻造金	24212.8073	1.957
7	871120	排量≤ 250 毫升装往复式活塞内燃发动机摩托车及脚踏两用车	21315.1023	1.723
8	240220	烟草制的卷烟	21142.3963	1.709
9	551529	腈纶短纤与其他纤维混织物	20849.4976	1.685
10	870323	1.5 升＜排量≤ 3 升装点燃往复式活塞内燃发动机的其他载人车辆	17248.7452	1.394
11	520929	漂白的其他全棉机织物（指每平方米重超过 200 克，含棉 85% 及以上）	16947.2682	1.370

续表

排名	产品代码	产品名称	进口值	占比
12	521142	色织与化纤混纺牛仔布（每平方米重超过 200 克，含棉 85% 以下）	16097.628	1.301
13	430110	整张生水貂皮（不论是否带头，尾或爪）	16075.1452	1.299
14	870324	排气量＞4 升带点燃往复式活塞内燃发动机其他车	13856.6841	1.120
15	300490	其他已配定剂量的药品	12744.2723	1.030
16	550959	非零售与其他混纺聚酯短纤纱线（混纺指按重量计聚酯短纤含量在 85% 以下）	12678.4085	1.025
17	392690	其他塑料制品	11322.4137	0.915
18	270119	其他煤	10827.5138	0.875
19	870421	柴油型其他小型货车（装有压燃式活塞内燃发动机，小型指车辆总重量≤ 5 吨）	10787.5315	0.872
20	760612	合金铝制铝塑复合矩形板、片及带（包括正方形）厚度厚 >0.2 毫米	8639.0071	0.698
21	252329	其他硅酸盐水泥	8403.0291	0.679
22	482110	纸或纸板印制的各种标签	7983.7076	0.645
23	590390	用其他塑料浸渍的纺织物（包括用其他塑料涂布、包覆或层压的）	7815.7828	0.632
24	411510	再生皮革（以皮革或皮革纤维为基本成分，成块，张，条，不论是否成卷）	7770.1491	0.628
25	271111	液化天然气	7722.9744	0.624
26	220210	加味、加糖或其他甜物质的水	7488.8804	0.605
27	401699	其他未列名硫化橡胶制品（硬质橡胶除外）	7069.8155	0.571
28	851770	其他通信设备零件	7037.0167	0.569
29	843890	食品、饮料工业用机器的零件（品目 8438 所列机械的）	6903.6699	0.558
30	640620	橡胶及塑料制的外底及鞋跟	6827.8283	0.552
31	871499	非机动脚踏车等的其他零件、附件	6522.7595	0.527
32	600290	其他纺材宽≤ 30 厘米针织或钩编织物（按重量计含弹性纱线或橡胶线≥ 5%）	6355.9722	0.514
33	230990	其他配制的动物饲料	6302.5236	0.509
34	630900	旧衣物	6067.0865	0.490
35	690790	未上釉的大陶瓷砖，瓦，块及类似品（大指最大表面积超过子目 690710 所列规格的）	6047.7444	0.489

续表

排名	产品代码	产品名称	进口值	占比
36	600410	宽 >30 厘米弹性针织或钩编织物（按重量计弹性纱线含量在5% 及以上且不含橡胶线）	5749.1832	0.465
37	854430	用于汽车、飞机或轮船的点火接线装置和其他接线装置	5714.1726	0.462
38	580710	其他纺织材料制机织非绣制标签等（包括徽章及类似品，成匹、成条或裁成一定形状或尺寸）	5530.5627	0.447
39	871491	非机动脚踏车车架、轮叉及其零件	5492.4541	0.444
40	730890	其他钢铁结构体及部件（包括结构体用的已加工钢板、型材、管子及类似品）	5381.0473	0.435
41	960719	其他拉链	5084.7861	0.411
42	844332	其他数字式印刷设备（可与自动数据处理设备或网络连接）	4686.0338	0.379
43	853180	其他电气音响或视觉信号装置	4579.3498	0.370
44	940600	其他活动房屋	4380.2221	0.354
45	220290	其他无酒精饮料	4298.9854	0.348
46	621790	服装或衣着零件（指非针织非钩编）	4210.1153	0.340
47	551090	非零售与其他混纺人纤短纤纱线（混纺指按重量计其他人造纤维短纤含量在 85% 以下）	4176.1827	0.338
48	845229	其他非自动缝纫机（家用型除外）	4162.1392	0.336
49	520829	漂白的其他全棉机织物（每平方米重量不超过 200 克，含棉85% 及以上）	4096.058	0.331
50	220300	麦芽酿造的啤酒	3967.9067	0.321
51	854449	其他电压不超过 1000 伏的电导体	3854.1696	0.312
52	392190	其他塑料板，片，膜，箔，扁条	3851.6988	0.311
53	190110	供婴幼儿食用的零售包装配方奶粉	3674.28	0.297
54	721399	其他热轧盘条（不带有轧制过程中产生的变形）	3465.5217	0.280
55	870210	压燃式活塞内燃发动机的客车	3320.5739	0.268
56	230800	其他饲料用植物产品	3278.9013	0.265
57	550810	合成纤维短纤缝纫线	3125.2983	0.253
58	441239	其他薄板制胶合板（每层厚度≤ 6 毫米，竹制除外）	3091.465	0.250
59	310390	其他矿物磷肥或化学磷肥	3079.9281	0.249
60	870333	排量> 2.5 升装有压燃往复式活塞内燃发动机	3067.5311	0.248
61	851718	其他电话机	3057.416	0.247
62	960711	装有贱金属齿的拉链	3037.1378	0.246

续表

排名	产品代码	产品名称	进口值	占比
63	170199	其他精制糖	3031.8983	0.245
64	110710	未焙制麦芽	2996.4646	0.242
65	871493	非机动脚踏车等的自由轮链轮	2968.2768	0.240
66	870190	其他拖拉机	2906.4982	0.235
67	870431	总重量≤ 5 吨的其他货车（汽油型，装有点燃式活塞内燃发动机）	2885.808	0.233
68	847290	其他办公室用机器（包括硬币分类、计数、包装机和削笔机等）	2844.6882	0.230
69	481910	瓦楞纸或纸板制的箱，盒，匣	2810.9833	0.227
70	380850	零售包装含第 38 章子目注释一所列物质的货品	2779.2194	0.225
71	210690	其他编号未列名的食品	2733.8892	0.221
72	480262	成张书写、印刷用未涂布纸	2721.9511	0.220
73	551519	聚酯短纤其他织物	2700.8341	0.218
74	870422	柴油型其他货车（装有压燃式活塞内燃发动机，重型指 5 吨≤车辆总重≤ 20 吨）	2603.6096	0.210
75	310100	经化学处理的动植物肥料	2574.3194	0.208
76	410449	其他牛马皮革（经鞣制不带毛）	2555.6562	0.207
77	580639	其他材料制其他狭幅机织物（品目 5807 的货品除外）	2514.7167	0.203
78	580429	其他纺织材料制机制花边（成卷成条或成小块图案的，但品目 6002 的织物除外）	2472.2692	0.200
79	871494	非机动脚踏车等的制动器及其零件（包括倒轮制动鼓及鼓闸）	2459.558	0.199
80	600632	合成纤维其他染色针织或钩编织物（染色）	2455.9992	0.199
81	854420	同轴电缆及其他同轴电导体	2454.9124	0.198
82	854460	其他电压超过 1000 伏的电导体	2378.37	0.192
83	871410	摩托车其他零件、附件	2362.5608	0.191
84	310229	硫酸铵和硝酸铵的复盐及混合物	2309.6762	0.187
85	540710	高强力纱纺制机织物（由尼龙或其他聚酰胺高强力纱纺制的）	2299.2941	0.186
86	853690	其他≤ 1000 伏电路开关等电气装置	2289.5929	0.185
87	271490	其他沥青	2286.9594	0.185
88	721410	铁或非合金钢的锻造条、杆（除热加工外未进一步加工）	2246.0856	0.182

续表

排名	产品代码	产品名称	进口值	占比
89	340220	零售包装有机表面活性剂制品	2219.3669	0.179
90	843830	制糖机器	2199.3025	0.178
91	870110	手扶拖拉机	2192.5877	0.177
92	520512	非零售粗梳中支纯棉单纱（中支指单纱细度为 232.56 分特 –714.29 分特之间，含棉量≥ 85%）	2144.7154	0.173
93	520942	色织其他全棉粗斜纹布（劳动布）（指每平方米重超过 200 克，含棉 85% 及以上）	2109.9233	0.171
94	230400	提炼豆油所得的油饼和其他固体残渣	2070.968	0.167
95	392321	乙烯聚合物制袋及包	2070.6708	0.167
96	310210	尿素	2043.6935	0.165
97	853710	其他电力控制或分配的装置（电压不超过 1000 伏的线路）	2027.4073	0.164
98	611790	衣服零件（针织或钩编）	2018.9658	0.163
99	730900	容积＞ 300 升钢铁制盛物容器（容积＞ 300 升的囤、柜、桶、罐、听及类似容器）	2011.5179	0.163
100	842230	饮料及液体食品灌装设备	2003.9696	0.162

数据来源：由联合国商品贸易数据计算整理所得

对比 2005 年及 2016 年柬埔寨进口排名前十的产品发现，有 5 种具体进口产品一致，另 5 种产品种类基本一致，表明 2005 年和 2016 年柬埔寨对进口产品种类需求较稳定，变化不大。纺织原料及纺织制品；矿产品；车辆、航空器、船舶及有关运输设备三类产品是柬埔寨主要的进口产品，占主导地位。

从进口产品的集中度来看，相比 2005 年，2016 年集中度呈下降趋势。2005 年进口产品排名前五的进口值占比、排名前十进口值占比分别为 41.60%、50.48%，2016 年对应占比为 27.64%、36.11%。相比 2005 年，2016 年分别下降 13.96%、14.38%。因此说明柬埔寨进口产品有一定的集中度，但集中度呈减少趋势。

从柬埔寨进口前 100 产品分析，2005 年与 2016 年，柬埔寨进口产品种类变动幅度偏小，具有一致性特点。主要进口的产品种类为纺织原料及纺织制品；矿产品；车辆、航空器、船舶及有关运输设备等。

十一、东帝汶出口主导产业分析与进口需求研究

（一）东帝汶出口比较优势分析

2005年东帝汶RCA值前100出口产品在国际市场中有较强竞争力。表TL-1显示了2005年东帝汶RCA值前100的产品，从2005年东帝汶出口产品前100的产品来看，其中最高RCA值为625.233，最低RCA值为3.526，2005年东帝汶排名前100的出口产品平均RCA值为41.133，其远高于国际竞争力很强的基准值2.5的水平。2005年东帝汶RCA值排名前十的出口产品是：新的邮票；棉制男式羽绒大衣等及类似品、其他材料制男大衣、雨衣；左轮手枪及其他手枪；个人梳妆、缝纫等用成套旅行用品；不烘焙或不含咖啡因的咖啡；其他短距离运货车零件；其他发动机和马达；其他材料制的未列名帽类；其他光学望远镜；筑路机及平地机。其比较优势指数分别是625.233、498.711、276.931、253.424、221.573、196.233、124.695、94.916、84.453、78.754。从产品整体的种类来看，木浆及其他纤维状纤维素浆、回收（废碎）纸或纸板、纸、纸板及其制品；纺织原料及纺织制品；武器、弹药及其零件、附件等品等产品具有明显的比较优势。

表TL-1　2005年东帝汶比较优势指数排名前100产品

单位：万美元

排序	产品代码	产品名称	RCA指数	出口值
1	490700	新的邮票（包括支票、股票，债券及类似的所有权凭证）	625.233	622.00
2	621020	棉制男式羽绒大衣等及类似品，其他材料制男大衣、雨衣	498.711	60.43
3	930200	左轮手枪及其他手枪	276.931	30.60
4	960500	个人梳妆、缝纫等用成套旅行用品（包括清洁鞋靴、衣服用的）	253.424	17.64

续表

排序	产品代码	产品名称	RCA 指数	出口值
5	90111	不烘焙或不含咖啡因的咖啡	221.573	761.95
6	870919	其他短距离运货车零件	196.233	38.88
7	841280	其他发动机和马达	124.695	24.43
8	650699	其他材料制的未列名帽类（不论有无衬里或饰物）	94.916	5.73
9	900580	其他光学望远镜	84.453	11.40
10	842920	筑路机及平地机	78.754	38.64
11	850162	75 千伏安 < 输出功率≤ 375 千伏安交流发电机	73.112	13.06
12	621030	6202.11 至 6202.19 所描述的其他服装	72.670	3.51
13	880330	飞机及直升机用其他零件	65.401	1242.07
14	640330	鞋类和木材基地，没有内部鞋底或保护鞋头	62.924	1.31
15	151319	椰子油及其分离品	59.059	7.83
16	620990	其他纺织材料制婴儿服装及衣着附件（除棉、合成纤维、羊毛或动物细毛外其他纺织材料制）	53.137	4.74
17	151311	初榨椰子油	50.339	8.82
18	621710	服装或衣着附件（指非针织非钩编）	48.525	24.69
19	420690	其他肠线、肠膜、膀胱或筋腱物品	46.458	0.40
20	950291	玩偶的服装和配饰，鞋类，头饰及其他零配件	39.712	2.53
21	900922	接触式复印装置	39.593	0.35
22	580790	其他纺织材料制非绣制的标签等（包括徽章及类似品，成匹，成条或裁成一定形状或尺寸）	39.355	3.82
23	880310	飞机用推进器、水平旋翼及零件	38.779	20.81
24	730810	钢铁制桥梁及桥梁体段	37.789	10.60
25	820790	其他可互换工具（带有其他材料制的工作部件）	37.601	33.77
26	870590	其他特殊用途的机动车辆	36.669	51.41
27	870333	排量> 2.5 升装有压燃往复式活塞内燃发动机	36.165	316.42
28	847310	打字机、文字处理机的零件、附件	34.743	24.41
29	870510	起重车	33.973	44.42
30	481960	纸卷宗盒、信件、盘存储盒及类似品（办公室，商店及类似场所使用的）	32.517	5.18
31	720410	铸铁废碎料	32.080	15.06
32	920190	羽管键琴和其他键盘弦乐器	26.320	0.17

续表

排序	产品代码	产品名称	RCA 指数	出口值
33	90810	肉豆蔻	24.891	0.83
34	121291	鲜、冷、冻或干的甜菜	24.041	0.47
35	630190	其他毯子及旅行毯	23.952	1.47
36	630622	合纤制帐篷	21.811	6.88
37	870331	排气量≤ 1.5 升的装有压燃往复式活塞内燃发动机	21.571	125.21
38	380520	含有 α－萜品醇作为主要成分的松油	20.761	0.15
39	610339	其他纺织料制针织或钩编男式上衣	20.519	2.13
40	442190	其他木制品	19.198	30.48
41	900590	天文望远镜及其他天文仪器用零件（包括座架）	17.550	1.19
42	871639	其他货运挂车及半挂车	17.287	46.70
43	851150	其他发电机	16.667	20.26
44	850680	其他原电池及原电池组	16.546	4.82
45	842919	其他推土机	15.062	1.70
46	630590	其他纺织材料制其他货物包装袋	14.564	0.70
47	650610	其他安全帽（不论有无衬里或饰物）	13.276	5.80
48	420219	以钢纸或纸板作面的衣箱等（包括提箱，小手袋，公文箱，公文包，书包及类似容器）	12.994	1.34
49	850211	输出功率≤ 75 千伏安柴油发电机组（包括半柴油发电机组）	12.036	8.04
50	843142	推土机或侧铲推土机用铲	11.879	8.53
51	401220	旧的充气橡胶轮胎	11.656	1.90
52	842123	内燃发动机的滤油器	11.572	15.66
53	821195	贱金属制的刀柄	10.991	0.03
54	890310	充气的娱乐或运动用快艇（包括充气的划艇及轻舟）	10.359	1.18
55	90700	丁香（全部果子或丁香和茎）	9.597	0.44
56	640691	鞋类的其他木制部件；可拆卸的鞋底和类似物品；绑腿及类似用品及其零件	9.595	0.07
57	401199	其他用途其他新的充气橡胶轮胎	9.572	3.75
58	521214	色织其他棉布（每平方米重≤ 200 克）	9.475	0.24
59	901530	水平仪	9.069	1.59
60	820600	成套工具组成的零售包装货品（由品目 8202 至 8205 中两个或多个品目所列工具组成的）	8.821	2.58

续表

排序	产品代码	产品名称	RCA 指数	出口值
61	280440	氧	8.599	0.41
62	842790	其他叉车及可升降的工作车（工作车指装有升降或搬运装置）	8.102	3.46
63	720430	镀锡钢铁废碎料	7.878	1.80
64	820310	钢锉、木锉及类似工具	7.809	0.65
65	90190	咖啡皮和皮，含咖啡的咖啡代用品	7.747	1.07
66	852510	广播电视、无线电话、无线电电报传输设备	7.606	14.59
67	901540	摄影测量用仪器及装置	7.286	0.18
68	841320	手泵（但子目 841311 或 841319 的货品除外）	7.283	0.68
69	820130	含植物性材料的镐、锄、耙	7.132	0.40
70	391890	其他塑料制的铺地制品	7.060	1.15
71	761090	其他铝制结构体及其部件（包括结构体用的已加工铝板、型材、管子及类似品）	6.879	11.51
72	930529	其他零件和配件，品目 9303 的猎枪或步枪	6.701	0.54
73	847110	模拟或混合自动数据处理机器	6.692	5.21
74	731290	非绝缘钢铁编带、吊索及类似品	6.603	0.79
75	850161	输出功率≤ 75 千伏安交流发电机	6.506	1.56
76	900669	其他照相闪光灯装置	6.403	0.19
77	900911	静电复印设备，直接操作	6.275	1.17
78	850433	16 千伏安＜额定容量≤ 500 千伏安其他变压器	6.196	1.43
79	853010	铁道或电车道用电气信号等设备（包括安全或交通管理设备）	6.177	1.15
80	870190	其他拖拉机	6.173	33.57
81	846880	其他焊接机器及装置（品目 8515 的货品除外）	6.091	0.70
82	691190	其他家用或盥洗用瓷器	5.808	0.45
83	871110	带有往复式内燃机活塞发动机的摩托车，汽缸容积 < = 50 立方厘米	5.600	3.00
84	940430	睡袋	5.584	0.72
85	844312	办公室用片取进料式胶印机	5.536	0.08
86	281129	其他非金属无机氧化物	5.449	0.36
87	170112	未加香料或着色剂的甜菜原糖	5.442	0.18
88	731519	铰接链零件（包括自行车链、摩托车链、其他滚子链零件）	5.149	0.25

续表

排序	产品代码	产品名称	RCA 指数	出口值
89	820420	可互换的扳手套筒（不论是否带手柄）	5.127	0.80
90	852739	其他无线电广播接收机	5.028	2.21
91	851750	光线路终端装置	4.688	42.47
92	741420	铜丝布（包括无限带）	4.339	0.05
93	170111	生蔗糖不含添加调味剂或着色物质	4.319	8.79
94	401019	其他硫化橡胶制的输送带及带料	4.185	0.42
95	853590	其他电压 >1000 伏电路开关等电气装置	3.969	4.85
96	830300	保险箱，柜，保险库的门（及带锁保险储存厨，钱箱，契约箱及类似品）	3.897	1.10
97	482090	其他纸制文具用品	3.880	0.42
98	910310	以表芯装成的电子钟	3.858	0.14
99	820299	其他锯片	3.594	0.67
100	841829	其他家用型冷藏箱	3.526	0.43

数据来源：由联合国商品贸易数据计算整理所得

（二）东帝汶出口主导产业分析

1. 出口主导产业

出口主导产业是由产品出口额占国家总出口额的比例来衡量的，所占比例越大，表明其在出口中所占地位越重，同时表明，此国生产相应产品的能力越强或拥有相应丰富的资源。表 TL–2 及表 TL–3 分别显示 2005 年与 2013 年东帝汶出口值排名前 100 主导产品。

表 TL–2　2005 年东帝汶出口值排名前 100 产品

单位：万美元、%

排序	产品代码	产品名称	占比	出口值
1	880330	飞机及直升机用其他零件	28.586	1242.07
2	90111	不烘焙或不含咖啡因的咖啡	17.536	761.95
3	490700	新的邮票（包括支票、股票，债券及类似的所有权凭证）	14.315	622.00
4	870333	排量＞ 2.5 升装有压燃往复式活塞内燃发动机	7.282	316.42
5	870331	排气量≤ 1.5 升的装有压燃往复式活塞内燃发动机	2.882	125.21

续表

排序	产品代码	产品名称	占比	出口值
6	852520	无线电广播、电视发送设备等包含接收装置或声音录制的传送设备	1.689	73.40
7	621020	棉制男式羽绒大衣等及类似品，其他材料制男大衣、雨衣	1.391	60.43
8	852990	其他电视接收机零件	1.369	59.48
9	870899	其他零件和附件	1.363	59.22
10	870590	其他特殊用途的机动车辆	1.183	51.41
11	871639	其他货运挂车及半挂车	1.075	46.70
12	870510	起重车	1.022	44.42
13	851750	光线路终端装置	0.977	42.47
14	870919	其他短距离运货车零件	0.895	38.88
15	842920	筑路机及平地机	0.889	38.64
16	870332	1.5 升＜排量≤ 2.5 升装有压燃往复式活塞内燃发动机	0.845	36.71
17	820790	其他可互换工具（带有其他材料制的工作部件）	0.777	33.77
18	870190	其他拖拉机	0.773	33.57
19	930200	左轮手枪及其他手枪	0.704	30.60
20	442190	其他木制品	0.701	30.48
21	621710	服装或衣着附件（指非针织非钩编）	0.568	24.69
22	841280	其他发动机和马达	0.562	24.43
23	847310	打字机、文字处理机的零件、附件	0.562	24.41
24	880310	飞机用推进器、水平旋翼及零件	0.479	20.81
25	851150	其他发电机	0.466	20.26
26	960500	个人梳妆、缝纫等用成套旅行用品（包括清洁鞋靴、衣服用的）	0.406	17.64
27	870421	柴油型其他小型货车（装有压燃式活塞内燃发动机，小型指车辆总重量≤ 5 吨）	0.397	17.24
28	842123	内燃发动机的滤油器	0.360	15.66
29	870323	1.5 升＜排量≤ 3 升装点燃往复式活塞内燃发动机的其他载人车辆	0.355	15.41
30	730890	其他钢铁结构体及部件（包括结构体用的已加工钢板、型材、管子及类似品）	0.348	15.11
31	720410	铸铁废碎料	0.347	15.06
32	852510	广播电视、无线电话、无线电电报传输设备	0.336	14.59

续表

排序	产品代码	产品名称	占比	出口值
33	850162	75 千伏安 < 输出功率≤ 375 千伏安交流发电机	0.301	13.06
34	761090	其他铝制结构体及其部件（包括结构体用的已加工铝板、型材、管子及类似品）	0.265	11.51
35	900580	其他光学望远镜	0.262	11.40
36	730810	钢铁制桥梁及桥梁体段	0.244	10.60
37	151311	初榨椰子油	0.203	8.82
38	170111	生蔗糖不含添加调味剂或着色物质	0.202	8.79
39	843142	推土机或侧铲推土机用铲	0.196	8.53
40	850211	输出功率≤ 75 千伏安柴油发电机组（包括半柴油发电机组）	0.185	8.04
41	151319	椰子油及其分离品	0.180	7.83
42	848310	传动轴及曲柄（包括凸轮轴及曲柄轴）	0.161	7.01
43	630622	合纤制帐篷	0.158	6.88
44	940360	其他木家具	0.147	6.39
45	854890	其他编号未列名的电气零件	0.144	6.25
46	650610	其他安全帽（不论有无衬里或饰物）	0.134	5.80
47	650699	其他材料制的未列名帽类（不论有无衬里或饰物）	0.132	5.73
48	870322	1 升<排量≤ 1.5 升带点燃往复式活塞内燃发动机其他车	0.131	5.71
49	847110	模拟或混合自动数据处理机器	0.120	5.21
50	481960	纸卷宗盒、信件、盘存储盒及类似品（办公室，商店及类似场所使用的）	0.119	5.18
51	853590	其他电压 >1000 伏电路开关等电气装置	0.112	4.85
52	850680	其他原电池及原电池组	0.111	4.82
53	851790	其他发送或接收声音、图像或其他数据用的设备	0.111	4.82
54	620990	其他纺织材料制婴儿服装及衣着附件（除棉、合成纤维、羊毛或动物细毛外其他纺织材料制）	0.109	4.74
55	490199	其他书籍，小册子及类似的印刷品（非单张的）	0.106	4.62
56	880390	其他未列名的航空器、航天器零件	0.100	4.36
57	901890	其他医疗、外科或兽医用仪器器具	0.099	4.29
58	580790	其他纺织材料制非绣制的标签等（包括徽章及类似品，成匹，成条或裁成一定形状或尺寸）	0.088	3.82
59	401199	其他用途其他新的充气橡胶轮胎	0.086	3.75
60	847330	品目 8471 所列其他机器零附件	0.085	3.71

续表

排序	产品代码	产品名称	占比	出口值
61	940490	其他材料制寝具及类似品	0.081	3.53
62	621030	6202.11 至 6202.19 所描述的其他服装	0.081	3.51
63	870829	其他身体部分和附件（包括驾驶室）	0.081	3.50
64	842790	其他叉车及可升降的工作车（工作车指装有升降或搬运装置）	0.080	3.46
65	630900	旧衣物	0.072	3.14
66	870324	排气量＞4 升带点燃往复式活塞内燃发动机其他车	0.069	3.01
67	871110	带有往复式内燃机活塞发动机的摩托车，汽缸容积＜=50 立方厘米	0.069	3.00
68	842710	电动机推动的机动叉车或升降搬运车	0.062	2.69
69	820600	成套工具组成的零售包装货品（由品目 8202 至 8205 中两个或多个品目所列工具组成的）	0.059	2.58
70	950291	玩偶的服装和配饰，鞋类，头饰及其他零配件	0.058	2.53
71	740911	成卷的精炼铜板、片、带（厚度＞0.15 毫米）	0.058	2.53
72	852431	用于再现除声音或图像以外的现象的记录激光读取盘	0.056	2.42
73	240220	烟草制的卷烟	0.055	2.39
74	852540	静止图像摄像机和其他摄像机；数码相机	0.054	2.34
75	870422	柴油型其他货车（装有压燃式活塞内燃发动机，重型指 5 吨≤车辆总重≤20 吨）	0.054	2.34
76	852739	其他无线电广播接收机	0.051	2.21
77	853690	其他≤1000 伏电路开关等电气装置	0.051	2.20
78	610339	其他纺织料制针织或钩编男式上衣	0.049	2.13
79	760200	铝废碎料	0.049	2.12
80	853810	品目 8537 货品用的其他盘、板等（未装有开关装置）	0.045	1.97
81	850300	其他电动机、发电机（组）零件	0.044	1.93
82	401220	旧的充气橡胶轮胎	0.044	1.90
83	841381	其他泵；液体电梯	0.041	1.80
84	720430	镀锡钢铁废碎料	0.041	1.80
85	853180	其他电气音响或视觉信号装置	0.040	1.74
86	842919	其他推土机	0.039	1.70
87	640590	其他材料的其他鞋类配件	0.038	1.63
88	901530	水平仪	0.037	1.59

续表

排序	产品代码	产品名称	占比	出口值
89	850161	输出功率≤ 75 千伏安交流发电机	0.036	1.56
90	870850	驱动桥及其零件（装有差速器的，不论是否装有其他传动件）	0.035	1.53
91	392310	塑料制盒，箱及类似品	0.035	1.53
92	847130	便携式自动数据处理设备（重量≤ 10 千克，至少由一个中央处理器、键盘和显示器组成）	0.034	1.48
93	630190	其他毯子及旅行毯	0.034	1.47
94	731010	50 升≤容积≤ 300L 的其他钢铁制盛物容器（钢铁柜、桶、罐、听及类似容器）	0.034	1.47
95	850433	16 千伏安＜额定容量≤ 500 千伏安其他变压器	0.033	1.43
96	902000	其他呼吸器具及防毒面具	0.033	1.41
97	170199	其他精制糖	0.032	1.40
98	903039	其他带记录装置的检测电压、电流、电阻或功率的仪器	0.032	1.40
99	300390	其他含未列名成分混合药品	0.032	1.38
100	611790	衣服零件（针织或钩编）	0.031	1.34

数据来源：由联合国商品贸易数据计算整理所得

根据表 TL–2、TL–3 可知 2005 年东帝汶出口主导产品种类为车辆、航空器、船舶及有关运输设备；植物产品；木浆及其他纤维状纤维素浆、回收（废碎）纸或纸板、纸、纸板及其制品等产品。2013 年东帝汶出口主导产品种类为纺织原料及纺织制品；植物产品；机器、机械器具、电气设备及其零件、录音机及放声机、电视图像、声音的录制和重放设备及其零件、附件等产品。

从出口主导产品的集中度来看，2005 年，排名前五的主导产品出口值为 0.31 亿美元，出口值占比为 70.60%；排名前十的主导产品出口值为 0.34 亿美元，出口值占比为 77.60%。2013 年，排名前五的主导产品出口值为 0.40 亿美元，比 2005 年增长 29.19%，出口值占比为 74.58%，比 2005 年增加 3.98%；排名前十的主导产品出口值为 0.45 亿美元，比 2005 年增长 33.25%，出口值占比为 84.55%，比 2005 年增加 6.96%。相比于 2005 年，2013 年东帝汶前五、前十主导产品的出口值都有一定增长，且出口产品占比均增长，出口产品集中度呈上升趋势。

从出口主导产品种类来看，2005 年东帝汶出口产品排名前十的产品有 5 类，为车辆、航空器、船舶及有关运输设备；植物产品；木浆及其他纤维状纤维素浆、回收（废碎）纸或纸板、纸、纸板及其制品；机器、机械器具、电气设备及其零件、录音机及放声机、电视图像、声音的录制和重放设备及其零件、附件；纺织原料及纺织制品，其车辆、航空器、船舶及有关运输设备出口占比41.30%，出口额为1794.33万美元。2013年东帝汶出口产品排名前十的产品有5类，为纺织原料及纺织制品；植物产品；机器、机械器具、电气设备及其零件、录音机及放声机、电视图像、声音的录制和重放设备及其零件、附件；车辆、航空器、船舶及有关运输设备；木浆及其他纤维状纤维素浆、回收（废碎）纸或纸板、纸、纸板及其制品。对比2005年及2013年出口排名前十的产品中，出口种类完全相同，说明东帝汶出口主导产品变动幅度较小，具有一致性。

表 TL-3　2013 年东帝汶出口值排名前 100 产品

单位：万美元、%

排序	产品代码	产品名称	占比	出口值
1	630900	旧衣物	32.319	1717.30
2	90121	未浸除咖啡碱的已焙炒咖啡	16.051	852.86
3	90190	咖啡皮和皮，含咖啡的咖啡代用品	10.802	573.97
4	852910	无线电设备天线及其零件（品目8525至8528所列其他装置或设备的，包括天线反射器）	9.005	478.48
5	880330	飞机及直升机用其他零件	6.406	340.41
6	870323	1.5升＜排量≤3升装点燃往复式活塞内燃发动机的其他载人车辆	3.388	180.00
7	90111	不烘焙或不含咖啡因的咖啡	2.209	117.39
8	491199	其他印刷品	1.510	80.24
9	841920	医用或实验室用其他消毒器具	1.464	77.79
10	842641	轮胎式起重机	1.397	74.26
11	851750	光线路终端装置	1.370	72.79
12	854390	其他未列名的具有独立功能的电气设备零件	1.166	61.98
13	870422	柴油型其他货车（装有压燃式活塞内燃发动机，重型指5吨≤车辆总重≤20吨）	1.032	54.82
14	820600	成套工具组成的零售包装货品（由品目8202至8205中两个或多个品目所列工具组成的）	0.889	47.21
15	490199	其他书籍，小册子及类似的印刷品（非单张的）	0.863	45.87
16	850239	其他发电机组（风力驱动除外）	0.685	36.41
17	90112	已浸除咖啡碱的未焙炒咖啡	0.632	33.57
18	960500	个人梳妆、缝纫等用成套旅行用品（包括清洁鞋靴、衣服用的）	0.623	33.12

续表

排序	产品代码	产品名称	占比	出口值
19	840590	煤气、乙炔等气体发生器的零件	0.562	29.86
20	842489	其他用途的喷射、喷雾机械器具	0.533	28.30
21	640411	纺织材料制鞋面的运动鞋靴（橡胶或塑料制外底，包括球类、体操、训练鞋及类似鞋）	0.374	19.88
22	842890	其他升降、搬运、装卸机械	0.318	16.88
23	853180	其他电气音响或视觉信号装置	0.301	16.00
24	140120	藤	0.274	14.56
25	842691	供装于公路车辆的其他起重机械	0.263	13.99
26	220830	威士忌酒	0.259	13.75
27	847110	模拟或混合自动数据处理机器	0.238	12.66
28	851840	音频扩大器	0.199	10.58
29	842290	饮料及液体食品灌装设备用零件	0.187	9.94
30	731100	装压缩或液化气的钢铁容器	0.176	9.37
31	999999	未按种类指定的商品	0.147	7.82
32	151000	其他橄榄油及其分离品	0.145	7.70
33	151491	初榨的芥子油、菜籽油	0.145	7.70
34	870899	其他零件和附件	0.143	7.61
35	300630	X 光检查造影剂、诊断试剂	0.137	7.26
36	830250	帽架，帽钩，托架及类似品	0.136	7.20
37	880390	其他未列名的航空器、航天器零件	0.133	7.05
38	871120	排量≤ 250 毫升装往复式活塞内燃发动机摩托车及脚踏两用车	0.126	6.67
39	903040	其他无线电通讯专用仪器及装置	0.125	6.64
40	151540	其他固定植物油、脂（包括希蒙得木油）及其分离品，不论是否精制，但未经化学改性	0.124	6.60
41	732690	其他钢铁制品	0.123	6.55
42	851180	发动机用电点火，启动的其他装置（指点燃式或压燃式内燃发动机用的）	0.115	6.10
43	842430	喷汽机、喷砂机及类似喷射机器	0.114	6.03
44	441300	强化木（成块、板、条或异型的）	0.109	5.82
45	160416	制作保藏的醍鱼（Anchovies）	0.104	5.53
46	841410	真空泵	0.101	5.36

续表

排序	产品代码	产品名称	占比	出口值
47	870333	排量> 2.5 升装有压燃往复式活塞内燃发动机	0.090	4.80
48	761519	其他铝制餐桌、厨房或其他家用器皿和部件	0.088	4.70
49	840991	点燃式活塞内燃发动机用零件	0.087	4.64
50	842951	前铲装载机	0.085	4.49
51	940540	其他电灯和照明配件	0.075	3.99
52	950291	玩偶的服装和配饰，鞋类，头饰及其他零配件	0.073	3.87
53	640590	其他材料的其他鞋类配件	0.070	3.72
54	852020	电话应答机	0.068	3.63
55	490700	新的邮票（包括支票、股票，债券及类似的所有权凭证）	0.064	3.42
56	841381	其他泵；液体电梯	0.064	3.41
57	731029	其他容积< 50 升的盛物容器（容积< 50 升的钢铁柜、桶、罐、听及类似容器）	0.056	3.00
58	901890	其他医疗、外科或兽医用仪器器具	0.055	2.91
59	842959	其他机械铲、挖掘机及机铲装载机	0.049	2.61
60	841391	泵用零件	0.046	2.44
61	830400	贱金属档案柜，文件箱等办公用具（品目 9403 的办公室家具除外）	0.045	2.40
62	950100	设计用于儿童骑乘的轮式玩具	0.044	2.35
63	854011	彩色阴极射线电视显像管（包括视频监视器用阴极射线管）	0.044	2.31
64	851290	品目 8512 所列装置的零件（指车辆等用照明，信号装置，风挡刮水器，除霜器等零件）	0.043	2.30
65	760200	铝废碎料	0.036	1.92
66	630720	救生衣及安全带	0.036	1.90
67	850680	其他原电池及原电池组	0.035	1.87
68	721410	铁或非合金钢的锻造条、杆（除热加工外未进一步加工）	0.034	1.83
69	851780	其他电话线路或线路电报用电气设备	0.034	1.79
70	621030	6202.11 至 6202.19 所描述的其他服装	0.033	1.77
71	880260	航天器（包括卫星）及其运载工具（包括亚轨道运载工具）	0.033	1.75
72	870421	柴油型其他小型货车（装有压燃式活塞内燃发动机，小型指车辆总重量≤ 5 吨）	0.033	1.74
73	391739	塑料制的其他管子	0.033	1.73
74	470790	其他回收纸或纸板（包括未分选的废碎品）	0.031	1.66

续表

排序	产品代码	产品名称	占比	出口值
75	691190	其他家用或盥洗用瓷器	0.031	1.64
76	844250	印刷用版、滚筒及其他印刷部件	0.030	1.58
77	901920	臭氧治疗器，氧气治疗器等器具	0.030	1.58
78	401120	其他客或货车用新充气橡胶轮胎	0.029	1.55
79	854420	同轴电缆及其他同轴电导体	0.029	1.53
80	621020	棉制男式羽绒大衣等及类似品，其他材料制男大衣、雨衣	0.027	1.46
81	901120	缩微照相等用的其他显微镜	0.027	1.44
82	845610	用激光或光或光子束处理的机床	0.027	1.43
83	860900	集装箱（包括用于运输液体的容器）	0.025	1.35
84	844359	印刷机器	0.025	1.34
85	290511	甲醇	0.025	1.31
86	853690	其他≤ 1000 伏电路开关等电气装置	0.024	1.26
87	730840	钢铁制脚手架模板坑凳用支柱及类似设备	0.023	1.24
88	842539	其他电动卷扬机及绞盘	0.023	1.21
89	731010	50 升≤容积≤ 300 升的其他钢铁制盛物容器（钢铁柜、桶、罐、听及类似容器）	0.022	1.16
90	630520	棉制货物包装袋	0.020	1.06
91	820559	其他手工工具（包括玻璃刀）	0.019	1.00
92	420299	以钢纸或纸板作面的其他容器	0.019	0.99
93	841480	其他空气泵、气体压缩机及通风罩	0.018	0.98
94	611300	由 59.03、59.06 或 59.07 的针织或钩编织物制成的服装及服饰附件	0.018	0.94
95	870810	缓冲器（保险杠）及其零件（品目 8701 至 8705 的车辆用）	0.017	0.93
96	630590	其他纺织材料制其他货物包装袋	0.016	0.84
97	220510	小包装的味美思酒及类似酒	0.015	0.82
98	854511	炉用碳电极（不论是否带金属）	0.015	0.82
99	871130	250 毫升＜排量≤ 500 毫升装往复式活塞内燃发动机摩托车及脚踏两用车	0.015	0.82
100	890790	其他浮动结构体	0.014	0.7543

数据来源：由联合国商品贸易数据计算整理所得

2. 出口主导产业与比较优势产业的一致性分析

表TL–4为2005年东帝汶排名前十的比较优势产品及出口主导产品。表中显示，东帝汶比较优势指数排名前列的产品主要为新的邮票；棉制男式羽绒大衣等及类似品，其他材料制男大衣、雨衣；左轮手枪及其他手枪等产品，出口主导产品中主要为飞机及直升机用其他零件；不烘焙或不含咖啡因的咖啡；新的邮票。对比2005年东帝汶排名前十的比较优势产品及出口主导产品发现，棉制男式羽绒大衣等类似品、其他材料男大衣、雨衣；新的邮票同时在比较优势排名前十产品和出口主导产品前十中。新的邮票的RCA排名第1，而其在出口主导产品为第3；棉制男式羽绒大衣等类似品，其他材料制男大衣、雨衣的RCA排名第2，而其在出口主导产品为第7。除此之外的排名前十的比较优势产品与出口主导产品并不具有一致性。因此，可以得出东帝汶的比较优势产品与出口主导产品具有弱一致性。

表TL–4　2005年东帝汶排名前十比较优势产品及出口主导产品

单位：%

排名	比较优势产品名称	RCA	排名	出口主导产品名称	占比
1	新的邮票（包括支票、股票，债券及类似的所有权凭证）	625.233	1	飞机及直升机用其他零件	28.586
2	棉制男式羽绒大衣等及类似品，其他材料制男大衣、雨衣	498.711	2	不烘焙或不含咖啡因的咖啡	17.536
3	左轮手枪及其他手枪	276.931	3	新的邮票（包括支票、股票，债券及类似的所有权凭证）	14.315
4	个人梳妆、缝纫等用成套旅行用品（包括清洁鞋靴、衣服用的）	253.424	4	排量>2.5升装有压燃往复式活塞内燃发动机	7.282
5	不烘焙或不含咖啡因的咖啡	221.573	5	排气量≤1.5升的装有压燃往复式活塞内燃发动机	2.882
6	其他短距离运货车零件	196.233	6	无线电广播、电视发送设备等包含接收装置或声音录制的传送设备	1.689
7	其他发动机和马达	124.695	7	棉制男式羽绒大衣等及类似品，其他材料制男大衣、雨衣	1.391
8	其他材料制的未列名帽类（不论有无衬里或饰物）	94.916	8	其他电视接收机零件	1.369
9	其他光学望远镜	84.453	9	其他零件和附件	1.363
10	筑路机及平地机	78.754	10	其他特殊用途的机动车辆	1.183

数据来源：由联合国商品贸易数据计算整理所得

（三）东帝汶进口需求及其变化分析

表 TL-5 为 2005 年东帝汶进口值排名前 100 产品。从表中可以看出，2005 年东帝汶进口排名前十的产品是石油和油脂；未脱壳稻谷；车用汽油、航空汽油；1.5 升<排量≤ 3 升装点燃往复式活塞内燃发动机的其他载人车辆；其他往复或旋转式活塞内燃引擎；烟草制的卷烟；其他硅酸盐水泥；其他含有青霉素或链霉素的混合药；生蔗糖不含添加调味剂或着色物质；乙烯聚合物制的硬管。其中石油和油脂进口额最高，进口值为 2958.32 万美元，占比为 29.11%，其次为未脱壳稻谷；车用汽油、航空汽油，进口值分别为 467.38 万美元、458.71 万美元，占比分别为 4.60%、4.51%。

从东帝汶进口前 100 产品种类来看，主要为矿产品；植物产品；车辆、航空器、船舶及有关运输设备等。

从东帝汶进口前 100 产品的集中度来看，2005 年东帝汶进口产品具有较强的集中性。进口产品排名前五的进口值占比为 42.22%，排名前十的进口值占比为 48.19%，可以看出东帝汶进口产品有较强集中度。

表 TL-5　2005 年东帝汶进口排名前 100 产品

单位：万美元、%

排名	产品代码	产品名称	进口值	占比
1	271019	石油和油脂	2958.32	29.114
2	100610	未脱壳稻谷	467.38	4.600
3	271011	车用汽油、航空汽油	458.71	4.514
4	870323	1.5 升<排量≤ 3 升装点燃往复式活塞内燃发动机的其他载人车辆	224.09	2.205
5	840790	其他往复或旋转式活塞内燃引擎	181.72	1.788
6	240220	烟草制的卷烟	143.05	1.408
7	252329	其他硅酸盐水泥	137.61	1.354
8	300310	其他含有青霉素或链霉素的混合药	124.31	1.223
9	170111	生蔗糖不含添加调味剂或着色物质	102.43	1.008
10	391721	乙烯聚合物制的硬管	99.25	0.977
11	721491	其他矩形截面的条、杆（正方形除外）	92.03	0.906
12	871120	排量≤ 250 毫升装往复式活塞内燃发动机摩托车及脚踏两用车	83.82	0.825

续表

排名	产品代码	产品名称	进口值	占比
13	190219	其他未包馅或未制作的生面食	81.54	0.802
14	731029	其他容积＜ 50 升的盛物容器（容积＜ 50 升的钢铁柜、桶、罐、听及类似容器）	80.25	0.790
15	110610	干豆细粉、粗粉及粉末	66.98	0.659
16	110100	小麦或混合麦的细粉	62.28	0.613
17	440341	其他红柳桉木原木（指深红色红柳桉木，浅红色红柳桉及巴栲红色红柳桉木）	61.18	0.602
18	930621	猎枪弹	57.62	0.567
19	870899	其他零件和附件	56.27	0.554
20	851150	其他发电机	55.77	0.549
21	220110	未加糖及未加味的汽水、矿泉水	55.40	0.545
22	190211	未包馅或未制作的含蛋生面食	55.40	0.545
23	841920	医用或实验室用其他消毒器具	53.80	0.529
24	190531	甜饼干	52.43	0.516
25	20712	冻的整只鸡	51.69	0.509
26	852910	无线电设备天线及其零件（品目 8525 至 8528 所列其他装置或设备的，包括天线反射器）	49.16	0.484
27	271490	其他沥青	48.23	0.475
28	842790	其他叉车及可升降的工作车（工作车指装有升降或搬运装置）	46.46	0.457
29	480210	手工制纸及纸板	45.96	0.452
30	151110	初榨的棕榈油	44.96	0.442
31	960610	揿扣及其零件	44.70	0.440
32	847110	模拟或混合自动数据处理机器	42.27	0.416
33	740911	成卷的精炼铜板、片、带（厚度＞ 0.15 毫米）	40.08	0.394
34	830400	贱金属档案柜，文件箱等办公用具（品目 9403 的办公室家具除外）	39.37	0.387
35	870422	柴油型其他货车（装有压燃式活塞内燃发动机，重型指 5 吨≤车辆总重≤ 20 吨）	39.31	0.387
36	481890	纸床单及类似家庭，卫生，医院用品（纸浆，纸，纤维素絮纸和纤维素纤维网纸制的）	36.44	0.359
37	220210	加味、加糖或其他甜物质的水	34.83	0.343
38	220290	其他无酒精饮料	34.22	0.337

续表

排名	产品代码	产品名称	进口值	占比
39	401110	汽车用新型橡胶充气轮胎	33.65	0.331
40	870324	排气量＞4升带点燃往复式活塞内燃发动机其他车	32.02	0.315
41	300320	含有其他抗菌素的混合药品	30.47	0.300
42	120100	大豆种子	30.31	0.298
43	300420	已配剂量含有其他抗菌素的药品	29.84	0.294
44	870290	10座及以上机动车	29.78	0.293
45	220300	麦芽酿造的啤酒	29.46	0.290
46	851750	光线路终端装置	29.22	0.288
47	270500	水煤气、炉煤气及类似气体	29.10	0.286
48	300331	含有胰岛素的混合药品	28.14	0.277
49	730439	其他冷轧的铁制无缝圆形截面管	27.91	0.275
50	860400	铁道及电车道用其他维修车辆（包括服务车，不论是否机动）	27.32	0.269
51	340600	各种蜡烛及类似品	26.93	0.265
52	853521	电压＜72.5千伏自动断路器（用于电压超过1000伏的线路）	26.65	0.262
53	847130	便携式自动数据处理设备（重量≤10千克，至少由一个中央处理器、键盘和显示器组成）	26.53	0.261
54	841330	内燃机活塞用燃料、润滑或冷却介质泵	25.84	0.254
55	220410	葡萄汽酒	25.82	0.254
56	847330	品目8471所列其他机器零附件	25.03	0.246
57	852812	彩色卫星电视接收机	24.90	0.245
58	843710	种子谷物其他清洁、清选、分级机（包括干豆的清洁，分选或分级机）	24.09	0.237
59	220830	威士忌酒	23.54	0.232
60	621149	其他纺织材料制女式其他服装	23.21	0.228
61	630900	旧衣物	23.04	0.227
62	720429	其他合金钢废碎料	22.92	0.226
63	853650	电压≤1000伏的其他开关	22.53	0.222
64	790500	锌板、片、带、箔	22.37	0.220
65	40210	脂肪含量≤1.5%固状乳及奶油（指粉状、粒状或其他固体状态，浓缩，加糖或其他甜物质）	22.09	0.217

续表

排名	产品代码	产品名称	进口值	占比
66	880330	飞机及直升机用其他零件	21.63	0.213
67	950790	其他用品〔包括捞鱼网、捕蝶网及类似网、囮子“鸟”（品目 9208 或 9705 的货品除外）及类似狩猎用品〕	20.79	0.205
68	851790	其他发送或接收声音、图像或其他数据用的设备	20.61	0.203
69	20711	鲜或冷藏的整只鸡	20.49	0.202
70	722230	其他不锈钢条、杆（除热加工或冷加工外未进一步加工的不锈钢条、杆）	20.48	0.202
71	870210	压燃式活塞内燃发动机的客车	20.21	0.199
72	721410	铁或非合金钢的锻造条、杆（除热加工外未进一步加工）	19.99	0.197
73	441300	强化木（成块、板、条或异型的）	19.77	0.195
74	850162	75 千伏安＜输出功率≤ 375 千伏安交流发电机	19.44	0.191
75	261800	冶炼钢铁产生的粒状熔渣	19.27	0.190
76	940290	其他医疗，外科，兽医用家具及零件	18.45	0.182
77	482010	登记本，账本，笔记本等及类似品（包括订货本，收据本，信笺本，记事本，日记本）	18.34	0.180
78	940210	牙科及类似用途的椅及其零件、理发用椅及其零件	18.34	0.180
79	850433	16 千伏安＜额定容量≤ 500 千伏安其他变压器	18.08	0.178
80	392329	其他塑料制的袋及包	17.93	0.176
81	930400	其他武器，如弹簧枪、气枪、警棍等	17.86	0.176
82	852692	无线电遥控设备	17.73	0.174
83	870332	1.5 升＜排量≤ 2.5 升装有压燃往复式活塞内燃发动机	17.51	0.172
84	940360	其他木家具	17.32	0.170
85	340220	零售包装有机表面活性剂制品	17.13	0.169
86	842131	内燃发动机的进气过滤器	16.89	0.166
87	340130	洁肤用有机表面活性产品及制品	16.78	0.165
88	151190	其他棕榈油及其分离品	15.97	0.157
89	853010	铁道或电车道用电气信号等设备（包括安全或交通管理设备）	15.65	0.154
90	790112	含锌量＜ 99.99% 的未锻轧锌	15.36	0.151
91	870190	其他拖拉机	15.36	0.151
92	842959	其他机械铲、挖掘机及机铲装载机	15.31	0.151
93	40299	浓缩并已加糖的非固状乳及奶油（加其他甜物质）	15.17	0.149

续表

排名	产品代码	产品名称	进口值	占比
94	870322	1 升＜排量≤ 1.5 升带点燃往复式活塞内燃发动机其他车	15.02	0.148
95	870423	柴油型的其他货车（装有压燃式活塞内燃发动机，超重型指车辆总重量＞ 20 吨）	14.55	0.143
96	401219	其他翻新轮胎	14.31	0.141
97	690410	陶瓷制建筑用砖	14.12	0.139
98	870421	柴油型其他小型货车（装有压燃式活塞内燃发动机，小型指车辆总重量≤ 5 吨）	14.03	0.138
99	870829	其他身体部分和附件（包括驾驶室）	13.82	0.136
100	841290	其他发动机及动力装置的零件	13.75	0.135

数据来源：由联合国商品贸易数据计算整理所得

表 TL–6 为 2013 年东帝汶进口值排名前 100 产品。从表中可以看出，2013 年东帝汶进口排名前十的产品是石油和油脂；旧衣物；车用汽油、航空汽油；1.5 升＜排量≤ 3 升装点燃往复式活塞内燃发动机的其他载人车辆；柴油型其他货车（装有压燃式活塞内燃发动机，重型指 5 吨≤车辆总重≤ 20 吨）；精米；其他硅酸盐水泥；未按种类指定的商品；其他机械铲、挖掘机及机铲装载机；无线电设备天线及其零件。其中石油和油脂进口值最高，为 1.19 亿美元，占比为 23.17%；其次为旧衣物；车用汽油、航空汽油，进口值分别为 0.32 亿美元、0.22 亿美元，占比分别为 6.22%、4.37%。

从 2013 年东帝汶进口前 100 产品种类来看，主要为矿产品；纺织原料及纺织制品；车辆、航空器、船舶及有关运输设备等产品。

从东帝汶进口前 100 产品的集中度来看，排名前五的进口产品占东帝汶进口值的 40.11%，排名前十的占 52.80%，可以看出东帝汶进口产品具一定集中度。

表 TL–6　2013 年东帝汶进口排名前 100 产品

单位：万美元、%

排名	产品代码	产品名称	进口值	占比
1	271019	石油和油脂	11902.06	23.168
2	630900	旧衣物	3192.96	6.215
3	271011	车用汽油、航空汽油	2242.49	4.365
4	870323	1.5 升＜排量≤ 3 升装点燃往复式活塞内燃发动机的其他载人车辆	1645.53	3.203

续表

排名	产品代码	产品名称	进口值	占比
5	870422	柴油型其他货车（装有压燃式活塞内燃发动机，重型指 5 吨≤车辆总重≤ 20 吨）	1620.44	3.154
6	100630	精米	1578.94	3.073
7	252329	其他硅酸盐水泥	1513.60	2.946
8	999999	未按种类指定的商品	1457.74	2.838
9	842959	其他机械铲、挖掘机及机铲装载机	1061.16	2.066
10	852910	无线电设备天线及其零件（品目 8525 至 8528 所列其他装置或设备的，包括天线反射器）	908.67	1.769
11	871120	排量≤ 250 毫升装往复式活塞内燃发动机摩托车及脚踏两用车	794.35	1.546
12	240220	烟草制的卷烟	757.06	1.474
13	220210	加味、加糖或其他甜物质的水	620.22	1.207
14	220300	麦芽酿造的啤酒	594.58	1.157
15	100610	未脱壳稻谷	561.12	1.092
16	847110	模拟或混合自动数据处理机器	528.18	1.028
17	870324	排气量＞ 4 升带点燃往复式活塞内燃发动机其他车	518.10	1.008
18	852790	无线电广播接收设备，不论是否与声音的录制、重放装置或时钟组合在同一机壳内	502.85	0.979
19	870421	柴油型其他小型货车（装有压燃式活塞内燃发动机，小型指车辆总重量≤ 5 吨）	411.28	0.801
20	220110	未加糖及未加味的汽水、矿泉水	401.33	0.781
21	732690	其他钢铁制品	398.96	0.777
22	854420	同轴电缆及其他同轴电导体	346.17	0.674
23	730290	其他铁道电车道铺轨用钢铁材料	344.53	0.671
24	220290	其他无酒精饮料	313.31	0.610
25	170111	生蔗糖不含添加调味剂或着色物质	285.04	0.555
26	850490	静止式变流器及电感器零件	268.99	0.524
27	300390	其他含未列名成分混合药品	266.30	0.518
28	730890	其他钢铁结构体及部件（包括结构体用的已加工钢板、型材、管子及类似品）	265.83	0.517
29	870899	其他零件和附件	227.31	0.442
30	190219	其他未包馅或未制作的生面食	221.78	0.432
31	852290	其他音频配件	216.17	0.421

续表

排名	产品代码	产品名称	进口值	占比
32	851719	可视电话，其他电话	215.49	0.419
33	151190	其他棕榈油及其分离品	214.76	0.418
34	870919	其他短距离运货车零件	205.25	0.400
35	730820	钢铁制塔楼及格构杆	186.29	0.363
36	300331	含有胰岛素的混合药品	182.87	0.356
37	401110	汽车用新型橡胶充气轮胎	176.00	0.343
38	731100	装压缩或液化气的钢铁容器	172.54	0.336
39	850680	其他原电池及原电池组	164.36	0.320
40	870431	总重量≤5吨的其他货车（汽油型，装有点燃式活塞内燃发动机）	164.16	0.320
41	340119	其他有机表面活性产品及制品	161.90	0.315
42	560819	化纤材料制成的其他网（包括化纤线、绳、索结制的网料，罗网及篓状网除外）	147.23	0.287
43	940380	藤茎，柳条，竹子或类似材料的家具	145.36	0.283
44	940600	其他活动房屋	143.91	0.280
45	842951	前铲装载机	143.67	0.280
46	271490	其他沥青	142.20	0.277
47	842790	其他叉车及可升降的工作车（工作车指装有升降或搬运装置）	141.72	0.276
48	220410	葡萄汽酒	128.73	0.251
49	110230	米粉	121.98	0.237
50	110100	小麦或混合麦的细粉	121.51	0.237
51	852330	带有磁条的空白卡片	117.52	0.229
52	251730	沥青碎石	116.33	0.226
53	271500	天然沥青等为基本成分的沥青混合物	116.25	0.226
54	490199	其他书籍，小册子及类似的印刷品（非单张的）	111.25	0.217
55	392321	乙烯聚合物制袋及包	104.86	0.204
56	841510	独立窗式或壁式空气调节器	104.42	0.203
57	790500	锌板、片、带、箔	103.63	0.202
58	852812	彩色卫星电视接收机	101.23	0.197
59	640411	纺织材料制鞋面的运动鞋靴（橡胶或塑料制外底，包括球类、体操、训练鞋及类似鞋）	97.48	0.190
60	902830	电量计	97.09	0.189

续表

排名	产品代码	产品名称	进口值	占比
61	151110	初榨的棕榈油	96.31	0.187
62	190211	未包馅或未制作的含蛋生面食	94.83	0.185
63	100640	碎米	94.38	0.184
64	820600	成套工具组成的零售包装货品（由品目 8202 至 8205 中两个或多个品目所列工具组成的）	93.64	0.182
65	901110	立体显微镜	92.51	0.180
66	930621	猎枪弹	88.75	0.173
67	190531	甜饼干	88.21	0.172
68	940360	其他木家具	86.91	0.169
69	940290	其他医疗，外科，兽医用家具及零件	86.21	0.168
70	220830	威士忌酒	85.80	0.167
71	850300	其他电动机、发电机（组）零件	85.03	0.166
72	330510	洗发剂	84.03	0.164
73	842911	履带式推土机	79.94	0.156
74	271111	液化天然气	79.71	0.155
75	841810	冷藏 – 冷冻组合机（各自装有单独外门的）	79.08	0.154
76	490110	单张的书籍，小册子及类似印刷品（不论是否折叠，还包括散页印刷品）	76.56	0.149
77	870332	1.5 升＜排量≤ 2.5 升装有压燃往复式活塞内燃发动机	76.08	0.148
78	853120	有液晶装置或发光管的显示板	75.62	0.147
79	842920	筑路机及平地机	75.56	0.147
80	847180	其他自动数据处理设备的部件	71.87	0.140
81	401120	其他客或货车用新充气橡胶轮胎	71.75	0.140
82	731290	非绝缘钢铁编带、吊索及类似品	69.66	0.136
83	851150	其他发电机	69.32	0.135
84	721310	铁或非合金钢制热轧盘条（带有轧制过程中产生的变形）	69.15	0.135
85	854140	光敏半导体器件、发光二极管	68.68	0.134
86	844400	化纤挤压、拉伸、切割机器	68.43	0.133
87	870322	1 升＜排量≤ 1.5 升带点燃往复式活塞内燃发动机其他车	68.03	0.132
88	842940	压路机	65.15	0.127
89	252310	水泥熟料	63.96	0.125

续表

排名	产品代码	产品名称	进口值	占比
90	940540	其他电灯和照明配件	63.25	0.123
91	721610	截面高度＜ 80 毫米 U、I 或 H 型钢	59.39	0.116
92	340120	其他形状的肥皂	59.17	0.115
93	870423	柴油型的其他货车（装有压燃式活塞内燃发动机，超重型指车辆总重量＞ 20 吨）	56.45	0.110
94	690490	陶瓷制铺地砖、支撑或填充用砖	56.28	0.110
95	854810	电池废碎料及废电池〔指原电池（组）和蓄电池的废碎料，废原电池（组）及废蓄电〕	55.98	0.109
96	842890	其他升降、搬运、装卸机械	53.99	0.105
97	691090	陶制脸盆，浴缸及类似卫生器具（包括洗涤槽，抽水马桶，小便池等）	53.26	0.104
98	853810	品目 8537 货品用的其他盘、板等（未装有开关装置）	50.97	0.099
99	843780	谷物磨粉业加工机器（包括谷物、干豆加工机器，但农业用机器除外）	50.49	0.098
100	842952	挖掘机（上部结构可转 360 度的）	49.90	0.097

数据来源：由联合国商品贸易数据计算整理所得

对比 2005 年及 2013 年内东帝汶排名前十的进口产品发现，产品种类有一定变化，其中石油和油脂产品始终都是东帝汶主要的进口产品，占据着主导地位。2005 年、2013 年进口均在排名前十的产品有 4 种，具体为石油和油脂；车用汽油、航空汽油；1.5 升＜排量≤ 3 升装点燃往复式活塞内燃发动机的其他载人车辆；其他硅酸盐水泥。其中石油和油脂在 2005 年、2013 年进口中排名第 1，2005 年、2013 年进口值分别为 2958.32 万美元、11902.06 万美元，进口值占比分别为 29.11%、23.17%。

从进口产品的集中度来看，东帝汶进口产品有一定的集中度。2005 年进口产品排名前五的进口值占比、排名前十进口值占比分别为 42.22%、48.19%，2013 年对应占比分别为 40.11%、52.80%。相比于 2005 年，2013 年东帝汶前五、前十集中度呈现出不稳定趋势。2013 年进口产品排名前五占比下降 2.11%、进口排名前十占比增加 4.61%。

从东帝汶进口前 100 产品种类来看，2005 年与 2013 年，东帝汶进口产品种类变动较小，具有一致性。主要进口的种类包括矿产品；植物产品；车辆、航空器、船舶及有关运输设备等产品。